Mecheril / Castro Varela / Dirim / Kalpaka / Melter · Migrationspädagogik

Paul Mecheril/
María do Mar Castro Varela/İnci Dirim/
Annita Kalpaka/Claus Melter

BACHELOR | MASTER

Migrationspädagogik

Beltz Verlag · Weinheim und Basel

Prof. Dr. Paul Mecheril lehrt am Institut für Erziehungswissenschaft der Universität Innsbruck.

Prof. Dr. María do Mar Castro Varela lehrt Pädagogik und Soziale Arbeit an der Alice-Salomon-Hochschule Berlin.

Dr. İnci Dirim ist Professorin für pädagogische Diagnostik und Förderplanungen an der Universität Hamburg.

Prof. Dr. Annita Kalpaka lehrt Pädagogik, Theorien und Methoden der Sozialen Arbeit an der Hochschule RheinMain.

Dr. Claus Melter lehrt und forscht zu den Themen Migrationsgesellschaft, Rassismuskritik, Gender und Soziale Arbeit an der Universität Innsbruck.

Lektorat: Katrin Sauer

www.beltz.de
Herstellung: Lore Amann
Satz: Angela May Grafikdesign & Buchgestaltung Mettmann
Druck: Beltz Druckpartner, Hemsbach
Umschlaggestaltung: Grit Möller
Umschlagabbildung: Fotolia, New York, USA
Printed in Germany

ISBN 978-3-407-34205-8

Inhaltsverzeichnis

Ergänzende Materialien zu den Kapiteln 2–7 finden Sie im Internet unter: www.beltz.de/Material Kennwort: 34205

1. Migrationspädagogik. Hinführung zu einer Perspektive

Einführung

Migration ist in vielerlei Hinsicht für gegenwärtige Gesellschaften und damit für *pädagogische Organisations- und Handlungsformen* von grundlegender Bedeutung. In diesem einführenden Kapitel des Buches geht es um einen Einstieg in das Thema, indem bedeutsame Facetten des Gegenstandes Migration markiert werden, die in den nachfolgenden Kapiteln genauer ausgeführt werden. Der zweite Abschnitt erläutert die grundlegende Blickrichtung auf »Migration, Erziehung und Bildung«, die mit dem Ausdruck »Migrationspädagogik« verknüpft ist.

1.1 Gesellschaftliche Wirklichkeit und Migration

Bewegungen von Menschen über relevante Grenzen hinweg hat es zu allen historischen Zeiten und fast überall gegeben. Migration ist eine universelle Praxis, eine allgemeine menschliche Handlungsform. Allerdings haben sich Art und Ausmaß der Wanderungsbewegungen wie auch die Ordnungen, die Grenzen hervorbringen, und damit die Grenzen selbst, im Laufe der Zeit grundlegend gewandelt.

Für gesellschaftliche Verhältnisse der Gegenwart sind Migrationsphänomene von ausgeprägter Bedeutung. Noch nie waren weltweit so viele Menschen *bereit*, aufgrund von Kriegen, ökologischen Veränderungen, Bürgerkriegen und anderen Bedrohungen *gezwungen* und aufgrund der technologisch bedingten Veränderung von Raum und Zeit *in der Lage*, ihren Arbeits- oder Lebensmittelpunkt, sei es vorübergehend oder auf Dauer, zu verändern: Wir leben in einem Zeitalter, für das Phänomene der Migration konstitutiv sind.

Auch die gesellschaftliche, soziale und individuelle Wirklichkeit Deutschlands wird grundlegend von Migrationsphänomenen hervorgebracht. Bis in die ersten Jahrzehnte des 20. Jahrhunderts hinein war Deutschland in erster Linie ein Auswanderungsland. Insbesondere Gesellenwanderung der Handwerker, Saisonwanderungssysteme über große Distanzen, Siedlungsmigrationen zur Erschließung bisher unbesiedelter Gebiete, Flüchtlingsströme aufgrund religiöser Verfolgung und wegen Hungersnöten kennzeichnen das Wanderungsgeschehen der vorindustriellen Zeit. Wanderarbeit aufgrund der zunehmenden Nachfrage in den Industriestädten und -gebieten sowie im Eisenbahnbau, die damit verbundene Verbesserung des Transportsystems, die enormen Migrationsbewegungen nach Übersee, das Umsichgreifen der Idee, dass mit geografischer Mobilität auch sozialer Aufstieg verbunden sein könne, sind Stichworte, die auf Aspekte des Wanderungsgeschehens im 19. und frühen 20. Jahrhundert hinweisen (etwa Sassen 2000). Ab der Wende zum 20. Jahrhundert wird das Wanderungsgeschehen in Deutschland vermehrt durch Immigration bestimmt. Deutschland wird, insbesondere nach dem Zweiten Weltkrieg, zum wichtigsten Ziel von Migrant/innen in Europa. Zwischen 1950 und 1998 verließen etwa 20 Millionen Menschen Deutschland, im gleichen Zeitraum kamen etwa 30 Millionen Menschen (Münz/Seifert/Ulrich 1999, S. 18). Die hartnäckige Weigerung politischer Entscheidungsträger, diese Migrationsrealität anzuerkennen, prägte lange den gesellschaftlichen Umgang mit Migration. Mitte der 1990er-Jahre beschreibt Klaus Bade diese Weigerungshaltung so: »Es gibt in Deutschland nach wie vor die seit den späten 1970er-Jahren entstandene, paradoxe Einwanderungssituation ohne Einwanderungsland und Einwanderungsentscheidung. Darin leben, als einheimische Ausländer, die meisten der heute schon bis zu drei Generationen umfassenden Familien aus der früheren ›Gastarbeiterbevölkerung‹ – de jure Ausländer, de facto Einwanderer« (Bade 1994, S. 18).

Migration war immer ein bedeutender Motor gesellschaftlicher Veränderung und Modernisierung

Migration war immer ein bedeutender Motor gesellschaftlicher Veränderung und Modernisierung. Migrant/innen können in dieser Perspektive als Akteure gesehen werden, die neues Wissen, Erfahrungen, Sprachen und Perspektiven in unterschiedliche soziale Zusammenhänge einbringen und diese mitgestalten. In Europa und auch Deutschland hält sich jedoch hartnäckig eine Negativ- und Defizitperspektive, die Migration vor allem in Verbindung mit Armut und Kriminalität, als störend, bedrohend und fremd thematisiert (vgl. Kap. 2).

Die diskursiven und kulturellen Konsequenzen der vornehmlich auf Abwehr und Kontrolle abzielenden Politik des 20. Jahrhunderts sind Bestandteil auch heute noch bedeutsamer kultureller Praxen, in denen »Ausländer/innen«, »Migrant/innen«, »Menschen mit Migrationshintergrund« als Fremde und »eigentlich nicht Zugehörige« konstruiert und behandelt werden.

Konsequenzen der Zuwanderung und Emigration, der Pendelmigration und Einwanderung sind fundamental für die hiesige gesellschaftliche Realität: Deutschland ist ein Migrationsland. In Frankfurt beispielsweise, dem Zentrum des Rhein-Main-Gebietes, das einer der größten Migrationsräume in Europa ist, gelten nahezu 40 Prozent der Einwohner als Migrant/innen. Jeder vierte junge Mensch unter 25 Jahren, der in Deutschland lebt, weist eine transnationale Migrationsgeschichte auf.

»Heute leben hierzulande«, heißt es im ersten »Fortschrittsbericht« des sogenannten nationalen Integrationsplans der Bundesregierung, »rund 15 Millionen Menschen mit Migrationshintergrund, etwa die Hälfte von ihnen sind Deutsche. Damit ist Integration kein Minderheitenthema, sondern für Politik und Gesellschaft eine dauerhafte Herausforderung« (Nationaler Integrationsplan. Erster Fortschrittsbericht 2009, S. 1).

Die mit Migration einhergehenden Wandlungsprozesse berühren also nicht allein spezifische gesellschaftliche Bereiche, sondern vielmehr Strukturen und Prozesse der Gesellschaft im Ganzen. Hierbei werden die mit spezifischen Formen von Homogenität rechnenden gesellschaftlichen Institutionen der wohlfahrtsstaatlichen Sicherungssysteme, des Bildungs- und Gesundheitswesens wie auch die Institutionen des Rechtssystems durch Migration vor Herausforderungen gestellt, mit denen eine Gesellschaft, die sich traditionell als *Gesellschaft einer Mehrheit* versteht, trotz aller »Fortschrittsberichte« nicht selbstverständlich umgeht. Für Deutschland ist kennzeichnend – zumindest bis zur Angleichung des Staatsbürgerschaftsrechts an die Rechtspraxis der meisten anderen europäischen Staaten, die nicht allein das Kriterium der Abstammung gelten lassen (vgl. Kap. 2) –, dass die Anwesenheit von Migranten und Migrantinnen zwar als unvermeidlich angesehen, ihnen aber der volle Bürgerstatus abgesprochen wurde.

Die mit Migration einhergehenden Wandlungsprozesse berühren nicht allein spezifische gesellschaftliche Bereiche, sondern vielmehr Strukturen und Prozesse der Gesellschaft im Ganzen

Migration, so kann mittlerweile als Konsens gelten, ist unvermeidbar. Nicht selten heißt es sogar, dass Deutschland aus demografischen und ökonomischen Gründen Migrant/innen benötige. Die neue migrationspolitische Rationalität kennt hierbei im Wesentlichen zwei überlappende Schlüsselargumente zur Plausibilisierung der Notwendigkeit geregelter Immigration. Das wandernde und wanderungsfähige »Humankapital« ist zu einer der begehrtesten Ressourcen im globalen Wettstreit um die Sicherung des nationalen Wohlstandes und der nationalen Konkurrenzfähigkeit geworden (zur Kritik des Humankapitalansatzes in der Migrationsforschung: Flam 2007). Dies wird auch in Deutschland erkannt.

Gesteuerte Zuwanderung qualifizierter Arbeitskräfte ist die Formel, in der das Bewusstsein um das Erfordernis gezielter und kontrollierter Migration zum Ausdruck kommt. Dieses Erfordernis gilt umso mehr, als hochentwickelte Gesellschaften wie die Bundesrepublik Deutschland die technologische Entwicklung ihrer selbst bekanntermaßen mit einem Schwund ihrer selbst bezahlen. »[I]m Jahr 2050 [wird] voraussichtlich ein Drittel der heute 490 Millionen Bürgerinnen und Bürger der Europäischen Union über 65 Jahre alt sein. Damit ist für die meisten europäischen Staaten ein Mangel an erwerbsfähiger Bevölkerung vorhersehbar. Einige Mitgliedstaaten wie Deutschland, Italien und Ungarn sehen sich schon heute einem Rückgang der Anzahl von Menschen im erwerbsfähigen Alter gegenüber. Mit diesem Rückgang einhergeht, dass zumindest sektoral und regional nicht mehr genügend Arbeitskräfte zur Verfügung stehen werden, um den Bedarf zu decken. Negativ beeinflusst durch diesen demografischen Wandel werden die Nachfrage nach Waren und Dienstleistungen und letztlich auch die internationale Wettbewerbsfähigkeit von Unternehmen sowie das Wirtschaftswachstum. Migration kann diese Bevölkerungsentwicklung dabei nicht vollständig ausgleichen, jedoch zumindest ihre negativen Folgen vorerst abschwächen« (Bendel/Haase 2008).

Die Logik der neuen demografisch und wirtschaftlich ausgleichenden Migrationspolitik ist hierbei im Kern ökonomistisch: »Nutzung von Arbeitskraft«,

»Erhalt und Ausbau der Wettbewerbsfähigkeit«, »Gewinnung Hochqualifizierter«, »Innovationskraft der Wirtschaft«, »Sicherung des Wohlstandes« sind zentrale Vokabeln. Hieß der offizielle Slogan bis zum Ende des 20. Jahrhunderts »Deutschland ist kein Einwanderungsland«, so lautet das Motto vieler öffentlicher Debatten heute: »Deutschland braucht Zuwanderinnen und Zuwanderer.«

Die Abkehr von der Weigerung, die Migrationstatsache anzuerkennen, war zwar überfällig; zugleich muss aber darauf hingewiesen werden, dass mit einer Politik, die versucht, Migration vorrangig durch die instrumentelle Bedeutung der Migrant/innen und ihre Verwertbarkeit zu begründen, viele Probleme verbunden sind. Beispielsweise wird dadurch in der Konsequenz zwischen »guten« und »schlechten« Migranten unterschieden. »Gute« sind solche, die einen Beitrag zur Sicherung »unseres« Wohlstandes leisten, »schlechte« solche, die »unsere« Ressourcen verbrauchen. Die Instrumentalisierung von Migrant/innen unter einer ökonomischen Verwertungsperspektive bewirkt, dass sie ihre Anwesenheit durch gesellschaftliche Erträge legitimieren müssen. Der Umgang mit Migrant/innen spiegelt hierbei eine allgemeine für den gegenwärtigen ökonomistischen Gesellschaftstyp kennzeichnende Form des Zugriffs auf Subjekte wider (z.B. Freytag 2008).

Die mit Migrationprozessen verbundenen Veränderungen sind mit grundlegenden gesellschaftlichen Herausforderungen verbunden

Die mit Migrationprozessen verbundenen Veränderungen sind mit gesellschaftlichen Herausforderungen verbunden, die in Deutschland und vielen Ländern häufig einseitig als Probleme und Schwierigkeiten (und nicht beispielsweise als potenzielle Chance der Überwindung national verengter Perspektiven) gesehen werden. Diese Herausforderungen oder auch Schwierigkeiten können aus zwei Perspektiven beschrieben werden. Zum einen geht die Anwesenheit von Migrant/innen auf allen gesellschaftlichen Funktionsebenen mit Aufgaben der Neugestaltung einher. Dies kann als *pragmatisch-technische Herausforderung* bezeichnet werden. Zum anderen werden moderne Staaten, die an Gerechtigkeits- und Egalitätskonzepten orientiert sind, durch die Anwesenheit von Migranten, die sich nicht selten durch Einteilungs- und Zuweisungsprozesse in marginalen und marginalisierten Positionen wiederfinden, in ihrem Selbstverständnis, gerechte Gesellschaften zu sein, irritiert und verunsichert. Migration stellt insofern – ihrer Programmatik nach – für egalitäre Gesellschaften auch eine *moralische Herausforderung* dar.

Problembeschreibungen unter pragmatisch-technischer wie auch moralischer Hinsicht sind charakteristisch für das Verhältnis von Pädagogik und Migration. Pädagogisches Handeln und pädagogische Institutionen werden sowohl unter der Perspektive *Handlungsfähigkeit* als auch unter dem Gesichtspunkt *Legitimität* durch die Anwesenheit von Migrant/innen herausgefordert. Von der *Tatsache der Migration* ist Pädagogik in vielerlei Hinsicht grundlegend betroffen. Nicht nur gewohnte Praxen und Institutionalisierungsformen pädagogischen Handelns, auch pädagogische Selbstverständnisse und Programme werden unter Bedingungen der Vielfalt von ethnisch-kulturellen Zugehörig-

Schlüsselbegriff: Migrationsgesellschaft

Die Tatsache der Migration betrifft und bestimmt in entscheidendem Maße gesellschaftliche Wirklichkeit. Wie soll diese Wirklichkeit bezeichnet werden? »Einwanderungsgesellschaft«? »Zuwanderungsgesellschaft«? »Migrationsgesellschaft«?
In diesem Buch verwenden wir den Ausdruck »Migrationsgesellschaft«, da der Begriff »Migration« weiter als der der »Einwanderung« oder »Zuwanderung« ist und dadurch einem weiteren Spektrum an Wanderungsphänomenen gerecht wird. Die historische Stärke der Rede von Einwanderung und Einwanderungsgesellschaft bestand zum Ende des 20. Jahrhunderts darin, dass sie als politisches und analytisches Statement die dauerhafte Zugehörigkeit und die Bürgerechte eingewanderter Personen betonte. »Einwanderungsgesellschaft« ist ein Begriff, der in einer bestimmten historischen Situation eingeführt worden ist und dort eine wichtige Funktion hatte, da er als politischer Gegenbegriff »von unten« zu der lange unverrückbaren Position offizieller Politik – »Deutschland ist kein Einwanderungsland« – bedeutsam war und Wirkungen entfaltet hat.
Zugleich aber legt der Ausdruck »Einwanderungsgesellschaft« den Eindruck nahe, dass Phänomene der Migration auf den Migrationstyp der Immigration beschränkt seien, also jenen Typ, bei dem die transnationale Wanderung im Wesentlichen als einmalige Überschreitung einer relevanten Grenze gedacht wird. Neben dem »klassischen« Typ der Immigration gibt es aber eine Zahl weiterer Migrationstypen, wie die sogenannte Transmigration und die Pendelmigration (genauer Kap. 2). Auch der in Deutschland politisch eingeführte Ausdruck der »Zuwanderung« ist irreführend, da auch er eine Perspektive darstellt, die Migrationsphänomene nur eingeschränkt thematisiert und zudem suggeriert, dass es sich bei Migrationsphänomenen um Phänomene handle, die zusätzlich und additiv zu dem bereits Bestehenden hinzukämen. Die Bezeichnungen »Einwanderung« und »Zuwanderung« blenden bestimmte Migrationsphänomene aus.
Der Ausdruck »Migration« ist somit allgemeiner als Ausdrücke wie »Zuwanderung« oder »Einwanderung« und ermöglicht damit, dass eine Vielfalt gesellschaftlicher Phänomene zum Thema werden kann. Mit dem Ausdruck »Migration« ist eine allgemeine Perspektive verbunden, mit der Phänomene erfasst werden, die für die gesellschaftliche Wirklichkeit kennzeichnend sind, wie beispielsweise:

- Phänomene der Ein- und Auswanderung sowie der Pendelmigration
- Formen regulärer und irregulärer Migration
- Vermischung von Sprachen und kulturellen Praktiken als Folge von Wanderungen
- Entstehung von Zwischenwelten und hybriden Identitäten
- Phänomene der Zurechnung auf Fremdheit
- Strukturen und Prozesse alltäglichen Rassismus
- Konstruktionen des und der Fremden
- Erschaffung neuer Formen von Ethnizität
- migrationsgesellschaftliche Selbstthematisierungen: Diskurse über Migration oder »die Fremden«.

Der Ausdruck »Migration« erfasst eine Vielzahl von Phänomenen, die für eine Gesellschaft charakteristisch sind, in der Aus- und Einwanderung, das Entstehen von Zwischenwelten oder »Fremdheit« erfindende Diskurse von großer Bedeutung sind. Weil es sich hierbei um Phänomene handelt, die bildungsrelevant sind, da sie auf Bildungsverläufe wirken und für Bildungsinstitutionen von Bedeutung sind, sind »Migrationsgesellschaft« und »Migration« terminologisch angemessene Referenzen pädagogischen Nachdenkens.

keiten und demokratisch nicht legitimierbarer Ungleichheit prekär bzw. in ihrem prekären Status sichtbar.

So gehören Diagnosen über die Benachteiligung von »ausländischen« Kindern und Migrantenjugendlichen zu Einschätzungen, die seit Beginn der 1970er-Jahre wiederholt formuliert wurden (vgl. Kap. 6). Der Hinweis auf die relative Untätigkeit der bundesdeutschen Bildungsinstitutionen, auf die Anwesenheit von Schüler/innen aus Migrationsfamilien mit entsprechenden organisatorischen und curricularen Konzepten zu reagieren, begleitete den deutschsprachigen pädagogischen Diskurs über Migration von Beginn an (etwa Müller 1974; Schmidtke 1978; Essinger/Hellmich/Hoff 1981). In dem letzten Jahrzehnt hat die Auseinandersetzung über die Ergebnisse der internationalen Schulleistungsstudien wie PISA, TIMMS oder IGLU die Benachteiligung von Schüler/innen, die als Migrantenkinder gelten, in und durch die deutsche Schule auf die Agenda des öffentlichen und insbesondere des bildungspolitischen Diskurses gesetzt.

Zu welchen Ergebnissen der Diskurs auch immer führen wird, eines ist klar: Die Bundesrepublik Deutschland und ihre Bildungsinstitutionen tun sich mit der vielfältigen Realität der Migration schwer. Dies ist umso hervorhebenswerter, als Deutschland als einer der wichtigsten Migrationskontexte weltweit gilt (vgl. Kap. 2). Zugespitzt kann davon gesprochen werden, dass Deutschland »ein Land mit Migrationshintergrund« ist, das Identitätsschwierigkeiten, Schwierigkeiten also mit sich selbst hat.

1.2 Die Perspektive Migrationspädagogik

Natio-ethno-kulturelle Zugehörigkeitsverhältnisse

Migration problematisiert Grenzziehungen

Das Erfordernis, sich pädagogisch und erziehungswissenschaftlich mit dem Themenfeld Migration und Bildung auseinanderzusetzen, ergibt sich vor dem Hintergrund, dass für die Migrationsgesellschaft und ihre Bildungszusammenhänge Unterschiede und Unterscheidungen bedeutsam sind. Um welche Unterschiede und Unterscheidungen handelt es sich hierbei?

In politischen und alltagsweltlichen Auseinandersetzungen um das Thema Migration geht es immer um die Frage, wie und wo ein nationalstaatlicher Kontext seine Grenze festlegen und wie er innerhalb dieser Grenze mit Differenz, Heterogenität und Ungleichheit umgehen will. *Migration problematisiert Grenzen.* Dies sind nicht so sehr die konkreten territorialen Grenzen, sondern eher symbolische Grenzen der Zugehörigkeit. Durch Migration wird die Frage der Zugehörigkeit – nicht nur die der sogenannten Migrant/innen – individuell, sozial und auch gesellschaftlich zum Thema, da durch Migration eine Differenzlinie befragt wird, die zu den grundlegendsten gesellschaftlichen Unterscheidungen gehört. Diese (imaginäre) Grenze scheidet das »Innen« von dem

»Außen«. Migration ist somit nicht angemessen allein als Prozess des Überschreitens von Grenzen beschrieben, sondern als ein Phänomen, das die Thematisierung und Problematisierung von Grenzen zwischen »Innen« und »Außen« und zwischen »Wir« und »Nicht-Wir« bewirkt und damit sowohl die Infragestellung einer fundamentalen Unterscheidung gesellschaftlicher Ordnung als auch ihre Stärkung vornimmt.

Vor diesem Hintergrund wird auch verständlich, warum Erfahrungen und Phänomene der Zugehörigkeit gegenwärtig von Bedeutung sind: Unter migrationsgesellschaftlichen Bedingungen der Irritation von Zugehörigkeitsverhältnissen wird Zugehörigkeit – als Topos wie als Erfahrung – zum Thema. Wir sprechen über Zugehörigkeiten, weil Zugehörigkeit zum Problem geworden ist – individuell und überindividuell. Hierbei müssen wir »Erfahrungen« als Phänomene verstehen, die aus sozialen, sprachlich-kulturellen und politischen Kontexten resultieren. Erfahrungen existieren nicht an sich und nicht für sich, sondern sind in einer umfassenden Weise in diskursive Zusammenhänge eingebettet (vgl. Kap. 2) und werden in diesen Kontexten hervorgebracht.

Für die Migrationsgesellschaft und ihre Bildungszusammenhänge sind Zugehörigkeitsverhältnisse bedeutsam

Zunächst kann also festgehalten werden, dass für die Migrationsgesellschaft und ihre Bildungszusammenhänge Zugehörigkeitsunterschiede und Zugehörigkeitsunterscheidungen bedeutsam sind. Wichtig ist, dass diese Unterschiede und Unterscheidungen nicht einfach in »natürlicher Weise gegeben« sind, sondern politisch, kulturell, juristisch und in Interaktionen (etwa zwischen den Akteuren pädagogischer Zusammenhänge) immer wieder hergestellt werden. *Migrationspädagogik beschäftigt sich mit Zugehörigkeiten und den Bedingungen und Konsequenzen ihrer Herstellung.*

Allerdings bedarf es, da es sehr viele Dimensionen von Zugehörigkeit gibt (von Geschlechts- und Milieuzugehörigkeit bis zur Zugehörigkeit in einer studentischen Lektüregruppe), hier einer weiteren Klärung. Für die Zugehörigkeitsdimension, die gemeint ist, wenn über »Migration und Zugehörigkeit« nachgedacht wird, finden sich häufig Bezeichnungen wie »ethnische« oder »kulturelle« Zugehörigkeit. Hier soll der Ausdruck »natio-ethno-kulturelle« Zugehörigkeit bevorzugt werden (genauer Mecheril 2003, Kap. IV). Migrationspädagogik beschäftigt sich mit natio-ethno-kulturellen Zugehörigkeiten.

Nun wird hier nicht behauptet, dass für die Analyse der Situation von Migrant/innen und Nicht-Migrant/innen natio-ethno-kulturelle Zugehörigkeit empirisch allzeit die wichtigste Dimension sei. Die Bildungs- und Lebenssituation von Migranten ist nicht allein von natio-ethno-kulturellen Zugehörigkeitsverhältnissen abhängig; andere analytisch und theoretisch zu unterscheidende Einflussgrößen, z. B. Geschlechterverhältnisse, ökonomische Bedingungen, Normalitätskonstruktionen auf der Ebene von Leiblichkeit oder Sexualität, konstituieren die Situation von Migrant/innen wie von Nicht-Migrant/innen.

Für die Perspektive natio-ethno-kultureller Zugehörigkeit bedeutet dies nun zweierlei. Zum einen, dass die Bedeutung natio-ethno-kultureller Zuge-

Schlüsselbegriff: Natio-ethno-kulturelle Zugehörigkeit

Obwohl Bezeichnungen wie »türkisch«, »italienisch«, »deutsch«, »arabisch« alltägliche Bezeichnungen und auch Praxen der Unterscheidung sind, werden sie in ihrer Bedeutung unklar, sobald gefragt wird, was sie eigentlich genau unterscheiden. In der alltäglichen Verwendung solcher Bezeichnungen sind sehr unterschiedliche Ideen, nicht immer in gleicher Weise, miteinander verbunden, vermischt und ineinander verschränkt.
»Deutsch« etwa weist auf ein bestimmtes geografisches Gebiet hin, auf eine politische Ordnung, eine Sprache; das Wort soll zuweilen auf eine Lebensform oder eine Gruppe von Lebensformen hinweisen, die in einer Art Familienähnlichkeit verbunden scheinen; es zeigt einen sozialen und gemeinschaftlichen Zusammenhang an, dem man nicht allein aufgrund eines Zertifikates, sondern in einer wie auch immer »tiefer« reichenden Weise zugehört. Der Ausdruck »deutsch« ist überbestimmt, diffus und unscharf – die Bezeichnung »natio-ethno-kulturell« bringt dies zum Ausdruck.
Auch unter einer wissenschaftlichen Perspektive verschwimmen die Bedeutungen der Begriffe »Nation«, »Ethnizität« und »Kultur« ineinander: »Nation und Nationalstaat bezeichnen eine historische Entwicklungsstufe von Gesamtgesellschaften in der Moderne. Nation ist ein ethnisches Kollektiv, das ein ethnisches Gemeinschaftsbewusstsein teilt und politisch-verbandlich in der Form des Nationalstaates organisiert ist. Der Nationalstaat ist eine politische Organisationsform, in welcher der Anspruch einer Übereinstimmung von politisch-staatsbürgerlicher und *ethnischer Zugehörigkeit* gestellt wird« (Heckmann 1992, S. 52f.; Hervorhebung PM). Unter Ethnizität kann mit Heckmann verstanden werden, dass »eine relativ große Gruppe von Menschen durch den Glauben an eine gemeinsame Herkunft, durch Gemeinsamkeit von *Kultur*, Geschichte und aktuellen Erfahrungen verbunden sind und ein bestimmtes Identitäts- und Solidarbewusstsein besitzen« (Heckmann 1992, S. 56; Hervorhebung PM). Die wechselseitige Verwiesenheit der Kategorien »Nation«, »Ethnizität« und »Kultur« und ihre Verschwommenheit und Unklarheit sind zugleich auch Bedingung ihres politischen und sozialen Wirksamwerdens. Denn diese Unklarheit ist der Hintergrund, vor dem es möglich wird, Imaginationen, Unterstellungen und sehr grobe Zuschreibungen vorzunehmen, die dem Gebrauch solcher Bezeichnungen wie »türkisch«, »italienisch«, »deutsch«, »arabisch« zugrunde liegen.
Benedict Anderson hat Nationen als »imagined communities« (1983; dt. 1998) bezeichnet. Nation ist nach Anderson eine vorgestellte politische Gemeinschaft, weil »die Mitglieder selbst der kleinsten Nation die meisten anderen niemals kennen, ihnen begegnen oder auch nur von ihnen hören werden, aber im Kopf eines jeden die Vorstellung ihrer Gemeinschaft existiert« (1998, S. 14f.). Nationen ermöglichen Beziehungen zu Unbekannten im Modus von »face-to-face«-Kontakten. Die national-ethnische Zugehörigkeitspraxis beansprucht gewissermaßen die Eigenschaften, die charakteristisch für lokale und kleinere Wir-Gruppen sind.
Die Imagination des natio-ethno-kulturellen »Wir« ist häufig damit verknüpft, dass Differenz nach außen projiziert wird. Das Andere des natio-ethno-kulturellen »Wir«, das »Nicht-Wir«, zeichnet sich in der Fantasie, die dieses »Wir« ermöglicht, dadurch aus, dass es nicht hierher, an diesen Ort gehört und deshalb hier vermeintlich legitimerweise über weniger Rechte verfügt.
Wenn in Deutschland von »Migrant/innen«, »Ausländern«, »Polen«, von »Migrantenkindern«, von »Deutschen« oder »Brasilianer/innen« die Rede ist, dann – so die hier formulierte These – ist in der Regel nicht allein von *Kultur*, *Nation* oder *Ethnizität* die Rede, sondern in einer diffusen und mehrwertigen Weise von den auch begrifflich aufeinander verweisenden Ausdrücken *Kultur*, *Nation* und *Ethnizität*. Der Ausdruck natio-ethno-kulturell zeigt dies an. Er ruft in Erinnerung, dass die sozialen Zugehörigkeitsordnungen, für die Phänomene der Migration bedeutsam sind, von einer diffusen, auf Fantasie basierenden, unbestimmten und mehrwertigen »Wir«-Einheit strukturiert werden.

hörigkeit immer auch von anderen Differenzverhältnissen vermittelt wird, und umgekehrt, dass natio-ethno-kulturelle Zugehörigkeit die Bedeutung zum Beispiel der sozioökonomischen oder Klassenlage vermittelt. Zum anderen ist es wichtig, den Punkt methodologisch zu verstehen. Dieses Buch führt in erster Linie *nicht* in die Bildungs- und Lebenssituation von Migrant/innen ein (es handelt sich hier nicht um eine Migrantenpädagogik) und auch nicht in die Situation von Nicht-Migrant/innen in der Migrationsgesellschaft. Vielmehr geht es in einer »künstlichen Einstellung« darum, das Verhältnis von Migration und Pädagogik unter dem Thema natio-ethno-kulturelle Zugehörigkeit zu betrachten. Andere Differenzlinien treten hierbei in den Hintergrund. Marianne Krüger-Potratz und Helma Lutz (2002) haben in ihren Überlegungen zum erziehungswissenschaftlichen Umgang mit Differenzen beispielhaft Sexualität, Geschlecht, Besitz, Sprache, Gesundheit, Religion, Alter, Klasse/Sozialstatus und Kultur als relevante Differenzlinien angegeben, die in einem mehrdimensionalen Raum bedeutsame Dimensionen der sozialen Ungleichheit darstellen. Die Analyse der Verwobenheit der Perspektive natio-ethno-kulturelle Zugehörigkeit mit etwa der *Gender*-Dimension, also wie sich das Verhältnis von migrationsbedingter Pluralität und sozialen Geschlechterverhältnissen darstellt, rückt in diesem Buch nur punktuell in den Vordergrund.

Merksatz

»After all, gender and ›race‹ are not neatly cordoned off from one another. Nor are they neatly cordoned off from sexuality and class. Rather, all these axes of injustice intersect one another in ways that affect everyone's interests and identities. No one is a member of only one such collectivity. And people who are subordinated along one axis of social devison may be dominant along another« (Fraser 1995, S. 91).

In analytischer Einseitigkeit führt der vorliegende Text in eine Perspektive ein und gibt insofern weniger Auskunft über beispielsweise die spezielle Situation der griechischen oder ungarischen *community* in Deutschland und damit verknüpfte pädagogische Fragen, sondern ist in erster Linie an zwei prinzipiellen Fragen interessiert: erstens an der Frage der natio-ethno-kulturellen Zugehörigkeitsordnung, in der Menschen unterschieden und so positioniert werden, dass ihnen unterschiedliche Werte der Anerkennung und Möglichkeiten des Handelns zugewiesen werden. Zweitens ist die Frage bedeutsam, wie Pädagogik einen Betrag zur (Re-)Produktion dieser Ordnung leistet und welche Möglichkeiten der Veränderung und Schwächung dieser Ordnung gegeben sind und entwickelt werden können.

»Migrationsandere«

In der Vorstellung des und der Anderen, des kulturell, des ethnisch und/oder des national Anderen findet sich jene Differenz, die das Nachdenken über eine »Pädagogik der Einwanderungsgesellschaft« (Hamburger 1994) notwendig macht. Eine zentrale Aufgabe der Migrationspädagogik besteht somit in der Beschäftigung mit der Frage, wie *der/die Andere* unter Bedingungen von Migration erzeugt wird und welchen Beitrag pädagogische Diskurse und pädagogische Praxen hierzu leisten. Gegenstand der Migrationspädagogik sind die durch Migrationsphänomene bestätigten und hervorgebrachten *Zugehörigkeitsordnungen* und ist insbesondere die Frage, wie diese Ordnungen in Bildungskontexten wiederholt und produziert, aber auch problematisiert und verschoben werden.

Die migrationspädagogische Perspektive interessiert sich für pädagogische Bedingungen und Konsequenzen einer sozialen Ordnung der Differenzen; sie ist mit Ordnungen des Unterschieds und des Unterscheidens befasst, die immer auch Phänomene der Hierarchisierung und der *machtvollen Unterscheidung* und Hervorbringung der Differenz zwischen »Anderen« und »Nicht-Anderen« darstellen. Die für die migrationspädagogische Perspektive zentralen Bezeichnungen »Andere« und »Zugehörigkeitsordnung« müssen freilich konkretisiert werden. Migrationspädagogik ist nicht mit dem Problem des Anderen als allgemeinem Phänomen und auch nicht mit dem Gegenstand der sozialen Zugehörigkeitsordnungen generell, sondern mit spezifischen Anderen und spezifischen Ordnungen befasst. Es geht hier um natio-ethno-kulturelle Ordnungen, in denen zunächst die Differenz zwischen natio-ethno-kulturellen Anderen bedeutsam ist.

Der Begriff des Anderen ist in der Pädagogik in vielfältiger Hinsicht relevant

Der Begriff des Anderen ist in der Pädagogik in vielfältiger Hinsicht relevant. Wichtig ist hierbei, die allgemeine Verwendung des Ausdrucks »Anderer« von dem Begriff des Anderen abzugrenzen, der im Rahmen der Migrationspädagogik bedeutsam ist. *Der allgemeine Andere* kennzeichnet das für pädagogisches Nachdenken grundlegende Thema der Andersheit, das Thema der Alterität, in dem deutlich wird, dass der Andere nicht nur Konstitutionsbedingung des *Ich* ist, sondern das *Ich* in mannigfacher Weise durchdringt (etwa Benner 1999). Von diesem Verständnis des allgemeinen Anderen ist aber jener Andere zu unterscheiden, der im Kontext pädagogischen Nachdenkens über migrationsbedingte Vielfalt bedeutsam ist: *der natio-ethno-kulturelle Andere.*

In Migrationsgesellschaften ist natio-ethno-kulturelle Differenz und Pluralität gewissermaßen in die Gesellschaft hineingeholt, weil sich eine Migrationsgesellschaft dadurch auszeichnet, dass in ihr »Deutsche« und »Italiener/innen«, »Griech/innen« und »Marokkaner/innen«, »Türk/innen« und »Inder/innen« und auch weitere Gruppen aufhalten, wie »Sorb/innen« und »Kurd/innen«, »Sinti«, »Roma« oder »Sikhs«, die sich eher als ethno-kulturelle Gruppen verstehen. Die deutsche Migrationsgesellschaft ist also durch die Anwesenheit unterschiedlicher natio-ethno-kultureller und ethno-kultureller Gruppen und Gruppierungen, ihre Lebenspraxen und Ansprüche, Überlagerungen zwischen diesen Gruppierungen sowie Mischungen und natio-ethno-kulturelle Mehrfachzugehörigkeiten charakterisiert.

Insofern ist die migrationsgesellschaftliche Wirklichkeit durch allgemeine natio-ethno-kulturelle Differenzverhältnisse gekennzeichnet, in der die unterschiedlichen, sich selbst imaginierenden und sich wechselseitig konstruierenden Gruppen füreinander »Andere« sind. Die migrationspädagogische Perspektive ist auf diese natio-ethno-kulturelle Andersheit und die Zugehörigkeitsordnungen gerichtet, in denen sich dieses Anderssein konkretisiert.

Gleichwohl wäre es unangemessen, bei der Beschreibung natio-ethno-kultureller Andersheit keine prinzipiellen Unterscheidungen einzuführen. Denn die natio-ethno-kulturellen Unterschiede werden von einer übergeordneten Differenz gerahmt, die die soziale Stellung der »Ausländerin« oder des »Migranten«, der »Fremden« oder der »Zugewanderten« oder »Autochthonen« erst verständlich macht. Das Spektrum natio-ethno-kultureller Pluralität wird gerahmt von einer binären Unterscheidung. Diese Differenz wird hier in der terminologischen Unterscheidung zwischen »Migrationsanderen« und »Nicht-Migrationsanderen« erfasst.

Schlüsselbegriff: Migrationsandere

»Migrationsandere« ist eine Bezeichnung, die, wie jede andere Bezeichnung von Personengruppen auch, pauschalisierend und festschreibend wirkt. Allerdings ist das Kunstwort »Migrationsandere« eine Bezeichnung, die das Problem der Pauschalisierung und der Festschreibung anzeigt. Denn »Migrationsandere« ist ein Wort, das zum Ausdruck bringt, dass es »Migrant/innen« und »Ausländer/innen« und komplementär »Nicht-Migrant/innen« und »Nicht-Ausländer/innen« nicht an sich, sondern nur als *relationale Phänomene* gibt.

»Migrationsandere« stellt eine Konkretisierung politischer und kultureller Differenz- und Dominanzverhältnisse dar, mit denen sich Pädagogik dann beschäftigt, wenn sie sich Migrationsphänomenen zuwendet. »Migrationsandere« ist eine Formulierung, die auf Charakteristika der Prozesse und Strukturen verweist, die »Andere« herstellen.

Mit der Rede von »Migrationsanderen« wird zwar auf partiell gleichartige Bedingungen in der Bildungs- und Lebenssituation bestimmter Personen hingewiesen. »Migrationsandere« kann somit als Begriff bezeichnet werden, mit dem Prozesse und Phänomene der Konstruktion, Bewältigung, Bewahrung und Veränderung natio-ethno-kultureller Differenz unter bestimmten Bedingungen in den Blick kommen. Dennoch handelt es sich bei »Migrationsanderen« nicht – so wenig wie bei »Migrant/innen« oder auch »Nicht-Migrant/innen« oder beim das Bild essentialistischer Abstammung aufrufenden Ausdruck »Menschen mit Migrationshintergrund« – um eine einheitliche Gruppe. Mehr noch: Es handelt sich um keine Gruppe. Wichtig ist es, den Konstruktionscharakter der Rede von »Migrationsanderen« nicht aus den Augen zu verlieren. »Migrationsandere« ist ein Werkzeug der Konzentration, Typisierung und Stilisierung, das auf Kontexte, Strukturen und Prozesse der Herstellung der *in einer Migrationsgesellschaft als Andere geltenden Personen* verweist. Der Wert des begrifflichen Werkzeugs »Migrationsandere« bemisst sich an der Erkenntnis über gesellschaftliche Wirklichkeit, Erfahrungen von Menschen und Bildungsprozesse, die mithilfe dieses Instruments ermöglicht wird.

Zwischen »Migrant/innen« und »Nicht-Migrant/innen« wird in Diskursen unterschieden

Die überragende Bedeutung, die der Unterscheidung zwischen »Migrant/innen« und »Nicht-Migrant/innen« zukommt, muss verstanden werden mit Bezug auf Merkmale des natio-ethno-kulturellen Zugehörigkeitskontextes »Deutschland«. Denn anders als bei den meisten anderen Nationalstaaten ist in Deutschland eine dem »kollektiven Gedächtnis« (Halbwachs 1967) tief eingeschriebene Unterscheidung zwischen natio-ethno-kulturellen Anderen und Nicht-Anderen zu *eigen*, die mit der Vorstellung der imaginären Praxis eines ethnisch-kulturell einheitlichen »Wir« operiert. Zwar ist zu Beginn des 21. Jahrhunderts eine weitreichende Unruhe in dieses Selbstverständnis gekommen – die Revision des Staatsbürgerschaftsrechtes ist ein symbolisches Anzeichen dieser Unruhe –, gleichwohl ist die Rede von »Fremden«, »Zugewanderten«, »Migrant/innen«, in der sich *die andere Seite* implizit entwirft, nach wie vor jenes Muster, das die imaginäre Unterscheidung zwischen »Wir« und »Nicht-Wir« bestätigt. Die Trägheit der deutschen Bildungseinrichtungen, ihr nationales Selbstverständnis und ihre monokulturellen Praxen zu verändern (genauer Kap. 6), ist ein wichtiges Indiz dieser Verhältnisse und ein wichtiger Mechanismus, der sie hervorbringt.

Der migrationspädagogische Blick

Seit Anfang der 1980er-Jahre findet das Wort »interkulturell« im Zusammenhang mit Bildung, Erziehung und Pädagogik Verwendung und seither hat sich der Ausdruck »interkulturell« in der erziehungswissenschaftlichen Fachöffentlichkeit zum Schlüsselbegriff entwickelt, um Fragen im Themenfeld »Migration und Bildung« zu thematisieren (ausführlich Kap. 3). Seit etwa Mitte der 1990er-Jahre existiert eine erziehungswissenschaftliche Fachdisziplin, die im Wesentlichen mit Konsequenzen beschäftigt ist, die sich aus migrationsgesellschaftlichen Differenzverhältnissen für Erziehung und Bildung ergeben. Diese Disziplin trägt den Namen »Interkulturelle Pädagogik«.

Was spricht nun dafür, ein Buch, das in das Verhältnis von Pädagogik und den vielfältigen Differenzphänomenen einführen will, die mit Migrationsprozessen einhergehen, unter der Bezeichnung »Migrationspädagogik« zu präsentieren? Der Ausdruck »Migrationspädagogik« findet sich in den mit dem Verhältnis von Bildung und Migration befassten Texten eher selten (so z.B. bei Czock/Radtke 1984 oder bei Lenhart 1999) und wird dann auch ohne explizite Angaben zu der mit dem Ausdruck verknüpften *pädagogischen* Perspektive benutzt. Hier soll die an den Ausdruck »Migrationspädagogik« geknüpfte pädagogische Perspektive nun im Hinblick auf ihre Grundausrichtung angesprochen werden; letztlich aber bleibt die Präsentation der Perspektive dem Gesamtzusammenhang des Buches vorbehalten.

Migrationspädagogik bezeichnet einen Blickwinkel, unter dem Fragen gestellt und thematisiert werden, die bedeutsam sind für eine Pädagogik unter den Bedingungen einer Migrationsgesellschaft. Es geht also beispielsweise um die an koloniale Figuren anschließende Konstruktion des und der Fremden (vgl. Kap. 2), um die Vielfalt der Sprachen und die Macht der Sprache(n) (vgl. Kap. 5), um die Frage der Repräsentation von Migrant/innen im öffentlichen Raum und auch in Bildungsinstitutionen (vgl. Kap. 4), um die Frage nach der Möglichkeit der Schwächung an Rassismus anschließender Unterscheidungen sowie den Möglichkeiten, gegen Gewaltverhältnisse vorzugehen (vgl. Kap. 7).

Merksatz

Im Rahmen der migrationspädagogischen Perspektive geht es aufgrund des Wissens um Probleme und Einseitigkeiten der Kulturperspektive nicht darum, »Kultur« und »kulturelle Identität« schlicht als Erklärung (Explanandum) zu benutzen (i. S. v. »Sie macht das, weil sie der Kultur xy zugehört«), sondern zuallererst als zu erklärendes Phänomen (Explanans) und zu analysierende Praxis (i. S. v. Aufgrund welcher Bedingungen wird die Deutung »kulturelle Zugehörigkeit« von wem mit welcher Konsequenz wofür benutzt?). »Kulturelle Differenz« ist kein bestehender und selbstverständlich existenter Unterschied, sondern vielmehr eine Praxis des Unterscheidens, auf die unter bestimmten Bedingungen Akteure (z. B. Pädagog/innen) zurückgreifen.

Mit dem Leitbegriff der *Migrationspädagogik* kommen durch Migrationsphänomene angestoßene Prozesse der Pluralisierung und der Vereinseitigung, der Differenzierung und der Entdifferenzierung, der Segregation und der Vermischung *des Sozialen* in den Blick. »Migration« ist eine Perspektive, die von vornherein anzeigt, dass die Einengung auf eine *kulturelle* Betrachtung der mit Wanderung verbundenen Phänomene unangemessen ist. Wanderung ist ein umfassendes Phänomen, das im Spannungsfeld politischer, administrativer, ökonomischer, kultureller und rechtlicher Systeme auf globaler, nationaler und lokaler Ebene stattfindet. Positionierungen und Identifizierungen der »Migrant/innen« und komplementär der »Nicht-Migrant/innen« müssen in der Komplexität dieses Spannungsfeldes verstanden werden. Dies meint der Ausdruck »das Soziale«, und »Migrationpädagogik« ist eine Perspektive, die den Beitrag der Bildungsinstitutionen und der pädagogischen Diskurse zu diesen Verhältnissen sowie Möglichkeiten der Thematisierung und Veränderung dieser Verhältnisse in den Blick nimmt.

Insgesamt kann der migrationspädagogische Ansatz als Offerte zu einer Praxis (des Denkens, Sprechens und Handelns) verstanden werden, die von der Überzeugung getragen wird, dass es sinnvoll ist, nach Handlungs-, Erfahrungs- und Denkformen, die weniger Macht über Andere ausüben, Ausschau zu halten und sie wirklich werden zu lassen. Die Art der Kritik, die den migrationspädagogischen Ansatz kennzeichnet, kann in einem allgemeinen Sinn als suchende, notwendig reflexive, beständig zu entwickelnde und unabschließbare, gleichwohl entschiedene Praxis bezeichnet werden. Diese Praxis zielt darauf, nicht dermaßen auf symbolische, räumliche, institutionelle Einteilungen von Menschen angewiesen zu sein, die ihre Würde und ihr Handlungsvermögen beschneiden.

Anders als in dem eher tugendethischen Verständnis Michel Foucaults, der Kritik versteht als »die Kunst, nicht dermaßen regiert zu werden« (Foucault

1992, S. 12), wird im Rahmen migrationspädagogischer Ambition die Möglichkeit der Kritik – das Nicht-angewiesen-Sein – in erster Linie auf ihre sozialen und politischen Ermöglichungsbedingungen befragt und die Rolle skizziert, die der pädagogischen und erziehungswissenschaftlichen Praxis (Denken, Sprechen/Schreiben und Handeln) hierbei zukommt. Migrationspädagogik fragt nach den sozialen und politischen und schließlich subjektiven Bedingungen der Möglichkeit, nicht dermaßen auf einschränkende und beschneidende Handlungs-, Erfahrungs- und Denkformen angewiesen zu sein.

Zu diesem Buch

Das vorliegende Buch gibt den Stand der pädagogischen Diskussion über Anforderungen an pädagogisches Handeln und an pädagogische Institutionen in der Migrationsgesellschaft wieder und diskutiert diesen unter einer zugehörigkeitstheoretischen Perspektive.

Wichtige Themen der nachfolgenden Kapitel sind beispielsweise:

- migrationswissenschaftliche Debatten und Konzepte (Kap. 2)
- der konzeptionelle Bezug auf »den und die Andere(n)« in Ausländerpädagogik und Interkultureller Pädagogik (Kap. 3)
- die »reflexiven« Konsequenzen für (insbesondere sozial)pädagogisches Handeln, die aus der Kritik an der mit dem Ausdruck »interkulturell« verknüpften Perspektive resultieren (Kap. 4)
- die Debatten zum Thema Mehrsprachigkeit und Bildung (Kap. 5)
- die Analyse des Umgangs der deutschen Schule mit Schüler/innen aus Migrationsfamilien (Kap. 6)
- der Stellenwert rassismustheoretischer Ansätze für eine Pädagogik der Migrationsgesellschaft (Kap. 7)
- normative Leitlinien der Migrationspädagogik (Kap. 8).

Die Erläuterung der Themen führt in den fachlichen Diskurs um Migration, Interkulturalität und Pädagogik ein. Der vorrangige Anspruch des vorliegenden Buches ist es dabei nicht, den fachlichen Diskurs als Sammlung von gültigem Wissen darzustellen. Dies aus zumindest zwei Gründen, die für das (Wissenschafts-)Wissen überhaupt kennzeichnend sind: Über die Frage, welches Wissen das gültige ist, werden Auseinandersetzungen und Dispute geführt. Es steht also nicht einfach schon fest, worin das gültige Wissen besteht. Vor diesem Hintergrund kann behauptet werden, dass letztlich paradoxerweise das Nichtwissen kennzeichnend für (Wissenschafts-)Wissen ist. Wissen ist weiterhin nicht nur »in der Gegenwart« umkämpft. Mindestens das empirische Wissen ist vergängliches Wissen, da sich die historischen Bedingungen verändern, unter denen über die Frage der Gültigkeit des Wissens befunden werden kann.

Somit geht es im Rahmen dieses Buches weniger um die Auflistung »gültigen Wissens« im Hinblick auf das Themenfeld »Migration und Bildung«. Es geht vielmehr um einen Überblick über die Art und Weise, wie diachron und synchron im erziehungswissenschaftlichen Fachdiskurs, in pädagogischen Handlungskontexten und in »der Gesellschaft« über Migration und Bildung gesprochen wird und welche pädagogischen Konsequenzen an welche Redeweise geknüpft sind.

Da allerdings mit der Darstellung und Kommentierung der fachlichen Diskussion in diesem Buch auch die *Hinführung zu einer bestimmten Perspektive* auf das Verhältnis von Pädagogik und Migration verbunden ist, verknüpft sich mit diesem Buch ein zweites Anliegen. Es geht darum, Leserinnen und Leser zu zweierlei durch die Lektüre zu ermutigen: zu einem Nachdenken über das Themenfeld »Migration und Bildung«, das insbesondere die Dimension der Macht zum Thema macht, und zum Mut, Möglichkeiten zu erwägen, nicht dermaßen auf einschränkende und beschneidende Einteilungsmuster angewiesen zu sein.

Möglichkeiten erwägen, nicht dermaßen auf einschränkende und beschneidende Einteilungsmuster angewiesen zu sein

Daher können die nachfolgenden Ausführungen auch als Ergänzung zu bereits vorliegenden Büchern gelesen werden, die in die »Interkulturelle Pädagogik« (beispielsweise: Allemann-Ghionda 1997; Auernheimer 1996, 2007; Kiesel 1996; Nieke 2008; Roth 2002; Krüger-Potratz 2005, Gogolin/Krüger-Potratz 2006; Nohl 2006) respektive in die »Pädagogik der Einwanderungsgesellschaft« (Hamburger 1994) oder das Verhältnis von »Erziehung und Migration« (Diehm/Radtke 1999) einführen. Nicht in jedem dieser Einführungsbücher wird, so wie in diesem Buch, das Selbstverständnis artikuliert, das Feld »Bildung und Migration« unter einer bestimmten Perspektive darzustellen. Einige der Darstellungen präsentieren das Feld in fach- und gegenstandsbezogenem Wissen, das mehr oder weniger perspektivlos und standpunktfrei zu sein scheint. Vom wissenschaftstheoretischen und methodologischen Standpunkt, der für dieses Buch kennzeichnend ist, ist dies jedoch schlichtweg nicht möglich.

Das vorliegende Buch geht auf das 2004 erschienene Buch »Einführung in die Migrationspädagogik« zurück. Allerdings handelt es sich nicht allein um eine Neuauflage des vorherigen Buches. Alle Kapitel des vorliegenden Buches sind gründlich überarbeitet worden. Ein neues Kapitel (Kap. 5: »Die Sprache(n) der Migrationsgesellschaft«) wurde aufgenommen. Dass es sich hier gegenüber dem vorherigen Buch um eine eigenständige Publikation handelt, wird am deutlichsten dadurch, dass das vorliegende Buch nunmehr nicht nur einem Autor zugerechnet werden kann. Die Grundanlage des Buches und auch der einzelnen Kapitel haben wir gemeinsam in Bestätigung und Revision des 2004 erschienenen Buches entwickelt. Gleichwohl gibt es klare Hauptzuständigkeiten für die einzelnen Kapitel, die im Inhaltsverzeichnis wiedergegeben sind.

Auch weil in diesem Buch zum Teil eine eigene Terminologie entwickelt und benutzt wird, findet sich am Ende des Buches ein Register zentraler Begriffe.

Die Ausführungen zu den Begriffen, auf die im Register verwiesen wird, finden sich in den Kapiteln im Kasten »Schlüsselbegriff«. Zu Beginn eines jeden Kapitels wird im Kasten »Einführung« das inhaltliche Anliegen des Kapitels vorgestellt. Wesentliche Aussagen sind im Kasten »Merksatz« prägnant zusammengefasst. Weiterhin finden sich Kästen mit exkursiven Anmerkungen und textlichen Illustrationen. Sie dienen der Weiterführung und Vertiefung der dargestellten Inhalte, ebenso wie die kommentierten Hinweise zur »Weiterführenden Literatur«. Reflexionsfragen, mit denen das Verständnis des Gelesenen rekapituliert und präzisiert werden kann, schließen jedes Kapitel ab.

Folgende Fragen können Ihnen helfen, Ihr Verständnis der Ausführungen in diesem Kapitel zu präzisieren:

- Welche Argumente werden in diesem Kapitel für die Wahl des Ausdrucks »Migrationsgesellschaft« angeführt und welche weiteren Argumente fallen Ihnen ein?
- Warum ist in diesem Buch von »Migrationspädagogik« und nicht z.B. von »Interkultureller Pädagogik« die Rede?
- Was charakterisiert den »migrationspädagogischen Blick«?
- Was ist mit »natio-ethno-kultureller Zugehörigkeit« gemeint?

2. Grenze und Bewegung. Migrationswissenschaftliche Klärungen

Einführung

Migration stellt den Normal- und nicht den Ausnahmezustand europäischer Gesellschaften dar. Das Kapitel diskutiert einflussreiche migrationswissenschaftliche Perspektiven, die auch pädagogisch bedeutsam sind: Immigration, multikulturelle Gesellschaft, transnationale Migration. Die Unterscheidung zwischen Migrant/innen und Nicht-Migrant/innen stellt ein zentrales gesellschaftliches Differenzverhältnis dar. In diesem Kapitel werden politische und kulturelle Mechanismen und Praxen thematisiert, mithilfe derer diese Differenz hergestellt wird. Schließlich wird in diesem Kapitel das Migrationsgeschehen in Deutschland auch mit Bezug auf die historische Dimension erläutert. Im Hinblick auf das Migrationsgeschehen nach dem Zweiten Weltkrieg werden vier Wanderungstypen (Aussiedlung, Arbeitsmigration, Flucht, irreguläre Migration) vorgestellt.

2.1 Ein kurzer migrationshistorischer Überblick

Migrationsprozesse in Deutschland beginnen nicht erst nach 1949 – wie oft auch in migrationswissenschaftlichen Texten suggeriert wird. Im Gegenteil, Deutschland war immer schon von Ein- und Auswanderung geprägt. Bis Ende des 19. Jahrhunderts war Deutschland vorwiegend ein Emigrationsland. Die Migration verlief zumeist in Richtung Nord- und Südamerika, aber auch Arbeitswanderungen von Westfalen nach Holland sowie weitere Wanderungsbewegungen nach Frankreich und in die Schweiz sind dafür verantwortlich, dass Deutschland im späten 19. Jahrhundert zum wichtigsten europäischen Emigrationsland avanciert. Der Migrationsforscher Klaus Bade bezeichnet den deutschen Massenexodus der 1890er-Jahre als »Export der Sozialen Frage« (Bade 1994, S. 21). Die einsetzende Industrialisierung verursachte eine schrittweise »Massenverelendung«, die für die Auswanderungswelle verantwortlich gemacht werden kann. Recht bald wurde zudem Ende des 19. Jahrhunderts eine deutsche Kolonialpolitik etabliert, die über gezielte Propaganda versuchte, den Auswanderungsstrom in die deutschen Kolonien umzulenken, damit dem Deutschen Reich keine Arbeitskräfte verloren gingen. Die koloniale Expansion führte zu den ersten weltweiten Massenauswanderungen und zeigte sich bereits zu diesem Zeitpunkt als extrem heterogen. So umfasste sie Formen wie etwa Sklavenhandel, den Aufbau von überseeischen Siedlungskolonien durch europäische Einwanderer, Zwangsarbeit (*indentured labour*), temporäre Einwanderung von Kolonialbeamten, Missionaren, Soldaten etc. (Papastergiadis 2007, S. 25 ff.).

Die europäische Einwanderungsgeschichte tritt insbesondere mit Entstehung der europäischen Großstädte im 18. und 19. Jahrhundert hervor. Diese Städte entstehen als »migrantische Zentren«. Sie sind Ziele der Wanderung von Menschen, Ideen, Gegenständen und kulturellen Praxen. Auch durch das schnelle Wachsen industrieller Gebiete wie dem Ruhrgebiet, dem damit verbundenen Bedarf an billigen Arbeitskräften und der durch verschiedene Faktoren zu erklärenden großen Armut im Osten Europas kam es zu einer bemerkenswerten Ost-West-Wanderung, die Deutschland ab der Wende zum 20. Jahrhundert verstärkt zu einem der wichtigsten Immigrationsländer in Europa machte. Auch zwischen den beiden Weltkriegen gab es – zumeist aus benachbarten europäischen Ländern – Zuwanderung nach Deutschland, und die deutsche Kriegswirtschaft während des Zweiten Weltkriegs war nur aufgrund des starken Einsatzes der Arbeitskraft sogenannter »Fremd-« und »Zwangsarbeiter« möglich (Münz/Seifert/Ulrich 1999, S. 42). Für die 1920er-Jahre kann von einer Zahl von etwa 200 000 bis 300 000 Arbeitskräfte ausgegangen werden, die keinen deutschen Pass hatten. Während der Weltwirtschaftskrise der frühen 1930er-Jahre ging diese Zahl deutlich zurück. Mit der nationalsozialistischen Machtübernahme 1933 begann eine massive militärische Aufrüstung, die die Frage nach ausländischen Arbeitskräften erneut aufkommen ließ. Die rassistische Weltanschauung des Nationalsozialismus ging allerdings mit einer sehr restriktiven Einwanderungspolitik einher.

Zwischen 1950 und 1998 verließen etwa 20 Millionen Menschen Deutschland, im gleichen Zeitraum wanderten etwa 30 Millionen Menschen ein (Münz/Seifert/Ulrich 1999, S. 18).

Migrationsgesetzgebungen sind innerhalb des europäischen Raums sehr heterogen

Migrationsgesetzgebungen sind innerhalb des europäischen Raums sehr heterogen und reagieren empfindlich auf politische Veränderungen. Regierungswechsel in Deutschland und anderen europäischen Ländern hatten fast immer Veränderungen in den staatlichen Migrationspolitiken zur Folge, sodass sich immer wieder Verschiebungen in den Migrationsdiskursen ausmachen lassen. Politisch und medial war in Deutschland lange Zeit die Position bestimmend, dass Migration randständig und nicht konstitutiv für die Bundesrepublik sei. Bis Ende der 1990er-Jahre war die offizielle Selbstdarstellung der Bundesrepublik Deutschland hartnäckig dominiert von einer »Lebenslüge« (Bade 1994): Deutschland sei kein Einwanderungsland. Diese politische Irreführung und Ignoranz haben zweifelsohne die sozialen Folgen von Migration verkannt und zum Teil überaus problematische Entwicklungen bedingt, deren Konsequenzen insbesondere auch das Feld der Bildung und Erziehung betreffen.

Seit dem Beginn des 21. Jahrhunderts ist eine Reihe von Veränderungen in Richtung einer Anerkennung der Migrationstatsache festzustellen. So wurde die Einbürgerung erleichtert und die Staatsbürgerschaftsregelung geändert.

Nun können Kinder von seit acht Jahren »rechtmäßig« in Deutschland lebenden Eltern die deutsche Staatsbürgerschaft erwerben. Zudem wurde 2005 das Zuwanderungsgesetz erlassen, welches zum ersten Mal den Integrationsbegriff in einer migrationspolitischen Gesetzgebung verwendet. Gleichzeitig macht der Name des Gesetzes bereits seine restringierende Ausrichtung deutlich: *Gesetz zur Begrenzung und Steuerung von Zuwanderung*. Während innerhalb Europas die Grenzen mehr und mehr durchlässig werden (z. B. durch das Abkommen von Schengen), werden die Außengrenzen Europas schärfer gezogen.

Bezogen auf Migration kann allgemein somit von einem widersprüchlichen Verhältnis zwischen restriktiver Begrenzung und Neuformierung des Sozialen durch Grenzüberschreitungen gesprochen werden. Auf der einen Seite ist von der »Festung Europa« die Rede, während auf der anderen Seite ein »postnationales Zeitalter« angekündigt und zuweilen bereits in Konzepten wie »Kosmopolitismus« ausgerufen wird. Immer mehr Menschen wandern, pendeln, lassen sich an einem Ort nieder, der nicht ihr Geburtsort ist, arbeiten und leben diachron und synchron an unterschiedlichen Orten. Es gibt Menschen, die im Laufe ihres Lebens in vier, fünf, sechs verschiedenen Ländern gelebt haben oder jahrelang gleichzeitig an mehreren Orten leben, die ein Zuhause an zwei oder drei Orten haben oder deren Staatsbürgerschaft nicht den Ort ihrer Herkunft widerspiegelt.

Merksatz

Migrationsregime sind durch Ungleichzeitigkeiten und paradoxe (staatliche) Interventionen und Gegenreaktionen (auch der Migrant/innen) geprägt. Somit ist es unmöglich, von einer einheitlichen Entwicklung des Migrationsgeschehens zu sprechen; die Beschreibung progressiver Linearität jedenfalls – von restriktiver zu liberaler Migrationswirklichkeit – ist nicht überzeugend.

In ihrem Buch »Flexible Staatsbürgerschaften« untersucht die Anthropologin Aihwa Ong (2005) transnationale Praktiken von Menschen im Zusammenhang mit den gesellschaftlichen Bedingungen, die diese spezifische Art von Flexibilität erlauben und herausfordern. Migration und Kapital werden bei Ong in ihrer Wechselwirkung zueinander analysiert. Sie stellt fest, dass – obwohl die Nationalstaaten beständig versuchen, sowohl die Finanzströme als auch die Mobilität von Menschen zu regieren – diese beharrlich nach Wegen suchen, den Disziplinierungsversuchen zu entkommen. Es gilt ein dynamisches Kräftespiel, bei dem nicht nur Individuen sich verändern, sondern auch Staaten und Wirtschaftsunternehmen einem fundamentalen Wandel unterliegen, der durch die Variabilität transnationaler Praxen charakterisiert ist.

Vor diesem Hintergrund erklärt sich auch, dass Auswirkungen der Migrationspolitiken auf das Alltagsleben entsprechend widersprüchlich sind. So erleben viele Migrant/innen aus Drittstaaten und Flüchtlinge ihren Aufenthalt in Deutschland nach der Aufgabe der bundesdeutschen »Lebenslüge« durch die Regierung nicht durchgängig als Erleichterung. Im Gegenteil, für viele gelten heute zunehmende staatliche Kontrollen; Diskriminierungserfahrungen sind nicht geringer geworden (vgl. Kap. 7). Andere wiederum – etwa relativ privilegierte EU-Migrant/innen – profitieren vom Kommunalwahlrecht und anderen Regelungen.

Wanderungstypen

Soll das Wanderungsgeschehen in (West-)Deutschland in der Zeit nach 1945 unter der Perspektive von, in einem allgemeinen Sinne, Wanderungsanlässen und -voraussetzungen wiedergegeben werde, dann macht es Sinn, vier »Typen« zu unterscheiden: Aus- und Übersiedlung, Arbeitsmigration, irreguläre Migration und Flucht. Nicht nur weil diese eine Vielzahl von Subtypen und Mischformen umfassen, sondern auch weil sich diese Typen empirisch überlagern, ist diese Skizzierung eine Vereinfachung und Stilisierung, eben eine Typisierung. Sie vermittelt jedoch einen allgemeinen Überblick über das Geschehen nach der Gründung der Bundesrepublik; ein Geschehen, das freilich von der Zeit zuvor vermittelt ist.

Aus- und Übersiedlung

Jüdische Einwanderung

»Eine besondere Gruppe stellen die jüdischen Einwanderer und Einwanderinnen dar. Die Aufnahme jüdischer Einwanderer erfolgt in Anwendung des Gesetzes über Maßnahmen für im Rahmen humanitärer Hilfsaktionen aufgenommene Flüchtlinge (das sogenannte Kontingentflüchtlingsgesetz). Motiv für dieses Programm waren unter anderem der Erhalt und die Stärkung der jüdischen Gemeinden in Deutschland« (Haug 2005, S. 4).

Über vier Millionen Aussiedler/innen sind seit 1950 nach Deutschland gekommen. 2008 reisten nach offiziellen Angaben allerdings nur noch knapp 6 000 Menschen deutscher Abstammung aus Osteuropa in die Bundesrepublik Deutschland ein. Von Januar bis April 2009 kamen gerade noch 960 Menschen im zentralen Aufnahmelager Friedland an.

Etwa jede/r vierte Einwohner/in Deutschlands entstammt einer Familie, die nach 1945 aus Osteuropa zugewandert ist. In der Terminologie von Rainer Münz, Wolfgang Seifert und Ralf Ulrich (1999) kann zwischen *Migration der Deutschen* und *Zuwanderung von Ausländern* unterschieden werden. Bezogen auf die Migration von Deutschen sind zunächst Flucht und die als Vertreibung bezeichnete Wanderung von Osteuropa nach Deutschland bedeutsam. Bis Anfang der 1950er-Jahre sind circa zwölf Millionen Deutsche aus den ehemaligen deutschen Gebieten im Osten nach Ost- und Westdeutschland gekommen. Der Zuzug von Deutschen aus Osteuropa setzte sich zwar seit 1950 fort, allerdings aufgrund der restriktiven allgemeinen Grenzpolitik der sozialistischen Staaten auf niedrigem Niveau. Auch wenn der Eingliederungsprozess dieser Gruppen durchaus mit Schwierigkeiten verbunden war, so konnte sich doch aufgrund massiver finanzieller Eingliederungshilfen, des Bewusstseins, dass es sich bei den Vertriebenen um Deutsche handele, sowie aufgrund relativ geringer Sprachdifferenzen zwischen aufgenommener und aufnehmender Gruppe ein letztlich erfolgreicher Eingliederungsprozess durchsetzen. Dies gilt in noch größerem Maße für die Gruppe der Übersiedler, die zu Zeiten der deutschen Teilung aus der DDR in die Bundesrepublik Deutschland – oder *umgekehrt* – auswanderte bzw. flüchtete.

Die größte Zuwanderungsgruppe sind die sogenannten Aussiedler/innen. Bei ihnen handelt es sich um Nachkommen deutscher Siedler/innen, die aufgrund der deutschen Politik als Minderheit in geschlossenen Siedlungen im europäischen Teil des Russischen Reiches lebten. Diese Minderheit in der Sowjetunion war nach 1941 Zwangsumsiedlungen und Repressionen ausgesetzt. Aussiedler/innen gelten im Selbstverständnis der Bundesrepublik als deutsche »Volkszugehörige«. Das Phänomen der *Aussiedlung* ist an das Konstrukt der Abstammungsgemeinschaft geknüpft. Bis zur Umstellung des deutschen Staatsbürgerschaftsrechtes im Jahr 2000 galt als Deutsche/r, wer von Deutschen abstammte. Unter diesem Verständnis von nationaler Zugehörigkeit erlangten Aussiedler und Aussiedlerinnen einen gegenüber anderen Einwanderungsgruppen deutlich privilegierten Status, der sie allerdings nicht vor Alltagsdiskriminierung schützte (Vogelgesang 2008).

Mit dem Zusammenbruch des Staatssozialismus und der Aufhebung der Reisebeschränkungen kam es ab den 1980er-Jahren zu einem stark ansteigenden Zuzug von Aussiedler/innen. Die Zeitspanne von 1987 bis 2003 gilt dabei als die Hochzeit der Einwanderung von Aussiedler/innen. Nach den offiziellen Zahlen des Bundesverwaltungsamts von 2006 wandern im Jahre 1987 78 523 ein, im Jahre 1990 397 073, und bis 2003 sinkt die Zahl wieder auf 72 885. »Allein von 1987 bis 2003 befanden sich unter den zugewanderten Aussiedler(inne)n 943 982 Minderjährige« (Söhne 2008, S. 9).

Da Deutschkenntnisse in der Regel umso geringer werden, je jünger die Aussiedler/innen sind und die staatlichen Unterstützungsangebote auch mit Bezug auf Sprachförderung deutlich nachgelassen haben, befindet sich insbesondere die junge Generation der aus als deutsch geltenden Familien stammenden Einwanderer aus Osteuropa in einer prekären Situation.

Prägnante Bilder

Am 10. September 1964 werden die Menschen am Deutzer Bahnhof in Köln Zeugen eines kuriosen Ereignisses. Mit Blumen und einem neuen Moped wird feierlich der »millionste Gastarbeiter« empfangen. Es ist Armando Rodrigues de Sá aus Vale de Madeiros, der wie seine Mitreisenden eine lange und beschwerliche Zugfahrt, 48 Stunden in vollen Zügen, in Kauf genommen hat, um aus Portugal kommend in Deutschland »sein Glück« zu suchen. Das Bild des etwas verstört in die Kamera blickenden jungen Mannes, mit Anzug und Hut auf einem Moped sitzend, wird zu *der* Repräsentation von Migration in die Bundesrepublik Deutschland nach dem Zweiten Weltkrieg und ist ein nicht unwichtiger Teil des in Deutschland geltenden Bildes »des Migranten« wie auch Beispiel und Einübung des dominanten Blicks auf ihn. Wir finden diese ikonografische Darstellung der Migration heute häufig in Schulbüchern und Fachbüchern zur Migration.

Doppelseitiger Mythos

»Die Vorstellungen vom massenhaften Einsatz in den unattraktiven, unteren Beschäftigungspositionen auf der einen Seite und vom höchstmöglichen Verdienst auf der anderen Seite harmonierten einträchtig miteinander, solange […] der Mythos vom begrenzbaren provisorischen Arbeitsaufenthalt einerseits und der ›produktiven Rückkehr‹ ins Heimatland andererseits aufrechterhalten werden konnte« (Motte/Ohliger/von Oswald 1999, S. 15).

Arbeitsmigration

Die westdeutsche Wirtschaft in der zweiten Hälfte des 20. Jahrhunderts avancierte mit ihrer erfolgreichen Exportorientierung zum »Wirtschaftswunder«. Als dessen Folge wurden in einem Ausmaß Arbeitsplätze benötigt und geschaffen, dass trotz jährlichen Zuzugs Hunderttausender Übersiedler/innen aus der DDR der Bedarf an Arbeitskraft in Westdeutschland nicht mehr gedeckt werden konnte. Anwerbekommissionen in den unterschiedlichsten Ländern (Italien, Spanien, Griechenland, Türkei, Marokko, Portugal, Tunesien, ehemaliges Jugoslawien), die auf Basis bilateraler Anwerbeverträge operierten, warben in diesem Zeitraum junge Frauen und Männer aus den Peripherien Europas an. Dadurch sollte der Arbeitskräftemangel, der auch durch Arbeitszeitverkürzung, Einführung der Bundeswehr, den Eintritt geburtenschwacher Jahrgänge ins Berufsleben, den Zuzugsstopp der Zuwanderung von Frauen und Männern aus der DDR nach dem Mauerbau sowie den Rückzug von Frauen aus dem Erwerbsleben entstanden war, abgefedert werden.

Zur Rekrutierung nicht deutscher Arbeitskräfte schloss die Bundesanstalt für Arbeit im Auftrag der Bundesregierung 1955 den ersten Anwerbevertrag mit Italien ab. Erst 1973 kam die Rekrutierung mit der Weltwirtschaftskrise zum Erliegen. In der Migrationsforschung wird von dieser Phase als »Gastarbeiterperiode« oder »Anwerbephase« gesprochen (Mackert 1999, S. 90 ff.). In der Regel erhielten die angeworbenen Arbeiter/innen eine einjährige Arbeits- und Aufenthaltserlaubnis. Die Befristung des Aufenthaltes, zunächst eine noch von den meisten sozialen Akteuren akzeptierte Politik, wurde von zwei Ideen motiviert. Einerseits sollte die »Beheimatung« der Arbeitsmigrant/innen verhindert werden. Zum anderen ermöglichte die Befristungspolitik einen Austausch »verbrauchter« Arbeitskräfte durch »unverbrauchte«. Dieser als Rotationspolitik bekannt gewordene Ansatz »war die modernisierte Variante des alten Konzeptes des Saisonarbeit, das in Deutschland mit dem Einsatz von polnischen Landarbeitern von 1880 an »funktioniert« hat« (Treibel 2008, S. 56). Die industrielle Produktion brauchte Arbeitskräfte wie nie zuvor und in nicht wenigen Betrieben waren in den 1960er-Jahren bald die Mehrheit der am Band arbeitenden Frauen und Männer nicht deutscher Herkunft.

Die 1965 beginnende Rezession hatte keine nennenswerte Minderung der Einwanderungszahl zur Folge, was deutlich macht, dass die Anwerbung auch darauf abzielte, schlechte Arbeitsbedingungen und niedrige Löhne durchzusetzen und zu stabilisieren. Nicht zufällig wurden die Leichtlohngruppen in Zeiten der aktiven Anwerbung migrantischer Arbeitskräfte eingeführt.

Gleichzeitig wurden Migrant/innen effektiv von der deutschen Mehrheitsbevölkerung segregiert: Deutschkurse waren rar und die Unterbringung der Arbeiter/innen in Baracken auf dem Firmengelände oder in der Nähe der Produktionsstätten waren die Regel. Mathilde Jamin (1999, S. 148) zitiert in ihrem Artikel das Bundesinnenministerium, welches für die Anwerbung türkischer

Arbeitnehmer verlangte, dass die medizinische Untersuchung nicht nur die »Arbeitsverwendungsfähigkeit« überprüfte, sondern auch »zum Schutz der Bevölkerung aus seuchenhygienischen [!] Gründen vorgenommen wird«. Das auch gegenwärtig in Diskursen bedeutsame Bild des »bedrohlichen Migranten« schließt sich der klassisch kolonialen Repräsentation »des Anderen« an; hier des »Seuchenbringers«.

Schon früh machten sich Migrant/innen auch ökonomisch selbstständig, etwa im gastronomischen Bereich, oder belebten bereits verloren gegangene Gewerbe wie etwa das der Änderungsschneiderei. Heute hat sich hierfür der Begriff der »ethnischen Ökonomien« etabliert.
Die meisten Arbeitsmigrant/innen arbeiteten jedoch zeit ihres Arbeitslebens an Fließbändern, Hochöfen, in den Minen des Ruhrpotts oder als Reinigungskräfte.

Auch die Anwerbung von Frauen wurde, entgegen vorherrschender Ansichten, aktiv gefördert. »In der zeitgenössischen Wahrnehmung [...] blieb der ›Gastarbeiter‹ bis in die 1970er-Jahre hinein ein Mann«, schreibt die Historikerin Monika Mattes und merkt kritisch an, dass »auch die migrationshistorische Forschung« die damit verbundenen »Perzeptionsmuster und Denkmuster lange Zeit unhinterfragt festgeschrieben« hat. So blieben in der Wahrnehmung der Mehrheit die Migrantinnen ein »passive(s) Anhängsel ihrer ökonomisch aktiven Ehemänner« (Mattes 2005, S. 10, Anm. 1). *De facto* war die Beschäftigung »einer möglichst großen Zahl von Frauen in Leichtlohngruppen« (Mattes 2005, S. 164) einem ökonomischen Kalkül geschuldet. Als beispielsweise gesundheitsgefährdende Arbeitsplätze nicht mehr mit deutschen Frauen zu besetzen waren, wurden Migrantinnen eingesetzt, da ihnen »eine größere Resistenz, aber auch Indifferenz gegenüber unattraktiven Arbeitsplätzen« zugeschrieben wurde (Mattes 2005, S. 169).

Die Verwertungslogik des Gastarbeitersystems lässt es verständlich erscheinen, was gegenwärtig zuweilen in Vergessenheit gerät: In den 1960er-Jahren wurden weder Forderungen nach »Integration« erhoben noch entsprechende Anstrengungen unternommen. Es existierten keine staatlicherseits organisierten Integrationsmaßnahmen, wie es mittlerweile das 2004 verabschiedete Zuwanderungsgesetz vorsieht.

Interessanterweise begehrten bald die Industrieunternehmen und Arbeitgebenden gegen das Rotationsprinzip auf: Sie weigerten sich, stets kostenintensiv neue Arbeitskräfte einzuarbeiten, die nur kurze Zeit bleiben konnten, und forderten entsprechend die Verlängerung der Arbeits- und Aufenthaltserlaubnisse für die von ihnen angelernten Arbeitskräfte. Das Rotationsprinzip erwies sich schlichtweg als zu kostspielig und wurde schließlich auf Druck der Arbeitgeberverbände 1962 – formell 1964 – abgeschafft.

Bis 1973, dem Jahr, in dem aufgrund der weltweiten Ölkrise auch Deutschland in eine Rezession geriet und daraufhin einen Anwerbestopp beschloss, wanderten 14 Millionen Menschen ein, während etwa elf Millionen zurück-

Ethnische Ökonomien

Der Begriff »ethnische Ökonomie« beschreibt die unternehmerische Aktivität von Migrantinnen und Migranten. Viele Migranten nutzen eine Unternehmensgründung als Chance, ihre Existenz nachhaltig zu sichern. Ihre Gründungsdynamik ist im Durchschnitt höher als in der deutschen Bevölkerung. Deutschlandweit sind ethnische Ökonomien in nahezu allen Branchen vertreten. Schwerpunkte der unternehmerisch aktiven Migranten liegen in den Bereichen des Gastgewerbes und Handels, aber auch wissensintensive Dienstleistungen spielen zunehmend eine Rolle. (http://www.berlin.de/ba-mitte/wirtschaftsfoerderung/aktuell/ethnischeoekonomie.html (Abruf 23.08.2009).

Schlüsselbegriff: Gastarbeiter

Die Kombination von »Gast« und »Arbeiter« ist kurios. Ein Gast genießt gewöhnlich Gastrecht. Gemeinhin sind Gäste davon entlastet zu arbeiten, und zumeist befinden sie sich in einer privilegierten und nicht in einer deprivilegierten Situation im Haus der Gastgebenden. »Gastarbeiter« ist Produkt eines Alltags- und Mediendiskurses. Er rückt zweierlei in den Vordergrund: dass diese Menschen in Deutschland sind, um zu arbeiten, und dass sie dies für eine begrenzte Zeit tun. Die zweifache Bedeutung des Begriffs ist eine Beschreibung, die zum normativen und disziplinierenden Anspruch wird: »Gäste«, die beispielsweise länger als vorgesehen bleiben, beginnen, ein Ärgernis zu werden. Zumal dann, wenn sie nicht ihrer Funktion als Arbeitskraft entsprechen. Unter solchen Bedingungen haben die Arbeitsgäste den legitimen Anspruch verloren, sich bei »uns« aufzuhalten. Konsequenterweise waren für Gastarbeiter/innen keine Bildungs-, aber auch keine psychosozialen Angebote vorgesehen. Wichtig war, dass sie arbeitsfähig waren. Aus diesem Grunde erhielten auch nur »gesunde« Arbeitsgäste eine Arbeitserlaubnis und waren Arbeitserlaubnis und Aufenthaltserlaubnis abhängig voneinander. Auch sonst waren keine sozialen Maßnahmen – etwa Deutschkurse – vorgesehen. Folglich mussten sich die eingewanderten Arbeitskräfte die deutsche Sprache selbstständig und auf eigene Kosten aneignen.

wanderten (Bade 1994, S. 38, Anm. 7). Erst durch den Nachzug von Familienmitgliedern wuchs die Zahl der Migrant/innen trotz Anwerbestopp und zügiger Auflösung der Verbindungsstellen kontinuierlich an.

Die 1980er-Jahre standen im Zeichen der Rückkehrförderung. Ökonomische Abfindungen sollten ausländische Arbeitnehmer/innen dazu motivieren, »freiwillig« in ihre Herkunftsländer zurückzukehren. Tatsächlich steckte dahinter ein massiver Kündigungsdruck, der zum Teil mit Drohungen und Formen des Mobbings erhöht wurde. Die Rückkehrförderung brachte den Betrieben und der Bundeskasse letztlich etliche Millionen Deutscher Mark ein, da bei einer Rückkehr der Arbeitskräfte Arbeitslosen-, Kurzarbeiter-, Kindergeld und Rentenversicherung entfielen.

Seit den 1980er-Jahren steigt die Zahl der Arbeitsmigrant/innen in Arbeitsverhältnissen, die rechtlich, materiell und sozial ausgehöhlt sind, kontinuierlich an. Arbeitnehmer/innen nicht deutscher Herkunft sind auf dem Arbeitsmarkt nach wie vor deutlich überproportional auf den untersten Ebenen der Beschäftigungsskala vertreten und sind darüber hinaus überdurchschnittlich hoch von Erwerbslosigkeit betroffen, während sie insgesamt eine niedrigere Beschäftigungsrate aufweisen als deutsche Arbeitskräfte.

Seit Anfang der 1990er-Jahre – in einer Phase der Verschärfung der restriktiven Flüchtlings- und Asylpolitik, der Anschläge und Übergriffe gegen Flüchtlinge und sogenannte Ausländer – wird in Deutschland wieder verstärkt die Notwendigkeit von Migration in der politisch erfundenen Vokabel der »Zuwanderung« diskutiert. Deutschland bedarf der Migration, so das Argument, aus ökonomischen und demografischen Gründen (ausführlicher Kap. 1).

Der Versuch, die ökonomische Logik der »Gastarbeiterpolitik« in neueren Zuwanderungspolitiken zu vervollkommnen, zeigt sich darin, dass »Nutzung von Arbeitskraft« in einem umfassenden, nunmehr in einem auch human- und sozialwissenschaftlich informierten Sinne verstanden wird. Mit der staatlichen Regelung von Zuwanderung im Kontext internationalen Wettbewerbs um die knappe Ressource »qualifizierte Arbeitskraft« entsteht sozusagen das Projekt »Zuwanderer«.

Die ökonomistische Zuwanderungspolitik trägt dazu bei, zwischen »guten« und »schlechten« Zuwanderern zu unterscheiden. »Gute« Zuwanderer sind solche, die einen Beitrag zur Sicherung »unseres« Wohlstandes leisten, »schlechte« solche, die »unsere« Ressourcen verbrauchen. Die Instrumentalisierung von Zuwandernden und der instrumentelle Check, dem sie tatsächlich und in öffentlichen Debatten symbolisch unterzogen werden, setzt Migrant/innen dem Druck aus, ihre Anwesenheit durch ökonomische Effekte zu legitimieren. Indem der Wert der Anderen an ihrem Wert bemessen wird, den sie für »unsere« Gesellschaft haben, wird zugleich die an rassistische und koloniale Bilder der »Gesellschaftsschädlichkeit« anschließende Möglichkeit der »Nutzlosigkeit«, »Belastung« und »Überflüssigkeit« der Anderen erzeugt.

Feminisierung von Migration

Immer mehr Frauen migrieren weltweit. Dies wird heute als Feminisierung der Migration bezeichnet (Lutz 2007). Mit dieser Migration setzen sich neue Muster durch. Insbesondere in den Bereichen Haushalt und Pflege finden sich immer mehr Frauen aus Osteuropa und postkolonialen Ländern (insbesondere aus Asien). Der Bedarf nach persönlichen Dienstleistungen ist in Europa ansteigend und der Weltmarkt liefert die gewünschten Arbeitskräfte. Dem gegenüber steht allerdings eine migrationspolitische Abgrenzungspolitik, die diese Arbeitsleistungen in die Illegalität abdrängt.

Flucht

Gegenwärtig machen Flüchtlinge nach Angaben des Hohen Flüchtlingskommissars der Vereinten Nationen (UNHCR) etwa zehn Prozent der globalen Migration aus. Von 1992 bis 2004 ist, laut derselben Quelle, die Zahl der Flüchtlinge von 18 Millionen auf etwa neun Millionen Menschen pro Jahr gesunken. Allerdings werden hier nur die Menschen registriert, die nach der Genfer Flüchtlingskonvention oder der Flüchtlingskonvention der Organisation für Afrikanische Einheit (OAU) anerkannt wurden, sowie Personen mit einem Bleiberecht aus humanitären Gründen oder mit temporärem Schutz. Die Zahl der Menschen, die wegen Kriegen, Androhung von Gewalt oder religiöser, kultureller oder politischer Unterdrückung tatsächlich fliehen müssen, ist bedeutend größer.

Flucht stellt eine spezifische Form von Migration dar. Eine trennscharfe Unterscheidung zwischen Migration und Flucht ist nicht möglich. Entscheidend sind hier die gesetzlichen Bestimmungen, die nicht nur die unterschiedlichen Zuordnungen und Etikettierungen begründen, sondern darüber hinaus die Lebensumstände entscheidend beeinflussen. Flüchtling ist nach der Genfer Flüchtlingskonvention von 1951 jede Person, die »aus der begründeten Furcht vor Verfolgung wegen ihrer Rasse, Religion, Nationalität, Zugehörigkeit zu einer bestimmten sozialen Gruppe oder wegen ihrer politischen Überzeugung sich außerhalb des Landes befindet, dessen Staatsangehörigkeit sie besitzt, und den Schutz dieses Landes nicht in Anspruch nehmen kann oder wegen dieser

Hoch qualifizierte Migrant/innen

Ist die Ikone der »Gastarbeitergeneration« noch der portugiesische Arbeiter, der müde aus dem Zug steigt, um an den Hochöfen der aufblühenden Nachkriegswirtschaft seine Arbeitskraft zur Verfügung zu stellen, so ist es im 21. Jahrhundert der »Computerinder«. Die schrittweise Digitalisierung der Arbeitswelt verlangt nach einem neuen Typus ausbeutbarer Arbeitskräfte. Nicht mehr physische Leistung, sondern technische Kenntnisse sind gefragt.
Im Februar 2000 kündigte der damals amtierende deutsche Bundeskanzler Gerhard Schröder die Öffnung des deutschen Arbeitsmarktes für IT-Fachkräfte aus Nicht-EU-Staaten durch die Green-Card-Regelung (Bezeichnung in Anlehnung an das US-amerikanische Rechtsinstrument) an und eröffnete damit eine bis heute anhaltende öffentliche Debatte um hoch qualifizierte Migration. Interessanterweise löste die Einführung der Green Card nicht den vermuteten Ansturm auf die deutschen Botschaften aus. Im Gegenteil: In Indien etwa war die Nachfrage eher moderat (Pethe 2006).
Insgesamt können vier Typen von hoch qualifizierter Migration unterschieden werden: hoch qualifizierte Arbeitnehmende, die über die Green-Card-Regelung einwandern, Manager und andere Arbeitnehmende multinationaler Konzerne, internationale Studierende, hoch qualifizierte Asylbewerber/innen sowie irregulär Eingewanderte.

Befürchtungen nicht in Anspruch nehmen will; oder die sich als Staatenlose [...] außerhalb des Landes befindet, in welchem sie ihren gewöhnlichen Aufenthalt hatte, und nicht dorthin zurückkehren kann oder wegen der erwähnten Befürchtungen nicht dorthin zurückkehren will« (zit. nach Treibel 2008, S. 160). Allerdings wird dieses Verständnis von Flucht dem Spektrum der Anlässe und Verläufe gegenwärtiger Flucht nicht gerecht. Denn nur ein Bruchteil der weltweit über 50 Millionen Flüchtlinge kann individuelle Verfolgung nachweisen, Flucht aufgrund von Krieg und Umweltzerstörung, aber auch Binnenflucht werden nicht erfasst (zit. nach Treibel 2008, S. 161).

Als zentrale Bedingungen von Fluchtbewegungen gelten unter anderem koloniale Hinterlassenschaften wie willkürlich gezogene Staatsgrenzen, inner- und zwischenstaatliche Kriege, ethnische und religiöse Konflikte, Verfolgung spezifischer Minderheiten (etwa Schwule, Lesben, Transgender; Angehörige religiöser Minoritäten und politischer Widerstandsgruppen), Armut, die vielfach Konsequenz einer internationalen Arbeitsteilung ist, und schließlich Folgen der Umweltzerstörung (insbesondere Umweltkatastrophen, Vergiftung von Luft und Wasser, Verödung und Verwüstung von Land) (Nuscheler 2004).

Das internationale Fluchtgeschehen infolge vielfältiger Formen von Gewalt, Unruhen und prekär werdenden Existenzgrundlagen ist eingebunden in international agierende Flüchtlingshilfesysteme, insbesondere das Hochkommissariat für Flüchtlinge der Vereinten Nationen (UNHCR). »Der Verlauf von Fluchtbewegungen hängt einerseits von den nationalen politischen Systemen und dem internationalen Flüchtlingssystem und andererseits von den Ressourcen, Handlungschancen und den Netzwerken ab, auf die die Flüchtlinge zurückgreifen können« (Treibel 2008, S. 173).

Das Leben von Flüchtlingen wird an dem Ort, an den sie fliehen, entscheidend vom juristischen Diskurs bestimmt. Die einzelnen formalen Schritte des Asylantrages sind in Deutschland rechtlich vorgeschrieben. Flüchtlinge, die einen Asylantrag gestellt haben, gelten als »Asylbewerber«. Sie erhalten in der Regel keine Arbeitserlaubnis. Sie unterstehen der Residenzpflicht, das heißt, der Aufenthalt ist nur in dem Bezirk gestattet, bei dessen Ausländerbehörde der oder die Asylbewerber/in seinen oder ihren Antrag gestellt hat.

Bis zur Bewilligung des Asylantrags leben die meisten Flüchtlinge in Gemeinschaftsunterkünften. Das Leben in diesen Unterkünften entspricht nicht immer humanitären Standards. »Die vom Gesetzgeber erzwungene Unterbringungsform ›Gemeinschaftsunterkünfte‹ ist mit dem Inhalt des Begriffs Wohnen ebenso unvereinbar wie mit den rechtlichen Vorgaben des Städtebaus. [...] Die Unterbringung kann so definiert werden, daß eine möglichst große Anzahl von Menschen in einem Gebäude auf jeweils sechs Quadratmeter privatem Raum in Zimmern mit bis zu zehn Personen und einem möglichst geringen allgemeinen Flächenanteil (Flure, Küchen, Sanitär- und Gemeinschaftsräume) unter Aufsicht leben muß« (Thimmel 1994, S. 54). Die Folgen solcher Lebensbedingungen sind erhebliche psychosoziale Probleme. Hinzu kommen weitere Belastungen durch Rassismuserfahrungen auf unterschiedlichen Ebenen. Asylbewerber/innen in Gemeinschaftsunterkünften sind häufig nahezu ungeschützt rassistischen Anschlägen ausgesetzt. In der sozi-

Irreguläre Migration

Irreguläre Migration hat seit Ende der 1980er-Jahre erheblich an Bedeutung zugenommen. Sie wurde unter anderem durch den Fall der Berliner Mauer und den langsamen Zerfall der sozialistischen Länder provoziert. »Irregulär« verweist darauf, dass illegitime Grenzüberschreitung stattfindet, auf ein Leben ohne Papiere und/oder das Arbeiten ohne gültige Arbeitserlaubnis (etwa Karakayali 2008).
Wird der Asylantrag abgelehnt und auch keine Duldung aufgrund humanitärer Gründe ausgesprochen, so werden Flüchtlinge aufgefordert, das Land binnen kurzer Zeit zu verlassen. Tun sie dies nicht, so halten sie sich illegal in Deutschland auf und werden im Alltags- und Mediendiskurs oft als »Illegale« stigmatisiert. Etwa 100 000 *illegalisierte* Menschen (auch »*sans papier*«, Papierlose oder undokumentierte Flüchtlinge genannt) halten sich Schätzungen zufolge in Deutschland auf. Das grundlegende Problem ist die fast vollkommene Rechtlosigkeit dieser Menschen (Alt 2003). Ohne Dokumente und Aufenthaltsstatus ist etwa keine Krankenversicherung möglich. Fehlende Krankenversicherung und der Zwang, »unsichtbar« sein zu müssen, stehen nicht selten in Zusammenhang mit chronischen Beeinträchtigungen grundlegender Art. Besonders schwierig ist die Lebenssituation für schwangere Frauen oder wenn Familien mit schulpflichtigen Kindern in der Illegalisierung leben müssen. Der Anstieg irregulärer Migration wird in Politik und Öffentlichkeit heftig und kontrovers diskutiert. Die europäischen Staaten versuchen diese Form der Einwanderung mittels Kontrolle und Abschottung zu unterbinden. Zivilgesellschaftliche Organisationen – etwa das Netzwerk »kein mensch ist illegal« – intervenieren in den Diskurs und beeinflussen diesen zunehmend.
Seit der 1993 durchgesetzten Änderung des Grundgesetzartikels 16 gilt der Satz: »Politisch Verfolgte genießen Asylrecht« nur noch mit Einschränkung. Flüchtlinge, die über sogenannte »sichere Drittstaaten« einreisen (alle EG-Staaten, Europaratstaaten, in denen die Anwendung der Europäischen Menschenrechtskonvention sichergestellt ist, alle Staaten, in denen die Genfer Konvention angewandt wird), und Flüchtlinge aus Staaten, in denen politische Verfolgung und inhumane Bestrafungen oder Behandlungen vermeintlich nicht vorkommen, sogenannte »Nichtverfolgerstaaten«, können von der Inanspruchnahme des Grundgesetzartikels 16 ausgeschlossen und abgeschoben werden (Nuscheler 2004, S. 148 ff.).

alen Hierarchie der deutschen Gesellschaft finden sie sich am untersten Ende. Durch die juristisch vorgeschriebenen Einschränkungen wird das Leben im Aufnahmeland in einem erheblichen Maße eingeengt und erschwert.

Zentral für die Lebenssituation von Familienangehörigen von Asylberechtigten und von Asylsuchenden ist, dass ihre Eingliederung nicht als gesellschaftspolitische Aufgabe verstanden wird. So werden sie im Nationalen Integrationsplan der Bundesregierung so gut wie nicht erwähnt (Castro Varela 2005). Die massiven Einschränkungen machen letztlich deutlich, dass Asylsuchende in Deutschland nicht erwünscht sind. Zwangsunterbringung, nachrangige Arbeitsvermittlung, gegenüber dem Regelsatz gekürzte Sozialhilfe, die teilweise allein in Sachleistungen ausgezahlt wird, Verpflichtung zu gemeinnützigen Arbeiten, eingeschränkte Bewegungsfreiheit, Versagen aller Eingliederungsmaßnahmen (seit 1982 sind beispielsweise alle staatlichen Zuschüsse für Sprachkurse für Asylbewerber/innen gestrichen, sie dürfen keine Berufsausbildungen beginnen), eingeschränkte Gesundheitsversorgung und die generell verweigerte Familienzusammenführung in der Zeit des Asylverfahrens sind die wichtigsten Praktiken der Erniedrigung und Entmündigung Asylsuchender.

Unbegleitete minderjährige Flüchtlinge

Ein politisch wie pädagogisch oft vernachlässigtes Thema ist die Situation unbegleiteter minderjähriger Flüchtlinge. Jedes Jahr flüchten zwischen 5 000 und 10 000 Kinder und Jugendliche ohne ihre Eltern nach Deutschland. Viele von ihnen lassen sich nicht registrieren und tauchen unter, weil sie Angst haben, abgeschoben zu werden. Sie werden zum Teil von ihren Eltern alleine auf die Reise geschickt, weil diese darin die einzige Möglichkeit sehen, ihnen ein Überleben zu sichern. Andere Kinder und Jugendliche entscheiden sich, selbstständig zu fliehen.

Artikel 22 der UN-Kinderrechtskonvention zufolge müssen die Vertragsstaaten sich in der ihnen angemessen erscheinenden Weise bemühen, Flüchtlingskinder zu schützen. Sollten die Eltern oder andere Familienangehörige nicht ausfindig gemacht werden, so ist dem Kind derselbe Schutz zu gewähren wie jedem anderen Kind, das aus irgendeinem Grund dauernd oder vorübergehend aus seiner familiären Umgebung herausgelöst ist.

Die deutsche Bundesregierung hat die UN-Kinderrechtskonvention allerdings nur unter ausländerrechtlichen Vorbehalten unterschrieben. Das Ausländerrecht hat in Deutschland Vorrang vor der UN-Kinderrechtskonvention. Vor diesem Hintergrund kann Deutschland – wie auch Österreich – Abschiebehaft gegen Kinder und Jugendliche verhängen und verhängt diese auch. Allein in Hamburg befanden sich 2003 etwa 125 Minderjährige länger als drei Monate in Abschiebehaft. Dies trug der Bundesregierung 2004 eine Rüge des UN-Ausschusses ein. Es wurde u.a. angemahnt, dass Flüchtlingskinder im Alter zwischen 16 und 18 Jahren nicht an den im Jugendhilfegesetz verankerten Rechten teilhaben, sodass Roma-Kinder und andere ethnischen Minderheiten angehörende Kinder zwangsweise in Länder ausgewiesen werden können, aus denen ihre Familien geflohen sind, oder die Rekrutierung von Kindersoldaten im Asylverfahren nicht als kindesspezifischer Verfolgungsgrund anerkannt wird.

2.2 Wer ist ein »Migrant«?

Bestätigende Diskurse und Praktiken

Bei jeder natio-ethno-kulturellen Grenzüberquerung werden – nur scheinbar paradoxerweise – Grenzen gleichzeitig irritiert und stabilisiert. Und wie auch immer die Überschreitung wahrgenommen und empfunden wird, sie hinterlässt Spuren im Subjekt. Jede faktische Grenzüberschreitung ist dabei ritualisiert und formalisiert.

Schlüsselbegriff: Migration

Die biografisch relevante Überschreitung kulturell, juristisch, lingual und (geo-)politisch bedeutsamer Grenzen kann als Migration bezeichnet werden. Migration geht mit der Veränderung und der Bestätigung des Bestehenden einher. Eine Sicht auf Migrationsphänomene, die diese lediglich mit Wandel assoziiert, greift insofern zu kurz. Migration muss vielmehr als Gegenstand von Diskursen, als Gegenstand politischer und alltagsweltlicher Auseinandersetzungen verstanden werden, in denen die Frage, ob es eher um Erhalt oder Umgestaltung geht, kontrovers diskutiert wird.

In der politischen und alltagsweltlichen Diskussion um das Thema Migration geht es immer auch um die Frage, wie eine nationalstaatliche Gesellschaft ihre Grenze festlegt und wie sie innerhalb dieser Grenze mit Differenz, Heterogenität und Ungleichheit umgeht. Migration problematisiert *Grenzen*. Dies sind nicht nur die territorialen Grenzen, sondern vor allem die symbolischen Grenzen der Zugehörigkeit. Durch Migration wird die Frage der Zugehörigkeit individuell, sozial und auch gesellschaftlich zum Thema. Dies gilt nicht nur für die Zugehörigkeit der »Migrant/innen«, sondern muss allgemeiner verstanden werden. Denn durch Migration werden Zugehörigkeitsverhältnisse problematisiert. Weil sich diese Problematisierung auch auf die *Frage, wie »wir« leben möchten,* bezieht, also eine grundsätzliche Ebene des gesellschaftlichen Zusammenlebens berührt, ist der Diskurs über »Migration«, »Zuwanderung«, »Ausländer«, »Multikulturalität« ... ein intensiv geführter, ideologisierter, politisierter und von Affekten begleiteter Diskurs.

Es werden beispielsweise Papiere und ein bestimmtes Verhalten erwartet, und sobald die Seite gewechselt ist, ist man nicht mehr derjenige, der man vorher war. Aus einer »Inländerin« wird eine »Ausländerin«, die weniger eine Identitätsfigur darstellt als vielmehr eine prekäre soziale Position anzeigt. »Die ›Ausländerin‹ ist die Fremde, und damit diese möglichst fremd bleibt, werden die ›symbolischen Grenzen zwischen Ihr‹ und ›Wir‹ immer wieder neu gezogen und bestätigt« (Rommelspacher 2002, S. 50). Die Grenzziehung geschieht dabei über »Identifikationsrituale, bei denen die Anderen als Fremde identifiziert werden« (Rommelspacher 2002, S. 50). Grenzen werden immer dann vom Subjekt bemerkt, wenn sie entweder überschritten oder neu gesetzt werden. Wenn etwa Staatsgrenzen passiert werden, wird schnell sichtbar, wer im Besitz welchen Passes ist und von den damit einhergehenden Privilegien profitieren kann und wer nicht. An allen Grenzen werden die Ankommenden in Unverdächtige und Verdächtige sortiert und erfahren die unterschiedliche Behandlung, die Menschen zuteil wird, die willkommen sind oder verdächtig.

Schlüsselbegriff: Diskurs

Der Diskursbegriff, so wie er mittlerweile in vielen Bereichen mit Bezug auf die Arbeiten von Michel Foucault benutzt wird, ist für ein Nachdenken über die Frage, wer und was »ein/e Migrant/in« ist, wichtig, weil er im Schnittfeld des Verhältnisses von Wissen, Macht und Subjektkonstitution angesiedelt ist. Diskurse bestehen aus Aussagen, die in einem veränderlichen System der Wiederholung und Ähnlichkeit verbunden sind. Unter »Aussagen« sind hierbei nicht allein gesprochene Worte zu verstehen, sondern in einem weiten Sinn alle mit Bedeutung versehenen und Bedeutungen erzeugende Zusammenhänge und Prozesse wie Bilder, Gesten, architektonische Objekte und institutionelle Abläufe. Insbesondere weil Diskurse in komplexer Weise mit Institutionen verbunden sind, konstituieren sie sich als materielle Wirklichkeit.

Diskurse sind als Machtphänomene zu verstehen. Sie ereignen sich in bestimmten Machtverhältnissen und produzieren und stabilisieren zum anderen Machtverhältnisse. Macht kommt für Foucault nicht allein dort vor, wo Repressionen zu beobachten sind, sondern sie ist vielmehr eine konstitutive Dimension des Sozialen und des Symbolischen überhaupt. »Macht wirkt […] nicht primär unterdrückend, sondern erzeugend. Sie ist nicht einfach das, wogegen Individuen sich wehren, sondern streng genommen das, was sie zu dem macht, was sie sind« (Bublitz 2003, S. 69). Macht wirkt subjektkonstituierend, sie macht aus Individuen Subjekte.

Stuart Hall schreibt in seinen Überlegungen zu dem Diskurs über »den Westen und den Rest«, also zu der speziellen Weise, in der »der Westen«, »der Rest« und deren Beziehungen repräsentiert sind (1994, S. 154), dass das Wissen, das ein Diskurs produziert, »eine Art von Macht [konstituiert], die über jene ausgeübt wird, über die ›etwas gewusst wird‹. Wenn dieses Wissen in der Praxis ausgeübt wird, werden diejenigen, über die ›etwas gewusst wird‹, auf eine besondere Weise zum Gegenstand der Unterwerfung […]. Diejenigen, die den Diskurs produzieren, haben also Macht, ihn wahr zu machen, z.B. seine Geltung, seinen wissenschaftlichen Status durchzusetzen« (Hall 1994, S. 154). Diskurse über Andere machen die Anderen zu dem, was sie sind, und produzieren zugleich Nicht-Andere.

Die Auseinandersetzungen um symbolische Grenzen natio-ethno-kultureller Zugehörigkeit können als diskursive Prozesse verstanden werden. Zugehörigkeitsdiskurse sind produktiv und machtvoll.

Individuelle Zugehörigkeit ist immer von Strukturen abhängig, die der und dem Einzelnen vorgegeben sind. Zugehörigkeit ist weitgehend keine »autonome« Entscheidung. Sie konkretisiert sich vielmehr in Rahmen, die durch überindividuelle Zugehörigkeitswirklichkeiten strukturiert sind. Eine zentrale Dimension solcher Vorgaben sind politische, gesellschaftliche und intersubjektive wissensbegründete Vorstellungen etwa darüber, was Zugehörigkeit ist, wer zugehörig sein darf, welche Rechte und Pflichten mit Zugehörigkeit einhergehen, wie Loyalitätsbrüche sanktioniert werden oder in welcher Weise über Zugehörigkeitsansprüche verhandelt und entschieden wird (Römhild 2007).

Der Diskurs über Migration ist ein Feld, in dem die Differenz zwischen Normalität und Abweichung wiederholt und außer Kraft gesetzt wird

Auch wenn Migration, wie Annette Treibel schreibt (2008, S. 226), »Normalität in den Lebensläufen heutiger Menschen« darstellt, ist der Diskurs über Migration ein Feld, in dem die Differenz zwischen Normalität (der natio-ethno-kulturellen Zugehörigkeit) und Abweichung wiederholt und auch außer Kraft gesetzt wird. Normalität ist die Beschreibung von etwas als etwas, das erwartet werden darf. Zugleich enthalten Normalitätsaussagen auch Normen und Bewertungsmaßstäbe. Normalität ist immer auch etwas, das eintreten soll. *Normalität ist Beschreibung und Vorschrift einer Ordnung.* Dass es Migranten »gibt«, ist in einer Einwanderungsgesellschaft einerseits »normal«. Es entspricht gewöhnlichen Erwartungen. Andererseits gilt *der Migrant* als der Andere, der Nicht-Normale, der Fremde, derjenige, der von einem imaginären Normaltyp abweicht. So liegt in der Altersgruppe unter 18 Jahren in Deutschland der Anteil der Kinder mit nicht deutschem Pass bei etwa 15 Prozent – ein beträchtlicher Anteil, zumal die statistischen Erhebungen nur Kinder mit nicht deutschem Pass erfassen. Gleichwohl haben Bildungspolitik und Schulorganisation in Deutschland auf die Anwesenheit dieser Kinder in einer Weise reagiert, deren Absurdität als *chronifizierte Überraschung* beschrieben werden kann – so als sei es über Jahre nicht zu erwarten gewesen, dass im je kommenden Schuljahr erneut ein nicht unerheblicher Anteil von Schüler/innen in den Schulen anzutreffen sein werde, die der schulischen Normalerwartung nicht entsprechen (Kap. 6): Migranten(kinder) sind die selbstverständlich nicht selbstverständlich Zugehörigen.

Wer allerdings »ein Migrant« ist, ist nicht von vornherein festgelegt, sondern muss als Ergebnis kontextspezifischer, lokaler Praxen verstanden werden. In einem Jugendzentrum beispielsweise kann die Frage, wer ein »Migrant« ist, in vielen Situationen mehr oder weniger irrelevant sein, bis schließlich zu dem Punkt, an dem ein/e Akteur/in – sei dies nun eine Pädagogin oder ein Jugendlicher – das Thema der ethnisch-kulturellen Zugehörigkeit einbringt. Das heißt: *Migrant/in-Sein* muss als kontextspezifische Relevantsetzung des Schemas verstanden werden, das flexibel und unterschiedlich, eben kontextspezifisch, zwischen »Migrant/in« und »Nicht-Migrant/in« unterscheidet.

Zugleich können wir die Konstruktion des Unterschieds zwischen »Migrant/in« und »Nicht-Migrant/in« nicht allein als situierte Praxis der Unterscheidung verstehen. Denn die Unterscheidung kann nur deshalb in einer Regelmäßigkeit zum Einsatz kommen, weil das Schema, das zwischen Migrantinnen und Nicht-Migrant/innen unterscheidet, zu den grundlegenden gesellschaftlichen Schemata gehört, die *Ordnung schaffen.* Aus diesem Grunde ist das Schema auf allen gesellschaftlichen Ebenen bedeutsam. Wer als »Migrant/in« gilt, ist nicht allein Ergebnis kontextspezifischer, lokaler Praxen, sondern zugleich von übergeordneten allgemeinen Diskursen bestimmt. Der Unterschied zwischen »Migrant/in« und »Nicht-Migrant/in« stellt gewissermaßen eine allgemein verfügbare Ressource dar, die von Individuen, aber auch von Institutionen genutzt werden kann, und zwar in einer Weise, die, weil sie kommunikativ und imaginativ anschlussfähig ist, ein hohes Maß an Plausibilität besitzt.

Festlegung und Widerstand

Seinen Ursprung findet der Ausdruck »Migrant/in« in den zahlreichen Migrantenselbstorganisationen. Die Bezeichnung kann zunächst als Indiz einer sich emanzipierenden Einwanderungsbevölkerung gelten, die sich von Fremdbestimmungen – etwa »Ausländer/in« – zu lösen sucht und nach neuen, eigenen Bezeichnungen und Beschreibungen Ausschau hält. *Migrant/in* ist eine Bezeichnung, die von Diskursen um Identität, Fremdheit, ethnische und kulturelle Differenz hervorgebracht wird und in die unterschiedliche Unterscheidungsweisen eingehen. Deshalb ist »Migrant/in« eine mehrwertige Bezeichnung. Sie ist diffus und kann mit unterschiedlichen Akzentuierungen und Bedeutungen benutzt werden. Der Gebrauch der Bezeichnung »Migrant/in« kann die Wanderungserfahrungen fokussieren, die persönliche oder familiäre Herkunft aus einem nicht deutschen Staat, kann auf kulturelle oder ethnische Differenzen verweisen oder aber eine Person adressieren, die einen nicht deutschen Pass besitzt.

Da aber Menschen nicht als Migrant/innen bezeichnet werden, obschon sie zuweilen mit bedeutsamen subjektiven und intersubjektiven Konsequenzen im binnennationalen Raum wandern, und zudem Menschen als Migrant/innen bezeichnet werden, die selbst nicht gewandert sind, artikuliert die Bezeichnung »Migrant/in« – paradoxerweise – in erster Linie nicht die Wanderungserfahrung, sondern eher eine vermutete und zugeschriebene *Abweichung von Normalitätsvorstellungen im Hinblick auf Biografie, Identität und Habitus.* Wichtig ist es nun, diese Normalitätsvorstellung als eine zu verstehen, die nicht allein deskriptiv wiedergebend und »passiv« ist, sondern die Ordnung zwischen denen, die selbstverständlich dazugehören, und denen, die nicht selbstverständlich dazugehören, bestätigt und damit produktiv und »aktiv« ist. Wir können zwei Modi der Festlegung der Migrantionsanderen analytisch unterscheiden: a) die formelle und b) die informelle Festlegung (ausführlich Mecheril 2003).

Formelle Festlegung

In Deutschland ist das Vererbungs- oder Abstammungspinzip (ius sanguinis) deutlicher als in anderen Staaten das wesentliche Kriterium der Unterscheidung zwischen denen, die offiziell Deutsche sind, und jenen, die dies nicht sind. Obschon mit der Reform des Staatsbürgerschaftsrechts Anfang des 21. Jahrhunderts Aspekte des Territorialprinzips (ius soli) aufgenommen wurden, ist seine Bedeutung im deutschen Recht eher schwach.

Staatsangehörigkeit ist bedeutendster Ausdruck formeller Zugehörigkeit auf der Ebene nationaler Zugehörigkeit. Nach Art. 116 Abs. 1 des Grundgesetztes ist Deutsche/r, wer die deutsche Staatsbürgerschaft besitzt oder als Flüchtling oder Vertriebene/r deutscher Volkszugehörigkeit oder als dessen Ehegatte oder Nachkomme in dem Gebiet des Deutschen Reiches nach dem 31. Dezember 1937 Aufnahme gefunden hat. Der Zugang zur letztlich historisch jungen Idee der Staatsangehörigkeit ist als Instrument nationaler Interessens- und Identitätspolitik immer begrenzt. In der in Relation zur Geschichte der Menschheit wenige Jahrzehnte alten Geschichte des Nationalstaats wird Staatsangehörigkeit allgemein durch zwei Prozesse geregelt, nämlich durch Askription, also dadurch, dass Staatsangehörigkeit zugeschrieben wird, oder durch Einbürgerung.

Staatsangehörigkeit ist bedeutendster Ausdruck formeller nationaler Zugehörigkeit

Askription: Für die meisten Menschen ist Staatsangehörigkeit eine zugeschriebene Zugehörigkeit. Dies stellt eine der bedeutendsten Abweichungen von liberalen Prinzipien dar, mit denen darauf Wert zu legen wäre, dass Menschen auf die Dinge, die sie bestimmen, grundlegend Einfluss ausüben können sollten. Menschen werden aber in erster Linie Staatsangehörige als Kind von Staatsangehörigen durch Geburt (dieses Recht gilt in allen Staaten der Welt) oder schlicht durch Geburt im bedeutsamen territorialen Bereich (dies gilt z. B. für Frankreich, die USA und Kanada) und eben nicht durch die eigene Wahl.

Einbürgerung: Die über Jahrzehnte hinweg restriktive Einbürgerungspolitik der Bundesrepublik Deutschland wurde getragen und legitimiert von einem Staatsangehörigkeitskonzept, das auf der Vorstellung eines »völkischen« Abstammungs- und Vererbungsrechtes gründete. Der Zugang zur Staatsangehörigkeit für Personen, die nicht als Deutsche angesehen und behandelt werden, war mit hohen Hürden verbunden. Komplementär war und ist der Zugang für Menschen, die – ungeachtet ihrer beurkundeten nationalen Mitgliedschaft – als Deutsche eingeordnet werden, in einem sehr hohen Ausmaß erleichtert worden, was durch die Zahlen über Einbürgerung und Aufnahme »Deutschstämmiger« nach dem Zweiten Weltkrieg eindrucksvoll belegt wird. Insofern kann in der Rückschau Deutschland als eines der bedeutendsten Einwanderungsländer des vergangenen Jahrhunderts bezeichnet werden – allerdings ein Einwanderungsland für »dem Blut nach« Deutsche, für solche Personen, die mit dem Nachweis ihrer »Volkszugehörigkeit« aufwarten konnten.

Bis Ende 1999 war das deutsche Staatsangehörigkeitskonzept von dem Selbstverständnis bestimmt, Deutschland sei eine ethnisch-kulturelle Nation. Seit dem 1. Januar 2000 ist ein neues Staatsangehörigkeitsgesetz in Kraft. Mit diesem Gesetz hat erstmalig das Prinzip des *ius soli* Eingang in das deutsche Recht gefunden. »Die Staatsangehörigkeit erwirbt danach ein Kind ausländischer Eltern durch Geburt in Deutschland, wenn sich ein Elternteil hier seit acht Jahren rechtmäßig gewöhnlich aufhält und eine Aufenthaltsberechtigung oder seit drei Jahren eine unbefristete Aufenthaltserlaubnis besitzt (§ 4 Abs. 3 Satz 1 StAG [Staatsangehörigkeitsgesetz])«. Wenn das Kind durch gesetzliche Regelungen im Herkunftsland der Eltern, die auf das Abstammungsprinzip zurückgehen, eine oder mehrere weitere Staatsangehörigkeit(en) erhält, wird das Kind zunächst zum »Mehrstaatler«. Um Phänomene der Mehrstaatlichkeit gering zu halten, sieht das neue deutsche Staatsangehörigkeitsrecht vor, dass bis zur Vollendung des 22. Lebensjahres eine Entscheidung für die eine oder andere Staatsangehörigkeit getroffen werden muss.

Informelle Festlegung

Die Frage, wer Deutsche/r ist, wird in Zugehörigkeitsdiskursen beantwortet

Die gesetzlichen Bestimmungen, in denen festgelegt ist, wer legitime Ansprüche darauf geltend machen kann, Mitglied des Staates zu sein, formieren bedeutsame, aber nicht die einzig bedeutsamen Hinsichten, unter denen festgestellt wird, wer selbstverständlich und wer nicht selbstverständlich zugehörig ist. Die Frage, wer Deutsche/r ist, wird in Zugehörigkeitsdiskursen beantwortet. Neben juristischen Texten sind Festlegungen und Gewohnheiten bedeutsam, die in den alltäglichen Handlungs- und Aufenthaltsräumen anzutreffen sind. Die Frage, wer Deutsche/r ist, wer legitim dazugehört und wessen Zugehörigkeit infrage gestellt wird, wird in den Lebenswelten beantwortet. Neben formellen sind also auch informelle, alltagsweltliche »Regelungen« bedeutsam, die zu der Selbstverständlichkeit der Unterscheidung zwischen »Fremden« und »Nicht-Fremden«, Migrationsanderen und Nicht-Migrationsanderen beitragen. Und hier spielt der Pass im Zweifelsfall eine untergeordnete und beispielsweise das Aussehen, der Klang des Namens und der Habitus eine dominante Rolle.

Ob jemand als *Migrant/in* angesehen und bezeichnet wird, ist also von unterschiedlichen Bedingungen auf formeller und informeller Ebene abhängig. Insbesondere auf Letzterer sind Imaginationen, Mythen und auch Rassismen (vgl. Kap. 7) wirksam, welche die Zugehörigkeit des und der Einzelnen ermöglichen oder verhindern.

Allerdings gibt es gegen die Festlegungen auch Formen manifester Widerstände, die ebenso gesellschaftlichen Wandel und Veränderungen in den Wahrnehmungsstrukturen provozieren. Bereits die erste sogenannte »Gastarbeitergeneration« entwickelte trotz der Widrigkeiten ihrer Lebensumstände soziale

Normalität und Zugehörigkeitsordnung

»Woher kommst du?« – »Aus Essen.«
»Nein, ich meine, ursprünglich?« – »Ich bin in Essen geboren.«
»Aber deine Eltern?« – »Meine Mutter kommt auch aus Essen.«
»Aber dein Vater?« – »Mein Vater ist Italiener.«
»Aha ....« – ...

»Dieser Dialog (Battaglia 2000, S. 188) dient [...] hier als ein Beispiel für den Zusammenhang von Normalität und Zugehörigkeit. Die Interaktion wird von Normalitätsunterstellungen im Hinblick auf Biografie, Zugehörigkeit und Identität strukturiert. Sie wird vom ›Mythos von der eigentlichen Herkunft und Hingehörigkeit‹ (Battaglia 2000, S. 188) getragen. Eine Abweichung von einer mononationalen oder monokulturellen Biografie wird angenommen, und diese Abweichungsannahme strukturiert das sich anschließende Dialogfragment, dessen Anlass der ›italienische‹ Name der in dieser Kommunikationssituation befragten Person ist. Mehr noch, diese Annahme konstituiert den Dialog, wie Battaglia ausführt, überhaupt erst, da die Normalitätsabweichung den Raum für spontane biografische Gespräche eröffnet und für die fragende Person den Anlass darstellt, ihr aber auch die Legitimation zu verschaffen scheint, die Investigation zu beginnen. Diese legt es darauf an, die Irritation, die durch eine Diskrepanz zwischen dem Namen und einer natio-ethno-kulturellen Zugehörigkeitserwartung eingetreten ist, zu minimieren. Dazu wird eine aus Fragen bestehende kommunikative Reparaturmaschinerie in Gang gesetzt, die mit dem Erfolg der letzten Frage an ein legitimes Ende kommt. Die Name-Erwartungs-Diskrepanz ist aufgelöst, die Zugehörigkeitsordnung restituiert. Die hier unterstellte und in der Unterstellung angerufene Normalität ›funktioniert‹ als Imagination und als imaginative Disziplinierung. Der Mythos der eigentlichen Herkunft platziert die untersuchte Biografie, das in Anfragen befingerte ›andere‹ Subjekt, das als der/die »Andere« irritierend, aber auch anziehend zur Verfügung stehende Wesen, in dem imaginären Zusammenhang, in den Biografie und Subjekt gehören. Eine dominante Normalität ist mithilfe imaginativer Versicherung bestätigt und wieder hergestellt. Solche Imaginationen auf der Ebene von Zugehörigkeitsordnungen geben unter anderem auf die Frage Antwort, wer als selbstverständliches und legitimes Mitglied des Zugehörigkeitskontextes betrachtet werden kann und darf« (Dausien/Mecheril 2005, S. 175 f.).

Utopien und politische Widerstandsstrategien. So beteiligten sie sich an und/oder initiierten Kämpfe für Lohngleichheit, mehr soziale Gerechtigkeit, mehr Kindergartenplätze (Motte/Ohliger 2004, S. 237 ff.). Ebenso entstanden nach und nach Jugendorganisationen von Migrant/innen, die sich gegen Zuschreibungen, Stigmatisierungen und Diskriminierungen zur Wehr setzten. Zugehörigkeit ist ein umkämpftes Gebiet, und jene, deren Zugehörigkeit infrage gestellt wird, haben schon immer für ihre Zugehörigkeit(en) gekämpft, indem sie sich Regelungen widersetzt und/oder indem sie die symbolischen und faktischen Grenzen verschoben haben. Sogenannte Minderheiten nehmen aktiven Einfluss auf die Diskurse, die sie subjektivieren, und im Kampf um Zugehörigkeit werden neue Subjektivierungsformen geschaffen, aber auch Räume, in denen das »Anderssein« gelebt werden kann. So haben Migranten-Selbstorganisationen in einer Einwanderungsgesellschaft eine besondere Bedeutung, weil sie unter anderem die Möglichkeit bieten, über Selbstbezeichnung und auch Selbstwahrnehmung nachzudenken und an öffentlichen Auseinandersetzungen teilzunehmen (Castro Varela 2007, S. 90 ff.).

Schlüsselbegriff: Othering

Der Literaturwissenschaftler Edward Said hat in den 1970er-Jahren mit dem Konzept des *Othering* eine Möglichkeit aufgezeigt, den Diskurs des Fremdmachens als eine gewaltvolle hegemoniale Praxis zu beschreiben. Das Konzept des *Othering* erläutert, wie die »Fremden« zu »Fremden« gemacht werden und dabei gleichzeitig ein »Wir« konstruiert wird, welches anders als das fremde »Nicht-Wir« beruhigend unambivalent, ohne grundlegende Spannungen erscheint und darin eine sichere Gemeinschaft symbolisiert. Sind die »Fremden« wild, so sind »wir« zivilisiert. Sind die »Fremden« emotional, so sind »wir« rational. Solche Aussagen sind Teil des Kolonialdiskurses, der mit dem Wahrheitsdiskurs der Aufklärung eng verquickt ist. Die Entstehung einer »westlichen« Identität kann deshalb als Produkt der Ausgrenzung des »Rests« (Hall 1994) verstanden werden. »Exotische« Orte waren Objekt träumerischer und utopischer Diskurse, wobei sich die Darstellung anderer Völker immer an europäischen Vorstellungen orientiert(e). Beide Versionen bei der Darstellung des »Anderen« – die idyllische und die barbarische – sind gleichermaßen und zeitgleich Teil des *Othering*-Diskurses. Auch heute ist die Praxis des *Othering* in der Bezugnahme auf beispielsweise »die muslimischen Anderen« bedeutsam: Neben dem barbarischen Fundamentalisten findet sich in der Galerie des Fremden die noch immer betörende Dame aus »Tausendundeiner Nacht« respektive die Moderatorin einer Unterhaltungssendung im Fernsehen. Die »Anderen« sind reizend und irritierend zugleich – in der Fantasie der »Nicht-Anderen«.

2.3 Migrationswissenschaftliche Perspektiven

Zwar kann unter Migration letztlich jede »Ortsveränderung von Personen« verstanden werden (Hoffmann-Nowotny, 1973, S. 107), die formelle und informelle Erzeugung des Migranten, so wie wir ihn gegenwärtig kennen, ist jedoch an die nationalstaatliche Ordnung gebunden. Ohne die Bedeutung der geschichtlich gesehen relativ jungen, seit dem 19. Jahrhundert bedeutsam werdenden nationalstaatlichen Grenzen wäre die gegenwärtige Bedeutung der Migration nicht zu verstehen.

Insgesamt unterscheiden sich Definitionen von Migration im Wesentlichen darin, dass die *Differenz* zwischen Ankunfts- und Zielregion, die notwendig ist, um von Migration zu sprechen, unterschiedlich bestimmt wird. Migration kann unterschieden werden im Hinblick auf räumliche Gesichtspunkte (intra- oder international), zeitliche Aspekte (temporär oder dauerhaft) und weiterhin bezogen auf die Wanderungsentscheidung (mehr oder weniger freiwillig oder erzwungen). Auch die Frage, ob es sich um Individual-, Gruppen- oder Massenwanderungen handelt (Treibel 2008, S. 19f.), ist ein in der Literatur häufig angeführtes Unterscheidungsmerkmal.

Diese wenigen Hinweise machen bereits deutlich, dass mit dem Wort »Migration« sehr unterschiedliche Phänomene bezeichnet werden. »Einwanderung ist ein Prozess, der aus dem Willen und dem Handeln von Menschen mit weit vielfältigeren Identitäten und Lebensentwürfen entsteht, als die den politischen, wirtschaftlichen und gesellschaftlichen Zwecken der Zielländer dienende Kategorie ›Immigrant‹ fassen kann« (Sassen 2000, S. 153).

Hier ist nicht der Ort, eine umfassende Rekonstruktion der mit Migration verbundenen Phänomene und der auf diese bezogenen theoretischen und politischen Ansätze vorzunehmen. Um aber einen Einblick in wichtige Unterscheidungen zu geben, sollen vereinfachend einige migrationswissenschaftliche Perspektiven auf Migrationsverläufe und -phänomene erläutert werden. Es geht hierbei darum, Grundzüge prominenter Ansätze und Perspektiven so zu erläutern, dass jene migrationswissenschaftlichen Referenzen erkennbar werden, die für den pädagogischen Diskurs über »Migration« bedeutsam sind. Die Reflexion auf die impliziten oder expliziten migrationswissenschaftlichen Vor- und Einstellungen ist deshalb wichtig, weil aus diesen unterschiedlichen Konzepten und Blickwinkeln unterschiedliche Aufgaben erwachsen, die als bedeutend für pädagogisches Handeln unter migrationsbedingter Pluralität angesehen werden.

Tab. 1: **Drei migrationswissenschaftliche Perspektiven**

Perspektiven / **Ebenen**	**»Immigration«**	**»Multikulturelle Gesellschaft«**	**»Transmigration«**
Phänomenale Ebene	Aus- und Einwanderung	kulturell-ethnische Minderheiten	Pendelmigration, Mehrfachzugehörigkeit
Explanative Ebene	Stufen der Eingliederung	Kulturelle Identität	transnationale Räume, hybride Identität
Normative Ebene	Assimilation	Anerkennung von Differenz	Anerkennung des Mehrwertigen

»Immigration«

Der Prozess der Immigration beginnt mit der Emigration, die auf unterschiedlichen Ebenen mit einschneidenden Veränderungen verbunden ist. Zunächst einmal können Veränderungen die Immigranten selbst, ihre Orientierungen, Verhaltensweisen und sozialen Kontexte betreffen (Treibel 2008, S. 13). Aber auch die Gruppe, der die Immigrantin vor der Emigration zugehörte, der sie sich aktuell zugehörig fühlt oder auf die sie bei der Ankunft stößt, ist durch Emigration mit Veränderungen konfrontiert. Ursula Apitzsch (1999, S. 11) spricht in diesen Zusammenhang von »Traditionsbildung« und macht darauf aufmerksam, dass »Tradition offenbar sehr viel mehr mit ›invention‹ zu tun hat, als mit ›Altem‹ und ›Hergebrachten‹«. Gemeinschaften konstituieren sich

Kritik des methodologischen Nationalismus

Der Aufstieg der wissenschaftlichen Disziplin, die mit der Analyse der Gesellschaft beschäftigt ist, der Soziologie, fällt »mit dem Aufstieg des Nationalstaates, des Systems internationaler Politik und des Nationalismus zusammen« (Beck 2005, o. S.). Dies ist ein historischer Zusammenhang aus dem sich die »Axiomatik des ›methodologischen Nationalismus‹, nach der Nation, Staat, Gesellschaft die »natürlichen« sozialen und politischen Formen der modernen Welt sind«, ergibt (Beck 2005, o.S.). Folgerichtig werden zentrale Kategorien der sozial-wissenschaftlichen und pädagogischen Forschung mit dem Nationalstaat als quasi unausweichlicher Bezugsgröße verbunden. Gesellschaft wird im Grunde im Sinne des nationalstaatlichen Containermodells gelesen. Der methodologische Nationalismus verhindert nicht nur, dass »Gesellschaft« anders als im Format »Nationalstaat« untersucht wird, er erschwert auch die Analyse gewaltförmiger Grenzsetzungen, die mit der imaginären Praxis der Nation (vgl. Kap. 1) einhergehen.

in der Migration neu und geben sich dafür Regeln, die vor allem die Aufgabe übernehmen, die Abgrenzung von der Mehrheit nun selber zu steuern – d.h. Handlungsmacht zu entwickeln. In den dabei entstehenden Räumen ist Platz für eine Vielfalt politischer Positionierungen, die nur eines gemeinsam haben, dass sie eben neu sind und nicht »hergebracht«.

Weiterhin ist Immigration mit Einschnitten für die sozialen und ökonomischen Strukturen der aufnehmenden und der abgebenden Gesellschaft verknüpft. In einer analytisch unterscheidenden Einstellung kann hier gefragt werden:

1. Was veranlasst die Immigrant/innen zur Migration?
2. Welche Erfahrungen und Handlungen prägen den Akt der Immigration?
3. Welche Prozesse prägen die Erfahrungen der Immigrant/innen im sogenannten Aufnahmeland (respektive: sollen die Erfahrungen prägen)?

(Zu 1.): Ein klassisches Interesse der Migrationssoziologie richtet sich auf die Frage, warum Menschen den Ort, an dem sie leben und aufgewachsen sind, verlassen, um sich auf Dauer oder auch nur für eine begrenzte Zeit an einem anderen Ort aufzuhalten. Die Gründe für internationale Wanderungen sind zweifelsohne komplex und unterschiedlich. Es finden sich persönliche, familiäre Gründe, der Wunsch nach neuen Herausforderungen und die Hoffnung auf die ökonomische, soziale und politische Veränderung der Lebenslage. Diese Motive stehen nebeneinander und sind miteinander verquickt. Sassen (1997, S. 107) betont, dass internationale Migrationsbewegungen in »umfassendere soziale, ökonomische und politische Entwicklungen« eingebettet sind, und weist darauf hin, dass die meisten Analysen Armut als einen Antriebsfaktor für Emigration bestimmen, dabei jedoch vernachlässigen, dass viele Länder mit großer Armut keinerlei nennenswerte Emigrationsgeschichte aufweisen.

Innerhalb der Migrationssoziologie liegt eine Reihe von zum Teil konkurrierenden Modellen vor, die die Ursachen von Migration bestimmen wollen. Das bekannteste ist das Push-pull-Modell oder auch das Modell der Kettenmigration. Letzteres konzentriert sich auf die Dimension sozialer Beziehungen. Migration findet demnach vermehrt in Richtung solcher Kontexte statt, in denen bereits emigrierte Verwandte oder Bekannte leben. Das Push-pull-Modell sucht in den Abwanderungsregionen Abstoßungsfaktoren (etwa fehlende Arbeitsplätze) und in den Aufnahmeregionen Anziehungsfaktoren (etwa vorhandene Arbeitsplätze) als Ursachefaktoren von Migration zu identifizieren. Welche Aspekte nun aber individuelle Abstoßungs- und Anziehungsfaktoren darstellen, kann nicht generell festgestellt werden. Auch ist es wichtig, dass ökonomische Faktoren wie Unterbeschäftigung und Arbeitslosigkeit als Erklärungsfaktoren nicht ausreichen. »Persönliche Beziehungen zu Verwandten oder Bekannten, die schon gewandert sind, und Informationen über die Zielregion sind wichtige zusätzliche Stimuli« (Treibel 2008, S. 41), erlebte und/oder befürchtete Gewalt, aber auch historische Routen und Migrationstraditionen, die sich in einigen Gemeinschaften nachweisen lassen, spielen eine Rolle – wie auch das Interesse daran, Neues kennenzulernen und ihrem oder seinem Leben eine neue Wendung zu geben. Die entscheidende Größe für den Entschluss zur Wanderung sind weniger »objektive« Faktoren wie Lohndifferentiale oder Absolutentfernungen, »sondern die Beschaffenheit jener zwischen den Herkunfts- und Ankunftsregionen gespannten *Netzwerke* als auf Vertrauen und längerfristiger Berechenbarkeit beruhenden sozialen Interaktionsbeziehungen« (Pries 2001, S. 34). Die »Gründe« für Migrationen erschließen sich nur bedingt durch Identifikation einzelner »Faktoren« (z.B. Armut), wenn nicht auch berücksichtigt wird, welche Bedeutung die Subjekte den »Faktoren« im Rahmen ihrer Lebensgeschichte zusprechen.

Die »Gründe« für Migrationen erschließen sich nur bedingt durch Identifikation einzelner »Faktoren«

Gebräuchlich ist in der Migrationssoziologie die Unterscheidung zwischen der freiwilligen und der erzwungenen Migration. Bei der erzwungenen Migration müssen die drei traditionellen Migrationsgründe Hunger und Armut, Krieg und Verwüstung, ethnische und religiöse Konflikte und Verfolgung um die Zerstörung der Umwelt als vierten Faktor ergänzt werden. Die Unterscheidung zwischen »freiwillig« und »erzwungen« ist aber problematisch, weil sie jederzeit politisch instrumentalisiert werden kann. Sie ist zudem wenig überzeugend, da die Unterscheidung theoretisch-begrifflich und empirisch oft unklar bleibt, sodass auf die strikte Unterscheidung eher verzichtet werden sollte.

Weil die Gründe zur Emigration überaus vielfältig sein können und auch »gleiche« Lebenslagen für Subjekte sehr unterschiedliche Bedeutungen aufweisen, spricht vieles für eine Perspektive, die weniger Kriterien wie Unterschiede im Pro-Kopf-Einkommen oder im Bruttosozialprodukt als Anlass für Emigrationsentscheidungen und Migrationsimpulse betrachtet, sondern in den Vordergrund rückt, dass Menschen aufgrund der Bedeutung, die ihr bisheriges Leben für sie hatte, der Aussicht auf ökonomische und soziale Veränderung und aufgrund der Gelegenheit zur Emigration den Entschluss zum Verlassen ihres Landes fassen.

(Zu 2.): Wenn Menschen einen Ort verlassen, um sich an einem anderen Ort niederzulassen, der ihnen wenig oder gar nicht bekannt ist, dann ist dieser Prozess mit signifikanten Erfahrungen verbunden. Arbeitsmigranten, schreiben Hettlage-Varjas und Hettlage (1995, S. 15), »wandern nicht nur zwischen Orten, sondern zwischen verschiedenen *Existenzweisen* und verändern damit auch ihre Stellung zu sich selbst und zu ihrer Welt«.

Eine adäquate Beschäftigung mit »Migration« sollte dazu in der Lage sein, potenziell belastende Merkmale der Lebenssituation von Migrant/innen zu identifizieren, ohne damit, wie dies nicht selten geschieht, ihre Erfahrungen und Umgangsweisen auf negative, kulturelle Belastungen einzuschränken. Diese Art der Migrationsforschung hätte zunächst ihren eigenen Beitrag zur Kulturalisierung der Lebenssituation von Immigrant/innen zu reflektieren. Denn Belastungsreaktionen von Immigrant/innen sind nicht einseitig kulturellen Reibungen zuzuschreiben (wie im sogenannten Kulturschock). Viel eher können diese Belastungen vor dem Hintergrund sozialer Benachteiligung etwa aufgrund von Statusverlust verstanden werden. Die 29-jährige Frau, die in Polen Architektur studiert hat und ihre Lebenssituation seit drei Jahren mit Reinigungsjobs in Deutschland finanziert, mag Belastungen erleben. Dass diese Belastungen in erster Linie auf einen »Kulturschock« zurückzuführen sind, ist aber unwahrscheinlich. Wenn die Schockmetapher hier einen Sinn macht, dann viel eher im Sinne von »Statusschock«.

Migrationsforschung hat ihren eigenen Beitrag zur Kulturalisierung der Lebenssituation von Migrant/innen zu reflektieren

(Zu 3): Bezogen auf die Frage, welche Erfahrungen Immigrant/innen im sogenannten Aufnahmeland machen, ist zunächst bedeutsam, dass die sozialwissenschaftlichen Antworten auf diese Frage nicht allein auf der analytisch-deskriptiven Ebene angesiedelt und rezipiert werden, sondern immer auch normativ-präskriptive Bedeutung haben. Weil Migration ein gesamtgesellschaftlich bedeutsames und umkämpftes Thema ist, das die grundlegende Frage, wer *wir* sind und wer *wir* sein wollen, berührt, werden die Beiträge der Migrationsforschung immer auch von einer politischen Öffentlichkeit aufgegriffen, diskutiert, be- und verwertet. Migrationsforschung beteiligt sich aber auch explizit an den öffentlichen Debatten, versteht ihre Beiträge gar als sozialpolitische Orientierungsangebote. Dies galt in jedem Fall für die klassischen assimilationstheoretischen Ansätze der sogenannten Chicago School, die von den Wissenschaftlern Robert Ezra Park und William Isaac Thomas zu Beginn des 20. Jahrhunderts begründet wurde. Die *Chicago School* untersuchte in einer dezidiert empirischen Einstellung die mit dem enormen Bevölkerungswachstum Chicagos – von 30 000 im Jahr 1850 wuchs die Stadt auf 3 337 000 Einwohner im Jahr 1920 an – einhergehenden sozialen und ökonomischen Konflikte (Treibel 2008, S. 84 ff.).

Ein wichtiges, soziologische Analyse mit politischer Programmatik verbindendes Ergebnis dieser Arbeiten ist der »race-relation-cycle«. Dieses möglicherweise bekannteste Modell der Migrationssoziologie hat die weitere soziologische und sozialwissenschaftliche Diskussion bedeutsam beeinflusst. Der

»race-relation-cycle« von Park (1950, zit. nach Treibel 2008, S. 91) versteht den Eingliederungsprozess der Immigrant/innen als stufenweisen Prozess, der vier Phasen durchläuft: 1. Kontakt, 2. Wettbewerb um Positionen in der ökonomischen Hierarchie und Konflikte um den Status innerhalb der sozialen Ordnung, 3. Akkomodation als zunächst äußerlicher Anpassungsprozess der Immigrant/innen auf struktureller Ebene und 4. kulturelle Angleichung der Immigrant/innen an die Aufnahmegesellschaft, die letztlich zu einer Identifikation mit dieser führt.

Dieses klassische Assimilationskonzept ist vielfachen Differenzierungen und Revisionen unterzogen worden (Heckmann 1992, S. 162 ff.; Treibel 2008, S. 83 ff.). Als Konsens kann gelten, dass Parks These der *Unvermeidlichkeit der vollständigen Angleichung* angesichts der empirischen Erfahrungen mit Einwanderung nicht zutreffend ist. Gleichwohl ist der Assimilationsbegriff nach wie vor – etwa als Implikation im diffusen alltagspolitischen Integrationsbegriff – normativ wirksam. Er wird weiterhin benutzt, um in einer einseitigen Einstellung die Angleichung der Immigranten und Immigrantinnen an die Mehrheitsgesellschaft zu fordern.

Es ist ein Verdienst der »klassischen« migrationssoziologischen Ansätze, herausgearbeitet zu haben, dass gelingende Eingliederung von Immigrant/innen idealerweise in erster Linie auf der sozialstrukturellen Ebene (Zugänglichkeit vertikaler Statuslinien in der Mehrheitsgesellschaft) und der kulturellen (Akkulturation) Ebene stattfindet. Allerdings verbinden sich etliche Probleme mit den assimilativen Eingliederungsansätzen:

- Es handelt sich hier um idealtypische Modelle, die nur begrenzten Erklärungswert für die Komplexität empirischer Migrationsphänomene besitzen.
- »Assimilation«, ob als Forderung oder als Beschreibung eines unvermeidlichen Prozesses, bestätigt Dominanzstrukturen, die den Einwanderern einen hohen Aufwand disziplinierender Transformation abverlangen.
- Assimilationsansätze sind einwertige Ansätze, die Phänomene der Vermischung und Mehrfachzugehörigkeit nicht thematisieren. Gerade solche Phänomene aber spielen in heutigen Migrationsgesellschaften eine immer größere Rolle.
- Assimilationsansätze gehen nicht systematisch auf die rassistische Struktur von Aufnahmegesellschaften ein (vgl. Kap. 7). Dadurch verkennen diese Ansätze, dass vollständige Eingliederung unter Bedingungen des Rassismus nur für bestimmte Migrant/innen möglich ist.

Schlüsselbegriff: Assimilationismus

Solange Migrant/innen sich ökonomisch-strukturell, sozial-kulturell und schließlich identitätsbezogen nicht an die in einer Migrationsgesellschaft bestehenden Strukturen angleichen, solange sie nicht die in einem nationalen Kontext bedeutsamen lingualen und sozial-kulturellen Ressourcen erwerben, bleiben ihnen prestigehohe soziale Statuspositionen verwehrt – so eine in der neueren deutschsprachigen Migrationsdebatte einflussreich formulierte Position (Esser 2004), die neoassimilationistisch genannt werden kann.
Diese Position soll hier kritisiert werden. Wenn es darum geht, Migrationsphänomene zu thematisieren, bleibt häufig interessanterweise gerade das ausgeblendet, was als Kennzeichen moderner Gesellschaft ausgegeben wird, nämlich dynamisch und selbstreflexiv zu sein. Indem von in der Migrationsgesellschaft als »Andere« Geltenden gefordert wird, sozialen und kulturellen Standards zu entsprechen, versichert man sich zugleich der Fortschrittlichkeit dieser Standards und ihrer fraglosen Geltung. Diskontinuitäten und Friktionen einer sich in ihre eigenen Widersprüche verstrickenden Gesellschaft geraten auf diese Weise aus dem Blick und bleiben in der Debatte unbenannt. Genau dieses Verdecken innerer Widersprüche ist in der kritischen Theorie als ein Grundproblem jeder begrifflichen Erfassung von Wirklichkeit und des Denkens überhaupt bearbeitet worden und hat einen dauernden Zweifel an der Gültigkeit der eigenen Erkenntnismethoden und Begriffe in der Theoriebildung verankert. Das Zweifeln an jeder identifikatorischen Besetzung kann der Auseinandersetzung um die Sichtweisen und Untersuchungsperspektiven auf Migration ein Moment der Verunsicherung und Infragestellung hinzufügen, das in aktuellen Debatten, die getragen werden vom hegemonialen Kriterium des Nutzens, immer mehr abhanden gekommen ist. Die Irritation verschiebt die Aufmerksamkeit von der Problematisierung der Anderen auf die Prozesse des Identifizierens selbst, auf die darin wirksam werdenden Identitätszwänge und Totalisierungstendenzen (genauer Mecheril/Messerschmidt 2007).
»Es gibt«, so Hartmut Esser vor dem Hintergrund empirischer Daten, die die Teilhabemöglichkeiten an gesellschaftlich relevanten Dimensionen in der Migrationsgesellschaft beleuchten, »(mindestens) zur strukturellen Assimilation der Migranten, speziell im Bildungsbereich und auf den primären Arbeitsmärkte keine sinnvolle Alternative« (Esser 2004, S. 44f.). Da, so könnte die Argumentationsfigur von Esser wiedergegeben werden, die Struktur gesellschaftlicher Wirklichkeit Assimilation erfordere, da es etwa zum Erfolg im Bildungsbereich unentbehrlich sei, die dominante Sprache und den ihr zugeordneten dominanten Habitus zu erwerben (vgl. differenzierter Kap. 5, 6 und 8), sei Assimilation unabdingbar.
Von der (selektiven) Interpretation »empirischer Daten« stellt die assimilationistische Argumentation auf Aussagen darüber um, was sinnvoll und weniger sinnvoll ist, wechselt also auf eine normative Ebene, indem implizit behauptet wird, dass Assimilation (als politisches Prinzip und Motiv von Lebensführungsprojekten) sinnvoll sei. Nicht das normative Moment als solches ist hier problematisch; jedoch der Umstand, dass die normative Dimension nicht reflektiert und zweitens die implizit normative Empfehlung allein »empirisch« begründet wird. Der migrationswissenschaftliche Empirismus bestätigt im Hinweis auf »empirische Erfordernisse« diese Erfordernisse. Wer nur mit »dem (empirisch) Gegebenen« argumentiert, wird zum Sprachrohr des Gegebenen. Strukturelle Anforderungen des Arbeitsmarktes, des Wohnungsmarktes, der Bildungsinstitutionen, der Gesundheits- und Pflegesysteme, die nicht nur, aber auch gegenüber in einer Migrationsgesellschaft als »Andere« geltenden Personen im Sinne von Anordnungen und von Zwängen wirken, werden dadurch bejaht; Migrationsforschung rechtfertigt damit bestehende Verhältnisse gesellschaftlicher Ungleichheit.

Multikulturelle Gesellschaft

Die Perspektive »Immigration« macht letztlich ein Entwicklungsproblem deutlich. In (assimilativen) Eingliederungskonzepten wird gewissermaßen die Frage beantwortet, in welche Richtung der/die Immigrant/in beeinflusst werden muss, sodass er/sie sich schrittweise zu einem vollständig eingegliederten

Mitglied der Aufnahmegesellschaft entwickelt. Die Perspektive »multikulturelle Gesellschaft« hingegen ist in erster Linie keine Entwicklungsperspektive: Die Gruppen einer multikulturellen Gesellschaft sind »einfach da«. Unter der Perspektive »multikulturelle Gesellschaft« kommen die Gegebenheit unterschiedlicher kultureller und ethnischer Gruppen und in besonderer Weise die Existenz von Minderheiten in den Blick. Der Begriff Minderheit oder Minorität findet im Zusammenhang mit dem Thema Migration zumeist im Sinne von *ethnischer Minderheit* Verwendung.

Für Eckhardt Dittrich und Frank-Olaf Radtke (1990) besitzt Ethnizität defensive Kompensationsfunktionen. Die Zuflucht zur Ethnie, so die Autoren, trägt regressive Züge, wodurch ihre Vergemeinschaftungssymbole affektiv aufgeladen und irrationalisiert werden. Ethnizität ist nicht auf rationale Interessenvertretung zu reduzieren. »Ihre diffus-emotionale Verankerung ist die Bedingung ihrer instrumentellen Wirksamkeit, aber auch die Ursache ihrer irrationalen Entgleisung, die einmal als ethnisch definierte Konflikte immer wieder bis zu ihrer Unlösbarkeit eskalieren läßt« (Dittrich/Radtke 1990; S. 26).

Ethnizität kann verstanden werden als regressive Vergemeinschaftung und/oder als neue Identitätsform

Hall hingegen spricht von der *Notwendigkeit der Aneignung des Ethnizitätsbegriffs*. In Bezug auf Erfahrungen des *schwarzen Subjekts* führt er aus (1994, S. 21 f.): »Wenn das schwarze Subjekt und die schwarze Erfahrung nicht durch die Natur oder andere wesenhafte Garantien stabilisiert werden, dann müssen sie historisch, kulturell und politisch konstruiert sein – der Begriff, der dies bezeichnet, ist der der ›Ethnizität‹. Dieser *Begriff erkennt den Stellenwert von Geschichte, Sprache und Kultur für die Konstruktion von Subjektivität und Identität an*, sowie die Tatsache, daß jeder Diskurs plaziert, positioniert und situativ ist und jedes Wissen in einem Kontext steht.« Ethnizität – so wie Hall den Begriff versteht – basiert auf Verschiedenheit und Differenz, ohne diese zu naturalisieren oder zu biologisieren. Mit dieser Kennzeichnung versucht Hall den Begriff der Ethnizität von seinen Äquivalenzen mit Nationalismus, Imperialismus, Rassismus und dem Staat zu entkoppeln. Dieses Verständnis von »neuen Ethnizitäten« wäre, wie Hall allgemein ausführt (1994, S. 23; Hervorhebung: MCV/PM), nicht dazu verurteilt, »nur durch Marginalisierung, Verdrängung und das Vergessen anderer Ethnizitäten zu überleben«.

Der Begriff der ethnischen Minderheit findet im öffentlichen Diskurs für die Bezeichnung sehr unterschiedlicher Gruppen Verwendung. Gemeinsam ist diesen Gruppen, dass sie Diskriminierungen und Vorurteile erfahren, dass dadurch »Anderssein« zu einer relevanten Dimension wird und auch, dass der jeweiligen Gruppe ihr Minderheitenstatus bewusst ist. Es können drei Minderheitentypen unterschieden werden: nationale und regionale Minderheiten als »alteingesessene« Minoritäten; durch Siedlungs- oder Arbeitsmigration entstehende Einwandererminderheiten; kolonisierte und postkoloniale neue nationale Minderheiten (Heckmann 1992, S. 59). Als »alteingesessene« Minderheiten mit eigener Sprache in Deutschland gelten die Sinti, die Friesen, die dänische Minderheit in Schleswig und die Sorben in Brandenburg.

Das Schlagwort »multikulturelle Gesellschaft« und seine Karriere, die Debatten, die um Vor- und Nachteile seiner Verwendbarkeit insbesondere in den 1990er-Jahren geführt wurden, müssen als Symptome dessen gewertet werden, dass gesellschaftlich eine Auseinandersetzung um die Frage stattfand, wie mit der durch die Migrationspolitik im Nachkriegsdeutschland und durch weltweite Migrationsbewegungen geschaffenen Situation kultureller und ethnischer Pluralität gesellschaftlich, politisch, aber nicht zuletzt auch pädagogisch umzugehen sei. Normativer Ausgangspunkt der Debatte war dabei in deutlicher Abgrenzung von Assimilationsansätzen die Bejahung der Vielfalt kultureller Lebensformen und Identitäten. Geht es dem Assimilationismus um die Auflösung von Differenz in einem Modell, das den Vorrang der Lebensform der Nicht-Migranten bestätigt, so spricht sich der Multikulturalismus für eine andere Perspektive aus, nämlich für die Anerkennung von kulturellen Identitäten, auch und gerade der eingewanderten Minderheiten.

Die Forderung nach Sensibilität für kulturelle Differenzen, die Position, dass es wichtig sei, unterschiedliche kulturelle Identitäten in der pädagogischen Arbeit zu respektieren, ist eine der wichtigsten Spuren, die der Multikulturalismus in der Interkulturellen Pädagogik hinterlassen hat. Minderheiten sind in ihrer kulturellen Besonderheit existent, und ihre gesellschaftliche Existenz soll und kann durch assimilative Prozeduren nicht rückgängig gemacht werden. Es ist nicht zuletzt auch das Verdienst der Debatte um die *multikulturelle Gesellschaft*, diese *differenzsensible und differenzachtende* Position bekannt gemacht zu haben.

Die Anerkennung ethnisch-kultureller Minderheiten als selbstverständliche Teile der Gesellschaft

Unter dem Blickwinkel *kulturelle Differenz/Identität* leistete diese Perspektive einen nicht unwesentlichen Beitrag zu dem Bewusstsein, dass die Anerkennung ethnisch-kultureller Minderheiten als selbstverständliche Teile der Gesellschaft ein wichtiges Gut sei.

Nach einer ersten Euphorie, im Zuge derer der Ausdruck »multikulturelle Gesellschaft« eher naiv benutzt werden konnte, sind aber schnell etliche Probleme benannt worden, die sich mit dem Begriff verbinden. Die »Kosten« der differenzachtenden Leistung können in zwei Punkten zusammengefasst werden. Mit dem Fokus auf »Kultur« und »Identität« wird der Minderheitenangehörige erstens zu jemandem, dessen »Wesen« kulturell bestimmt ist. Es findet eine *Essentialisierung von kultureller Identität* statt, die verschiedene Aspekte verkennt: die Heterogenität von Gruppen; den Umstand, dass Gruppen erst durch die Vorstellung, dass es diese Gruppen gebe, erschaffen werden; die Spielräume von Menschen, sich von Zugehörigkeiten abzusetzen; die »multidimensionale« Beschaffenheit des gesellschaftlichen Raumes (etwa: *race, class, gender*), in dem sich Einzelne verorten und in dem sie verortet werden. Zum Zweiten tendiert die Identifikation des Minderheitenangehörigen im Multikulturalismus zu einer kulturalistischen Verhüllung von strukturell bedingter Benachteiligung (vgl. Kap. 4).

Transmigration

Wenn im klassischen Modell der Immigration die Erfahrung des Wechsels von Existenzformen kennzeichnend ist, dann ist die zentrale Erfahrung im Zusammenhang von Transmigrationsprozessen, dass der Wechsel selbst, das Pendeln, das faktisch-imaginative Bewegen zwischen Zugehörigkeitskontexten zur Existenzform geworden ist.

Der in diesem Zusammenhang eingeführte Ausdruck »transnational« verweist darauf, dass im Zuge von Migrationsprozessen soziale, materielle und subjektive Realitäten – transnationale Räume – entstehen und erzeugt werden, die sich von traditionellen nationalen Lebenskontexten unterscheiden. Die Idee der transnationalen Räume gibt empirische Vorkommnisse wieder, sie macht aber auch – so sei sie hier verstanden – eine spezifische Perspektive auf Migrationsphänomene stark, die sich von Phänomenen der Unilinearität in den Vordergrund rückenden »klassischen« Migrationsansätze absetzt. Anders als der Assimilationsansatz geht die transnationale Perspektive nicht davon aus, dass aufgrund von Migration die Bedeutung der »anderen« Zugehörigkeit blasser werden soll oder notwendig blasser wird.

Das *transnationale Paradigma* betont die (Möglichkeit der) Gleichzeitigkeit von Verbundenheiten zu mehreren national-kulturellen Kontexten, in der neue, transnationale Räume entstehen. Das Entstehen solcher Räume wird von legalen Bestimmungen, die das Überschreiten von nationalen Grenzen einfacher ermöglichen (z. B. durch die Bestimmung der EU), und durch neue Kommunikationsmedien und Verkehrsmöglichkeiten, schließlich aber auch durch die Normalisierung des Migrierens erleichtert.

Die vor dem Hintergrund globaler Wanderungsstrukturen aufgrund der Lebenspraxis der Migrant/innen entstandenen transnationalen sozialen Räume sind alltagsweltliche Lebensrealitäten, die nach Ludger Pries (1997, 2008) auf vier Dimensionen untersucht werden können: politisch-legaler Rahmen, materiale Infrastruktur, soziale Strukturen und Institutionen sowie Identitäten und Lebensprojekte. Das symbolische und faktische Pendeln beispielsweise zwischen Deutschland und Polen, das für die Migrationsbewegungen zwischen beiden Ländern charakteristisch ist, wird von einem den Reise- und Grenzverkehr erleichternden politischen Rahmen ermöglicht. Damit diese Pendelmigration stattfindet, muss eine diese ermöglichende Infrastruktur, müssen insbesondere Verkehrsverbindungen bestehen. Soziale und kommunikative Strukturen wie das Internet, der Austausch von DVDs, CDs und schließlich Grenzen überspannende Projekte, seien diese ökonomischer oder sozialer, öffentlicher oder privater Art, sind weitere Dimensionen transnationaler Räume.

Merksatz

Glick Schiller/Basch/Blanc-Szanton (1997, S. 86) zufolge ist das Überschreiten von symbolischen Grenzen dauerhaft im Alltagsleben, in den Aktivitäten und sozialen Beziehungen von Migrant/innen verankert. Diese »bewegen sich, global wie national, in einem Geflecht hegemonialer Zusammenhänge, die sich auf ihr Bewusstsein auswirken. Zur gleichen Zeit aber geben Transmigranten durch ihre (widerständigen) Praxen und Taktiken diesen Bedingungen von sich aus neue Formen«.

Kannte die traditionelle Migrationsforschung lediglich »Immigrant/innen«, die sich assimilieren (sollen), »Gastarbeiter/innen«, die nur zeitlich begrenzt im Ankunftsland leben und arbeiten und »Diaspora-Migrant/innen«, die im Einwanderungsland ethnische Minderheiten bilden, so stellt der/die »Transmigrant/in« einen neuen Migrationstyp dar, der, auch ermöglicht durch verbesserte Transport- und Kommunikationsbedingungen, in der letzten Dekade des vergangenen Jahrhunderts vermehrt auftaucht. Transmigrationen sind gekennzeichnet durch Pendelwanderungen. Ihr »Lebenshorizont- und Erwerbsverlauf [ist] auf Dauer plurilokal innerhalb eines neuen, offenen, hybriden und in gewisser Hinsicht kosmopolitanen Transnationalen Sozialen Raum[es] auf[ge]spannt« (Pries 1997, S. 141).

Nina Glick Schiller, Linda Basch und Cristina Blanc-Szanton wird das Konzept der transnationalen Migration zugeschrieben. Sie haben damit unter anderem versucht, die in den klassischen Migrationstheorien vorherrschenden dualistischen Modelle, die von Ein- und Auswanderung sprechen und dafür »push«- und »pull«-Faktoren verantwortlichen machen, zu überwinden. Vielmehr betrachten sie die Tatsache, dass Migration nicht selten mehrere Nationalstaaten überspannt und Migrant/innen mit den unterschiedlichen Räumen in Interaktion stehen und sich auch mehrfach identifizieren. Unter der Perspektive des Transnationalismuskonzepts wird deutlich, dass in transnationalen Räumen natio-ethno-kulturelle Zugehörigkeiten weniger klar, eindeutig und singulär sind, sondern Formen der Ambiguität und Gleichzeitigkeit der Differenz finden. Das Konzept – um es abstrakt und allgemein zu formulieren – verteilt Differenz nicht in unterschiedlichen Zeiten und Räumen, sondern ermöglicht, Differenz in einem Raum und zu einer Zeit zu erkennen. Damit ist ein analytisch neuer Rahmen zum Verständnis von Migration eröffnet, der sich deutlich absetzt von Migrationsperspektiven, die immer das nationalstaatliche Containermodell (Pries 1997) aufrufen, in dem Nationalstaaten als Behälter gedacht und untersucht werden.

In einer transnationalen Perspektive werden Migrant/innen als aktive Subjekte verstanden, die Migrationsprozesse aktiv gestalten

Zudem werden Migrant/innen in der transnationalen Perspektive eher als Subjekte verstanden, die nicht schlicht Spielbälle ökonomischer, politischer und rechtlicher Faktoren sind, sondern Migrationsprozesse aktiv mitbestimmen und in diesem Prozess ihre Identitäten und Zugehörigkeiten mit herstellen; nicht selten allerdings unter prekären Verhältnissen.

Die Existenz transnationaler Räume und hybrider Identitäten dokumentiert in gewisser Weise, dass plurale Identitätsformen und Mehrfachzugehörigkeiten unter Bedingungen einer weltumfassenden, die Welt verdichtenden »Schrumpfung« von Zeit und Raum durchaus ein »Normalfall« sein können und zunehmend eingenommen werden und auch eingenommen werden müssen (etwa Hall 1994). Der Fall der Mehrfachzugehörigkeit stellt hierbei eine ernste Herausforderung für nationalstaatliche Gesellschaften und ihre Bildungsinstitutionen dar, vor allem jene Institutionen, die Mühe haben, sich von ihrem nationalen Selbstverständnis zu lösen (vgl. Kap. 6).

Da in den Alltagspraxen der Migrationsgesellschaft und ihren pädagogischen Orten lebensweltliche Mehrfachzugehörigkeit eine bedeutsame Art und Weise der Selbstpräsentation, der Beziehungsgestaltung und des Weltbezugs, also einen wichtigen Modus der Bildung und damit der Grundlage von Handlungsfähigkeit darstellt, gewinnt eine Mehrfachzugehörigkeiten sichtbar machende, thematisierende und anerkennende Perspektive an pädagogischem Sinn und Stärke (vgl. Kap. 7 und Kap.8).

Hybridität und Mehrfachzugehörigkeiten gehen allerdings mit einigen Problemen einher, die ein unbedachtes Feiern von Hybridität (wie es auf dem Markt der sich vor allem an ein junges Publikum richtenden Journale, Videoclips und Websites geschieht) nicht angeraten erscheinen lassen (Ha 2005; Mecheril 2009). Hybridität schließt immer an bekannte Muster der Unterscheidungen an und wiederholt diese in einer maskierten Variante.

Eine kritische Auseinandersetzung mit Integrationsdiskursen finden Sie im Internet unter: www.beltz.de/Material Kennwort: 34205

Anders als die in Videoclips inszenierte Hybridität stellen für nicht wenige Migrationsandere natiokulturelle Mehrfachverbundenheiten weiterhin nicht schlicht die glückliche Synthese zweier Möglichkeitsräume dar. Vielmehr muss Mehrfachzugehörigkeit auch mit Blick auf politische und kulturelle Zwänge verstanden werden (vgl. Kap. 8).

Weiterführende Literatur

Motte, J./Ohliger, R./Oswald, A. v. (Hrsg.) (1999): 50 Jahre Bundes-Bundesrepublik – 50 Jahre Einwanderung. Nachkriegsgeschichte als Migrationsgeschichte. Frankfurt am Main: Campus.
In insgesamt 13 Aufsätzen werden u.a. ›privilegierte Einwanderung‹ und ›Arbeitsmigration‹ dargestellt und unterschieden. Der Sammelband legt eine historische Perspektive an und thematisiert ein breites Spektrum empirischer Migrationsphänomene Wohnsituation von Flüchtlingen und Gastarbeiter/innen über die Debatte um ›DDR-Flüchtlinge‹, bis zu den DDR-Vertragsarbeitenden und die spezifische Migration aus der Türkei. Der Band vermittelt einen Einblick in das Migrationsgeschehen Nachkriegsdeutschlands – sowohl der DDR als auch der BRD.

Sassen, S. (2000): Migranten, Siedler, Flüchtinge. Von der Massenauswanderung zur Festung Europa. Frankfurt am Main: Fischer.
Saskia Sassen zählt zu den international renommiertesten Migrationsforscher/innen. In diesem kleinen Band liefert sie einen spannenden und informativen Streifzug durch die europäische Migrationsgeschichte der letzten 200 Jahre. Sassen zufolge ist Migration in Europa ein viel vertrauteres Phänomen, als es heute vielen erscheinen mag. Dabei waren Migrationsbewegungen ihrer Meinung nach weniger Konsequenz von Kriegen, vielmehr legten die wirtschaftlichen, politischen und sozialen Bedingungen

Folgende Fragen können Ihnen helfen, Ihr Verständnis der Ausführungen in diesem Kapitel zu präzisieren:

- Was von dem, was Sie in diesem Kapitel gelesen haben, hat Sie irritiert, welche Perspektiven und Aussagen waren für Sie neu und ungewohnt?
- Was bedeutet die Aussage: »Migrant/innen werden hergestellt«?
- Warum ist es für pädagogisches Tun und Denken sinnvoll, über die politischen und kulturellen Bedingungen nachzudenken, die »Migrant/innen« herstellen?
- Welche migrationspolitischen Diskurse sind problematisch? Warum?

3. Die Ordnung des erziehungswissenschaftlichen Diskurses in der Migrationsgesellschaft

Einführung

Der Ausdruck »interkulturell« hat sich in der erziehungswissenschaftlichen und pädagogischen Fachöffentlichkeit zum Schlüsselbegriff entwickelt, um Fragen migrationsgesellschaftlicher Unterschiede und Unterscheidungen zum Thema zu machen. Die geschichtliche Entstehung dieser Redeweise wird in diesem Kapitel skizziert. Weiterhin findet sich die Kennzeichnung des programmatischen Anliegens der Interkulturellen Pädagogik, das sich in Absetzung von der sogenannten Ausländerpädagogik entwickelt hat. Pädagogische Forschungen zu Fragen von Migration und Bildung greifen auf unterschiedliche Traditionen und Politiken von Forschung und Wissenschaft zurück. Ausgewählte Forschungsansätze werden erläutert.

3.1 Die pädagogische Entdeckung migrationsgesellschaftlicher Differenz als interkulturelle Differenz – Geschichtliche Einordnungen

Wir leben in einer Gesellschaft, für die die auch durch Migrationsprozesse bedingte Vielfalt von Lebensformen kennzeichnend ist. Historisch neu sind Phänomene der Pluralisierung und die Aufgaben allerdings nicht, vor die Bildungsinstitutionen durch das Verhältnis natio-ethno-kultureller Majorität und Minderheiten gestellt werden. Insofern kann die Art und Weise, wie Bildungsinstitutionen mit der Herausforderung »Pluralität« umgehen, als Aufnahme und Fortschreibung bestimmter Traditionen verstanden und untersucht werden. Die aktuelle Konjunktur des Themas »Multikulturalität«, die Gegenwartsdiagnose, dass *kulturelle Vielfalt und Differenz* bedeutsam seien, die Notwendigkeit der Auseinandersetzung der bundesdeutschen Bildungsinstitutionen mit der Anwesenheit von Migrant/innen, all dies lenkt in gewisser Weise von historischen Kontinuitäten ab. Denn nicht in der Reaktion auf gegebene Homogenität, sondern erst in der Bearbeitung von Differenz und Heterogenität haben sich pädagogische Handlungsfelder konstituiert. Dies gilt zumindest für die »großen« pädagogischen Handlungsfelder Soziale Arbeit und Schule, wenn auch in prinzipiell unterschiedlicher Weise.

Für die Soziale Arbeit gilt, dass Fragen der Differenz und Heterogenität nicht erst mit dem Auftauchen der Arbeitsmigrant/innen der Nachkriegszeit bedeutsam werden. Vielmehr ist es möglich, den Umgang mit sozialer und kultureller Differenz mit dem Ziel der Nivellierung der Unterschiede, auch der kulturellen Differenzen, als einen primären Arbeitsmodus Sozialer Arbeit zu beschreiben. So sieht Burkhard Müller (1995) die Entwicklungsgeschichte der Sozialen Arbeit eng verknüpft mit der Einteilung in »eigene« und »fremde« Arme: »Soziale Arbeit ist die Summe aller Reaktionen unserer Gesellschaft auf die Migrations-(Mobilitäts-)Tatsache. Die Ur-Klienten sozialer Arbeit sind Fremdlinge, Migranten, Entwurzelte, nicht Arme, Deprivierte, Hilflose. (…) Nicht Hilflosigkeit oder Not als solche riefen die Helfer und Helfersysteme auf den Plan, sondern die fremden, subversiven, ›unmoralischen‹ oder gar ›kriminellen‹ Weisen, in denen entwurzelte Leute sich selbst zu helfen versuchten. Eben deshalb hat die Rede vom ›Helfen‹ und vom ›Hilfe-System‹ in Geschichte und Gegenwart sozialer Arbeit immer auch ideologischen Klang: Es ging in Wirklichkeit nie nur um Hilfe, sondern um Hilfe und Kontrolle, um Unterstützung beim Überleben und in der Teilhabe an einer Gesellschaft, die von den Anderen kontrolliert war und um Anleitung, sich deren Interessen und Normen zu unterwerfen« (Müller 1995, S. 138 f.). Auch Ulrike Davy (2004) hat in einer historischen Untersuchung herausgearbeitet, dass die Verknüpfung von Armut und Kriminalität mit den Themen Migration, Exklusion und Inklusion zentraler Bestandteil in den Gesetzgebungen europäischer Länder und stets mit Abwehr- und Restriktionsmaßnahmen verbunden war.

Differenz hat in pädagogischen Handlungsfeldern eine unterschiedliche Bedeutung

Generell kann im Hinblick auf die Handlungslogik Sozialer Arbeit von einer historisch wechselnden Fokussierung staatlicher und sozialarbeiterischer Aufmerksamkeit auf bestimmte »Andere« gesprochen werden. Differenz ist somit Voraussetzung des sozialarbeiterischen Handelns; dieses ist immer von der Spannung zwischen Hilfe und Kontrolle, Anerkennung und Disziplinierung kennzeichnet.

Anders sieht es im Bereich der Schule aus. »Die Schule als historisch älteste Kernorganisation des Erziehungssystems muss sich ihre Klientel nicht durch geeignete, ihre Zuständigkeit begründende Unterscheidungen erst schaffen. Für sie und ihren Bestand sorgt die Schulpflicht« (Diehm/Radtke 1999, S. 68). Insofern unterscheidet sich der Umgang mit Differenz in beiden pädagogischen Feldern. Kulturalistische Beschreibungen setzen in der Schule erst dann ein, »wenn die pädagogischen Bemühungen der Schule nicht zum Erfolg geführt haben (oder wenn dies aufgrund von Erfahrung befürchtet wird). Vorher besteht die Tendenz, kulturelle Differenz zu ignorieren. Für den Bereich der schulischen Praxis ist also eine Verwendungsweise des Begriffs ›Kultur‹ als Legitimation des Scheiterns zu beobachten« (Diehm/Radtke 1999, S. 68). Zugespitzt heißt dies: Differenz dient der Sozialen Arbeit als Anlass ihres Tätigwerdens. Soziale Arbeit ist darauf angewiesen, die Gegebenheit relevanter Differenzen immer wieder zu bestätigen und damit sich selbst als legitimes Unternehmen zu bestätigen. Die Schule hingegen geht von einer »Gleichartigkeitsnormalität« aus und versteht Differenz und Heterogenität eher als »Störung«.

Schwerpunkte wirkmächtiger migrationsgesellschaftlicher Bildungsdiskurse. Eine chronologische Modellierung:[1]

1960er-Jahre (oder die Dekade diskursiver Stille)
Noch ist keine nennenswerte pädagogische Reaktion auf Konsequenzen der »Gastarbeit« zu verzeichnen, da zum einen in der Schule und anderen Bildungsinstitutionen »Ausländer« weitestgehend nicht zum Thema werden, zum anderen die allseitige Erwartung baldiger Rückkehr vorherrscht. Die Einbeziehung der ausländischen Schüler/innen mit gesichertem Aufenthalt in Deutschland in die allgemeine Schulpflicht ab Mitte der 1960er-Jahre und der gemeinsame Unterricht beider Schülergruppen als Regelfall stellen allerdings den Beginn des Endes der »diskursiven Stille« dar.

1970er-Jahre (oder die Dekade des Defizitdiskurses)
Durch die Ende der 1960er-Jahre an deutschen Schulen deutlich angestiegene Zahl der »Ausländerkinder« entsteht ein Problembewusstsein, das durch Darstellungen und Äußerungen überforderter Lehrpersonen, Eltern, die den Schulerfolg ihrer Kinder durch die Anwesenheit »ausländischer« Kinder gefährdet sehen, aber auch durch Nachfragen der Herkunftsländer der »Gastarbeiter« forciert wird. Die intensive pädagogische Reaktion auf die Arbeitsmigration beginnt. Pädagogische Ansätze, Konzepte, Strategien, später »Ausländerpädagogik« genannt, formieren sich als schulpädagogische Sonderpädagogik. Die ausländerpädagogischen Fördermaßnahmen nehmen Defizite der »Ausländerkinder« in den Blick. Insbesondere Schwierigkeiten der »Ausländerkinder« mit und in der deutschen Sprache werden zum Gegenstand kompensatorischer Bemühungen. Dadurch gewinnt die Fremd-, später Zweitsprachendidaktik an großer Bedeutung.
Durch die Kultusministerkonferenz-Beschlüsse von 1964 ist eine Doppelperspektive vorgegeben, die bis in die 1980er-Jahre hinein bedeutsam bleiben soll. Diese bestimmt eine paradoxe schulpädagogische Ausrichtung. Auf der einen Seite stand das Ziel der schulischen Integration der »Ausländerkinder« durch Regelunterricht und durch spezielle Förderungen insbesondere in eigens für »Ausländerkinder« eingerichteten Vorbereitungsklassen. Auf der anderen Seite sollte die »Rückkehrfähigkeit der Ausländerkinder« durch zumeist am Nachmittag stattfindenden »muttersprachlichen Ergänzungsunterricht« bewahrt bleiben.
»Sozialberatungsdienste für Ausländer«, (sozial)pädagogische Institutionen, deren Klientel »ausländische« Arbeitnehmer/innen und ihre Familien sind, etablieren sich. Diese Sonderinstitutionen werden von den Wohlfahrtsverbänden eingerichtet. Die Aufteilung der Migrant/innen erfolgt dabei nach religiös-konfessionellen Merkmalen. Caritas und Diakonie wurde die »christliche« Klientel, der konfessionsungebundenen Arbeiterwohlfahrt die »muslimische« Klientel zugeordnet.

1980er-Jahre (oder die Dekade des Differenzdiskurses)
Eine intensive Kritik der Defizit-, Förder- und Sonderperspektive der Ausländerpädagogik setzt ein. Mit der Einsicht, dass »unsere ausländischen Mitbürger« keine vorübergehende Erscheinung in der Gesellschaft und Schüler/innen »nicht deutscher Herkunft« ein bleibender Bestandteil des schulischen Bildungssystems sind, beginnt eine Diskussion unter veränderten Vorzeichen. Konzepte, die interkulturelle Bildung und Erziehung nicht als zusätzliche Sonderbehandlung für »Ausländerkinder«, sondern als beispielsweise selbstverständliche

---

1 Die nachfolgenden Hinweise auf die Geschichte wirkmächtiger pädagogischer und bildungspolitischer Praxen, bezogen auf migrationsbezogene Differenz in der Zeit nach dem Zweiten Weltkrieg in Deutschland, orientieren sich an den Darstellungen, auf die in diesem Kapitel verwiesen wird, insbesondere an den Beschreibungen von Auernheimer (1996; 2007). Es ist hier von »Modellierung« die Rede, da die Kennzeichnung ganzer Dekaden in wenigen Sätzen hochgradig selektiv ist und zudem irrigerweise den Automatismus eines vollständigen Wechsels mit dem Beginn einer neuen Dekade nahelegt. Mit diesen Vorbehalten vermittelt die Darstellung gleichwohl einen allgemeinen Eindruck darüber, wie Schwerpunkte des migrationsgesellschaftlichen Bildungsdiskurses in einer ungefähren zeitlichen Perspektive gebildet werden können. Eine differenzierte und instruktive Problematisierung der Ansätze, die migrationsgesellschaftliche Bildungsdiskurse chronologisch ordnen, findet sich bei Krüger-Potratz (2005, Kap. 2)

schulische Aufgabe betrachten, werden entwickelt. Allerdings bleibt der Vorzeichenwandel im Großen und Ganzen auf den akademischen Diskurs beschränkt.
Die Schulpraxis weist weiterhin einen größtenteils kompensatorischen Charakter auf; Aspekte ethnischer, lingualer und kultureller Differenz werden in der Lehrerbildung nicht adäquat und nicht als grundsätzliche Aufgaben von Lehrer/innen behandelt.
Es findet eine (selbst)kritische Besinnung auf die Grenzen pädagogischer Wirksamkeit statt. Bisherige pädagogische Konzepte und pädagogisches Handeln werden eher als Bestandteil des Problems der Benachteiligung von Migrant/innen thematisiert denn als seine Lösung. Die Einsicht in die »Unmöglichkeit, Politik durch Pädagogik zu ersetzen« (Hamburger 1984) verweist darauf, dass es nicht um die Lösung des sogenannten Ausländerproblems mit pädagogischen Mitteln gehen kann, sondern um die Kritik der politischen und gesellschaftlichen Ursachen des »Ausländerproblems«.
1987 gibt das Bundesministerium für Arbeit eine Studie zur Evaluation der »Sozialdienste für Ausländer« in Auftrag, die im Hinblick auf Ausmaß und Qualität der Versorgung von Migrant/innen durch die Sozialdienste erhebliche Mängel feststellt (Tiedt/Nestmann 1988). Die Ergebnisse der Untersuchung markieren den Beginn einer breiten Auseinandersetzung mit strukturellen Fragen der sozialen Versorgung von Migrant/innen.
Durch die Abkehr von der Defizite der »Ausländer« in Augenschein nehmenden Perspektive und die damit verknüpfte »Hinwendung zur Differenz« werden die Kulturen der Migranten und Minderheiten »entdeckt«. Rhetoriken der Anerkennung, Forderung nach der Respektierung von Differenz und Vielfalt haben Konjunktur. Sie bilden die begrifflichen Angeln der »multikulturellen Gesellschaft«. Interkulturalität und die Begegnung mit dem Anderen werden als Bereicherung verstanden.
Die Grenze zwischen »Ost« und »West« und die Einteilung in Blockstaaten beginnt zu zerfallen (Fall der »Berliner Mauer«). Ende der 1980er-Jahre beginnt der quantitativ erhebliche Zuzug von Aussiedler/innen. Analog zum gesamtgesellschaftlichen Bewusstseinsprozess beginnen auch die Bildungseinrichtungen erst allmählich die Anwesenheit dieser Personengruppe unter der Differenzperspektive zu betrachten und damit als interkulturelles Phänomen ernst zu nehmen.

1990er-Jahre (oder die Dekade des Dominanzdiskurses)
In Mölln, Rostock, Solingen, Hoyerswerda und an anderen Orten werden Menschen Opfer rechtsextremistischer und rassistischer Angriffe. Eine intensive Rechtsextremismusdiskussion setzt ein, die insbesondere nach den Sozialisationsbedingungen und Motiven der zumeist jugendlichen Täter fragt. Zugleich beginnt die Rezeption vor allem der britischen Rassismustheorie.
Der von der Kultusministerkonferenz 1996 formulierte Beschluss zu »interkultureller Bildung und Erziehung« verweist ausgehend von der Einsicht in die gegebene kulturelle und sprachliche Heterogenität darauf, dass interkulturelle Bildung ein Bestandteil allgemeiner Bildung ist. Der KMK-Beschluss hebt interkulturelle Bildung und Erziehung als Querschnittsaufgabe aller Bildungseinrichtungen hervor und versteht interkulturelle Bildung als zentrale Qualifikation für alle Schüler/innen.
Der von Beginn der pädagogischen Auseinandersetzung mit kultureller Differenz und migrationsgesellschaftlicher Pluralität geforderte Bezug weg von den »Defiziten der Ausländer« hin zu den Voraussetzungen und Einschränkungen der Bildungseinrichtungen wird zum zentralen Thema der Interkulturellen Pädagogik. Die Studien im Rahmen des Forschungsschwerpunktes »Folgen der Arbeitsmigration für Bildung und Erziehung« (etwa Gogolin/Nauck 2000) bestätigen die Notwendigkeit dieses Perspektivwechsels, also der Kritik und Analyse pädagogischer Institutionen, bildungspolitischer Voraussetzungen und selbstverständlicher Traditionen des Bildungssystems.
»Interkulturalität« wird als allgemeine und grundlegende Aufgabe der sozialen Dienste diskutiert. Weil die in »Sozialdienste für Migranten« umbenannten »Sozialdienste für Ausländer« die marginale Sonderstellung der Migrant/innen bestätigt wird die »interkulturelle Öffnung sozialer Dienste« gefordert. Nicht nur in der Sozialen Arbeit, auch in der Aus- und Weiterbildung von Lehrer/innen, in der Erwachsenenarbeit wird ein Mangel an professionellen Fähigkeiten im Umgang mit Differenz und Fremdheit festgestellt. Das Schlagwort der »interkulturellen Kompetenz« hat Konjunktur; es verspricht schnelle Hilfen und wird in Bezug auf diese Suggestion kritisiert.
Die Interkulturelle Pädagogik etabliert sich als eigenständiges erziehungswissenschaftliches Fachgebiet.

2000er-Jahre (oder die Dekade der Disziplinierung)
Die Kritik an der offiziellen Beschwörungsformel »Deutschland ist kein Einwanderungsland« wurde in den 1990er-Jahren massiver und führte schließlich zu einem neuen gesellschaftlichen Selbstverständnis. Symbolischer Höhepunkt dieser Entnationalisierung Deutschlands ist die Veränderung des Staatsangehörigkeitsgesetzes im Jahr 2000. Als eines der letzten Länder der Erde distanziert sich Deutschland von dem völkischen Abstammungsrecht, das Staatsangehörigkeit im Prinzip allein an Abstammung bindet, und nimmt Elemente des »ius soli« in seine Gesetzgebung auf. In diese Zeit fällt die Ankündigung eines liberalen Einwanderungsgesetzes, und erste Entwürfe der rot-grünen Koalition nähren die Hoffnung, dass die deutsche Einwanderungspolitik ein rationaleres, transparenteres und menschenwürdigeres Maß annimmt. Allerdings kommt dies nur bedingt zustande:

– Das Einwanderungsgesetz wird in ein Zuwanderungs(begrenzungs)gesetz umgewandelt. Zentrale Kritikpunkte an diesem sind, dass der Ehegattennachzug eingeschränkt ist, dass die Einbürgerung durch hohe Auflagen weiter erschwert wird, dass mit dem Instrument der Integrationskurse ein Lernen (von zum Teil eigentümlichen Inhalten) unter Zwang eingeführt wird, dass das Bleiberecht für Flüchtlinge nach wie vor unzureichend ist (z.B. Jäger 2007).
– Migrationspolitik wird immer mehr unter sicherheitspolitischen Gesichtspunkten konzipiert; hier spielt der »11. September« diskursiv eine wichtige Rolle und trägt zu einer Neuerfindung und symbolischen Stabilisierung der Idee des Westens bei.
– »Integration« wird (erneut) mehr und mehr zur Praxis der Aufforderung zur Angleichung an die dominante Lebensform.

Die Veröffentlichung der Ergebnisse der PISA-Vergleichsstudien hat nicht nur dazu beigetragen, dass in der Öffentlichkeit über Schwächen des deutschen Schulsystems im Umgang mit migrationsgesellschaftlicher Pluralität diskutiert wurde und wird. Die öffentliche, insbesondere mediale Auseinandersetzung mit »Multikulturalität und Schule« wird verstärkt geführt als Auseinandersetzung mit dem Problem der »(Sprach-)Defizite ausländischer Kinder und Jugendlicher«. Als Ergebnis dieser Diskussion ist eine Stärkung ausländerpädagogischer Positionen festzustellen.
Für die zweite Hälfte der ersten Dekade des neuen Jahrtausends ist in der öffentlichen und pädagogischen Diskussion neben dem Thema »Sprache« (womit zumeist gemeint ist: »Deutschdefizite« Migrationsanderer [vgl. Kap.5]) das Thema »Religion« bedeutsam, wobei hierbei erstens eine Verengung auf Islam und Muslime zu beobachten ist, dies zweitens in einer europäisch-christlichen Tradition der Selbsterfindung durch Abgrenzung geschieht, die weit hinter das Zeichen »11. September« zurückreicht und mit orientalistischen Diskursen (Attia 2009) in Verbindung steht.

Der Umgang mit Personen in Schule und Sozialer Arbeit, die als »Menschen mit Migrationshintergrund« gelten, schreibt die angesprochenen allgemeinen Strukturlogiken und -traditionen weiter und erneuert sie. So zeigen schulhistorische Analysen, dass ein durchgängiges Kennzeichen des Schulsystems im Umgang mit ethnisch-kulturellen Minderheiten – sowohl in der preußischen Minderheitenbildungspolitik, der Minderheitenschulpolitik der Weimarer Republik und der Nachkriegsschulpolitik der Bundesrepublik Deutschland – darin bestand, die nationale Schule zu bewahren. Der historische Umgang der Institution Schule mit Heterogenität und Differenz hat eine bestimmte Funktion, nämlich die auf die Homogenität der Schüler/innen zielende und mit Homogenität rechnende Schule als »Regelfall« in ihren Grundstrukturen unangetastet zu lassen. »Dies ist gelungen, und zwar bis heute. Würden die ›ausländischen‹

Schüler und Schülerinnen, für die Eingliederungs- und Fördermaßnahmen gedacht sind, von einem Tag auf den anderen fortbleiben und die Maßnahmen eingestellt werden, so würde dies die *Schule als Institution* – auch nach mehr als dreißig Jahren Integration ›ausländischer‹ Schülerinnen und Schüler – in ihrer Funktionsfähigkeit nicht beeinträchtigen, im Gegenteil: Sie könnte nun wieder tatsächlich ›störungsfrei‹ arbeiten« (Krüger-Potratz 2000, S. 380).

Die Art und Weise, wie der Zusammenhang zwischen »Migration und Bildung« diskutiert und gestaltet wird, muss also immer auch mit Bezug auf die Geschichte des gesellschaftlichen und pädagogischen Umgangs mit Differenz rückbezogen werden (siehe auch Kap. 2).

Merksatz

Der Topos natio-ethno-kultureller Differenz ist grundlegend für das Nachdenken über Migration und Pädagogik. In der Vorstellung kultureller, ethnischer und/oder nationaler Differenz findet sich jener Unterschied, der erst das Nachdenken über eine Pädagogik der Migrationsgesellschaft notwendig macht. Wäre Migration nicht mit der (zugeschriebenen, erfahrenen oder interaktiv hergestellten) natio-ethno-kulturellen Differenz und der speziellen Differenz zwischen Migrationsanderen und Nicht-Migrationsanderen verknüpft, so wäre es nicht erforderlich, Migrationsphänomene pädagogisch in einer spezifischen Weise zum Thema zu machen. Pädagogische Ansätze, Konzepte und Diskurse können nun danach unterschieden werden, wie sie mit dem Topos natio-ethno-kultureller Differenz implizit und explizit umgehen, welche Bedeutung sie ihm zumessen, welche prinzipielle präskriptive Idee sie im Hinblick auf natio-ethno-kulturelle Differenz entfalten (z.B. Einschränkung der Differenzen oder Anerkennung der Differenzen).

3.2 Paradigmen des pädagogischen Diskurses über migrationsgesellschaftliche Differenz

Wer sich, um es in Weiterführung der bekannten Formulierung von Max Frisch zu sagen, für die Geschichte des pädagogischen Umgangs mit dem Phänomen interessiert, dass man *Arbeitskräfte* rief und *Menschen* kamen *und blieben*, wird in den vorhandenen Einführungsbüchern zu dem Thema auf eine historische Darstellung stoßen, die mittlerweile zum Selbstverständnis des Fachgebietes Interkulturelle Pädagogik gehört (siehe hierzu die informativen Überblicksdarstellungen bei Auernheimer (1996, S. 5–18 und 2007, S. 34–46) oder Roth (2002; S. 20–106).

In ihrem ursprünglichen Format hat sie Wolfgang Nieke 1986 vorgestellt. Er unterscheidet drei Phasen (später fünf; Nieke 2008) in der Entwicklung des erziehungswissenschaftlichen Diskurses über den Zusammenhang von Arbeitsmigration und Erziehung bzw. Bildung. Die *erste Phase* ist die der »Ausländerpädagogik als kompensatorische Erziehung und Assimilationspädagogik«, die *zweite Phase* besteht in der grundlegenden Kritik an der ersten Phase und die *dritte Phase* schließlich steht unter der Überschrift »Interkulturelle Erziehung für eine multikulturelle Gesellschaft« (weitere Perioden- oder Phasenmodelle und ihre Diskussion finden sich bei Krüger-Potratz 2005; Kap. 2).

Gegen das Phasenmodell, das Geschichte als Abfolge von unterscheidbaren historischen Episoden versteht, können unterschiedliche Einwände geltend gemacht werden. So hat Georg Auernheimer (1996, S. 10) kritisch gegen das Modell von Nieke eingewandt, dass es sich bei diesem Modell um eine unilineare Rekonstruktion der pädagogischen Debatten handle, die die Geschichte als Abfolge relativ homogener Abschnitte rekonstruiere. Dadurch würden einerseits Kontroversen in einer »Phase«, aber auch das gleichzeitige Nebeneinanderbestehen unterschiedlicher Ansätze übergangen. Auch werde die pädagogische Geschichte einseitig als Geschichte des Fortschritts konzipiert. Isabell Diehm und Frank-Olaf Radtke (1999, S. 127 ff.) weisen darauf hin, dass die Kategorie ›Ausländerpädagogik‹ letztlich erst in der Kritik an der Ausländerpädagogik entsteht: »Die systematische Beschreibung der »Ausländerpädagogik« selbst war bis auf wenige Ausnahmen motiviert durch die Absicht, sie als pädagogische Praxis zu überwinden. Ihre Konstitution als Gegenstand der Beobachtung und Reflexion begann mit dem Versuch, sie zu überwinden« (Diehm/Radtke 1999, S. 127).

»Ausländerpädagogik« und »Interkulturelle Pädagogik« stellen also weniger historisch abgrenzbare Phasen dar. Die Bezeichnungen korrespondieren eher mit pädagogischen Paradigmen der Reaktion auf migrationsgesellschaftliche Pluralität. Im Gegensatz zum Begriff »Interkulturelle Pädagogik« ist hierbei »Ausländerpädagogik« jedoch kein Ausdruck, mit dem sich eine explizite Programmatik verbindet bzw. verbunden hat. Das »ausländerpädagogische« Paradigma bleibt eher implizit.

Im Folgenden werden die beiden paradigmatischen Ansätze, die in der Regel als »Interkulturelle Pädagogik« und »Ausländerpädagogik« im fachlichen Diskurs bezeichnet werden, vorgestellt.

»Interkulturelle Pädagogik« und »Ausländerpädagogik«

»Ausländerpädagogik« und »Interkulturelle Pädagogik« geben grundlegende pädagogische Reaktionen auf migrationsgesellschaftliche Unterschiede wieder. Sie umfassen als Bezeichnung für Prinzipien, die in bestimmten historischen Perioden und in bestimmten politischen Kontexten vorherrschend sind, eine Vielzahl von Handlungsansätzen, theoretischen Referenzen und Selbstverständnissen.

»Ausländerpädagogik« und »Interkulturelle Pädagogik« werden hier nun so vorgestellt, dass sie als unterschiedliche pädagogische Prinzipien der Wahrnehmung von und des Umgangs mit natio-ethno-kultureller Differenz deutlich werden. »Ausländerpädagogik« und »Interkulturelle Pädagogik« bezeich-

Schlüsselbegriff: Ausländerpädagogik

Unter »Ausländerpädagogik« wird zuweilen eine frühe Phase der pädagogischen Reaktion auf durch Arbeitsmigration im Nachkriegsdeutschland entstandene Situationen, insbesondere an Schulen, verstanden. Manche weisen darauf hin, dass »Ausländerpädagogik« als Bezeichnung erst in der Kritik dessen entstanden ist, was als »Ausländerpädagogik« bezeichnet wurde. Schließlich kann der Ausdruck »Ausländerpädagogik« einen Typ der pädagogischen Reaktion auf migrationsgesellschaftliche Differenzverhältnisse bezeichnen, dessen Relevanz nicht auf bestimmte zeitliche oder räumliche Kontexte beschränkt ist.

nen damit Prinzipien und Paradigmen, die nicht eindeutig zeitlich (z. B.: Jahrzehnt XX) und nicht eindeutig räumlich zuordenbar (z. B.: Bundesland XY oder Schule YZ) sind. Auch kann es durchaus sein, dass als »interkulturell« bezeichnete Programme etwa des »interkulturellen Lernens« nach den in Tab. 2 angegebenen Kriterien der »Ausländerpädagogik« zuzurechnen sind. Das Etikett »interkulturell« weist nicht notwendig darauf hin, dass die damit bezeichneten Ansätze auch tatsächlich interkulturellen Prinzipien folgen. Auch muss darauf hingewiesen werden, dass durch die massive Kritik an ausländerpädagogischen Ansätzen seit den 1970er-Jahren diese im Gegensatz zu interkulturellen Ansätzen weder in Handlungskonzepten noch in den fachdisziplinären Debatten explizit als pädagogisches Programm formuliert werden, auch wenn viele pädagogische Handlungsansätze, selbst wenn sie sich »interkulturell« nennen, aufgrund ihrer defizitorientierten Fördereinstellung letztlich mindestens partiell dem Paradigma der »Ausländerpädagogik« zuzurechnen sind. Schließlich werden in der Praxis Handlungsansätze und Selbstverständnisse anzutreffen sein, die auf Momente der »Ausländerpädagogik« und der »Interkulturellen Pädagogik« gleichzeitig und diese mischend zurückgreifen. Das heißt: »Ausländerpädagogik« und »Interkulturelle Pädagogik« sind zum Zwecke der Klärung überzeichnete und stilisierte, analytische Typisierungen pädagogischer Reaktionen auf migrationsgesellschaftliche Unterschiede; empirische Sachverhalte entsprechen diesen Typisierungen nicht immer eindeutig.

Interkulturelle Pädagogik und Ausländerpädagogik können im Hinblick auf die Art und Weise unterschieden werden, wie sie mit der Dimension natio-ethno-kultureller Differenz und genauer mit dem Topos der Migrationsanderen umgehen. Als grundlegende *pädagogische Antworten auf das Thema des und der natio-ethno-kulturellen Anderen* werden sie nachfolgend erläutert. Tabelle 2 markiert Merkmale beider Paradigmen.

Tab. 2: **Die »Anderen« in »Ausländerpädagogik« und »Interkultureller Pädagogik«**

Paradigmatische Ansätze / Merkmale	Ausländerpädagogik	Interkulturelle Pädagogik
Wer gilt als »Anderer«?	spezifische Andere (»Ausländer«)	alle sind (einander) Andere
Unterscheidungskriterium	Pass/Herkunft	Kultur
Thematischer Fokus	(Sprach-)Fertigkeiten	Identität
Unterschiedskonzept	Defizit	Differenz
Handlungsperspektive	Assimilation	Anerkennung
Handlungskonzept	Förderung, Kompensation	Begegnung, Verstehen

Erläuterungen zur Programmatik von Ausländerpädagogik und Interkultureller Pädagogik finden Sie im Internet unter: www.beltz.de/Material Kennwort: 34205

Vier Anfragen an die Interkulturelle Pädagogik – Kritik aus migrationspädagogischer Perspektive

Historisch ist das Programm der Interkulturellen Pädagogik aus der Kritik an der »unprogrammatischen« Ausländerpädagogik entstanden, die erst mit der Kritik ein konzeptuelles Gesicht bekam. Was seit den 1970er-Jahren als Ausländerpädagogik kritisiert wurde, war zuvor eine eher pragmatische Notwendigkeit und Reaktion auf die Tatsache, dass insbesondere das Schulsystem kaum in der Lage war, auf migrationsgesellschaftliche Differenzverhältnisse angemessen zu reagieren. Mittlerweile ist »Interkulturelle Pädagogik« im deutschsprachigen Raum zu dem Ausdruck geworden, unter dem die pädagogische Beschäftigung mit migrationsgesellschaftlichen Differenzverhältnissen in Forschung, Lehre und Studium stattfindet.

Da gesellschaftliche Realität grundlegend von Migrationsphänomenen beeinflusst ist, ist die junge Geschichte der Institutionalisierung eines pädagogischen Fachgebietes (seit Mitte der 1990er-Jahre), das sich mit dem Zusammenhang von Migration und Bildung analytisch und präskriptiv beschäftigt, zu begrüßen. Allerdings wird die Interkulturelle Pädagogik in ihrer jungen Geschichte von einer Kritik begleitet, die vor allem die Frage nach der Angemessenheit der mit der »interkulturellen Ausrichtung« verbundenen Perspektive auf migrationsgesellschaftliche Differenzverhältnisse betrifft.

Hier sollen vier Kritikpunkte an der Interkulturellen Pädagogik skizziert werden:

1. das Problem der kulturalistischen Reduktion migrationsgesellschaftlicher Verhältnisse
2. das Problem des »Inseldenkens«
3. das Problem, dass sich Interkulturelle Pädagogik entgegen ihrer Programmatik als »Ausländerpädagogik« in Anspruch nehmen lässt
4. das Problem, dass »Kultur« ein Sprachversteck für Rassekonstruktionen darstellt.

Kulturalistische Reduktion

»Interkulturelle Pädagogik« ist ein Ausdruck, in dem betont wird, dass die Anerkennung gegebener kultureller Differenz geboten ist. »Anerkennung kultureller Differenz« ist das zentrale Bildungsziel, das sich mit der Interkulturellen Pädagogik verbindet. Da wir aufgrund vielfältiger Bedingungen in kulturell pluralen und sich kulturell wandelnden gesellschaftlichen Zusammenhängen leben, weist dieses Bildungsziel eine gewisse Plausibilität auf (siehe genauer Kap. 8). Viele Zeitdiagnosen weisen darauf hin, dass moderne Gesellschaften als Zusammenhänge beschrieben werden müssen, für die aufgrund intensiver

Dynamiken in zentralen gesellschaftlichen Bereichen und Sphären, nicht zuletzt auch durch weltweite Wanderungsbewegungen angestoßen, soziale Wandlungsprozesse, Diversifikation und Pluralisierungen charakteristisch sind. Diese Pluralisierung sozialer Kontexte, Stile, Selbstverständnisse und Beziehungen imponiert empirisch als Vielfalt kultureller Phänomene. Normativ verbindet sich hiermit häufig die Perspektive, diese Lebensformen in ihrer Differenz prinzipiell anzuerkennen und dass die Ausbildung von Fertigkeiten wechselseitiger kommunikativer Anerkennung wertvoll sei.

»Interkulturelles Lernen« stellt eine zentrale Bildungsaufgabe dar

Vor diesem Hintergrund wird »interkulturelles Lernen« zu einer zentralen Bildungsaufgabe in einer kulturell pluralen (Welt-)Gesellschaft. Als eines der »epochaltypischen Schlüsselprobleme« hat Wolfgang Klafki in seiner Analyse der »Grundzüge eines neuen Allgemeinbildungskonzeptes« (1996) das Spannungsverhältnis zwischen dem Recht auf nationale Besonderheit und kulturelle Identität auf der einen Seite und dem Erfordernis interkultureller Offenheit und Verständigung beschrieben (eine Zusammenfassung und Kommentierung der aus der Perspektive der Interkulturellen Pädagogik formulierten Kritik an Klafkis Ausführungen findet sich bei Ostertag 2001, S. 149 ff.).

Für die mittlerweile als eigenständiges pädagogisches Fachgebiet etablierte Interkulturelle Pädagogik ist der Bezug auf die »interkulturelle« Perspektive konstitutiv. So sind das Eintreten für die Gleichheit aller – ungeachtet der Herkunft-, die Haltung des Respekts für Andersheit, die Befähigung zum interkulturellen Verstehen und die Befähigung zum interkulturellen Dialog nach Georg Auernheimer (2007, S. 21) die leitenden Motive der Interkulturellen Pädagogik.

In Kennzeichnungen wie den folgenden kommt aber zum Ausdruck, dass es sich bei der kulturellen Differenz, die im Rahmen Interkultureller Pädagogik zum Thema wird, um eine *migrationsgesellschaftliche Differenz* handelt:

- Interkulturelle Bildung wird verstanden als pädagogische »Reaktion, theoretischer und kultureller Art, auf die migrationsbedingte kulturelle Pluralität der Gesellschaft« (Homann 1989, S. 12).
- »Interkulturelle Pädagogik versucht der Tatsache Rechnung zu tragen, daß unser Bildungswesen von Angehörigen verschiedener Kulturen und Ethnien besucht wird« (Prengel 1993; S. 63).
- »Die Interkulturelle Pädagogik [...] geht auf Folgen der Arbeitsmigration in der zweiten Hälfte des 20. Jahrhunderts zurück. Ihre Entwicklung ist – nicht nur in Deutschland – von dieser Migrationsbewegung angestoßen worden, die eine neue Art von Multikulturalität mit sich gebracht hat« (Auernheimer 2007, S. 9).

Das Grundproblem der Bezeichnung »Interkulturelle Pädagogik« besteht darin, dass der Versuch, einer *Verschiedenheit* »Rechnung zu tragen« (Prengel), eine spezifische Verschiedenheit immer schon *setzt.* Diese (Voraus-)Setzung befördert zweierlei: Die Bevorzugung des Kulturbegriffs suggeriert, dass »Kultur« die zentrale Differenzdimension sei, auf der die relevanten Unterschiede der Besucher/innen des Bildungswesens zu beschreiben, zu untersuchen und zu behandeln sind.

Damit ist »interkulturell« als Perspektive für die Beschäftigung mit von Migrationsprozessen hervorgebrachter Pluralität zu eingeschränkt und in dieser Einschränkung problematisch. Denn (migrations)gesellschaftliche Differenzverhältnisse lassen sich nicht auf kulturelle Differenzen reduzieren, da politische, ökonomische, rechtliche Linien ebenso zu beachten sind.

Die Bezeichnung »Interkulturelle Pädagogik« ist unklar

Solange Interkulturelle Pädagogik keine Pädagogik ist, die sich mit der kulturellen Pluralität hoch differenzierter Gesellschaften in allgemeiner Einstellung beschäftigt, und im Wesentlichen eine Pädagogik ist, die sich mit Pluralisierung und Diversifizierung als Resultat von »Migration« auseinandersetzt (vgl. Kap. 4), bleibt »Interkulturelle Pädagogik« als Bezeichnung einer erziehungswissenschaftlichen Fachrichtung unklar. Denn *als Bezeichnung* suggeriert sie, dass sie die mit Migrationsphänomenen verbundene Tatsache der Diversifizierung und Pluralisierung von Problemlagen, Bildungsanliegen und -voraussetzungen sowie die Vielfalt der Bildungsverläufe in einer Migrationsgesellschaft unter der Kategorie »Kultur« beschreibt und behandelt und auch ihre eigenen Reaktionen unter der Kategorie »Kultur« zum Thema macht.

»Inseldenken«

Der Interkulturellen Pädagogik wird vorgehalten, dass sie »trotz ihrer unbestrittenen Erfolge gegenwärtiger Realität nicht mehr hinreichend gerecht wird, denn Interkulturelle Pädagogik geht letzten Endes von einem Kulturverständnis aus, das Kulturen als ›Inseln‹ begreift, zwischen denen es zu vermitteln gilt [...]« (Bolscho 2005, S. 29). Aus der Perspektive des sogenannten transkulturellen Ansatzes lautet die zentrale Kritik an der Interkulturellen Pädagogik und dem Multi- oder Interkulturalitätsparadigma überhaupt, dass ihr zentraler Referenzbegriff »Kultur« nicht in der Lage sei, gegenwärtige Phänomene der Überschreitung kultureller Grenzen, der Vermischung und Hybridisierung zu erfassen, da der Kulturbegriff seiner Optik und Logik nach zur Vereinheitlichung von kulturellen Gebilden beitrage, welche jedoch viel eher als Gebilde der Differenz zu verstehen und insbesondere unter gegenwärtigen Bedingungen durch starke Vernetzungen und Überlagerungen gekennzeichnet seien.

Ein wichtiger Bezugspunkt transkultureller Überlegungen in der Pädagogik sind Texte des Philosophen Wolfgang Welsch. Er kritisiert am von ihm klassisch genannten Kulturbegriff im Wesentlichen drei Aspekte: die behauptete Homogenität und Einheitlichkeit der Kultur (diese gelte empirisch gerade heute unter Bedingungen von allseitiger und vielfältiger Grenzüberschreitung nicht), die »völkische« Fundierung von Kultur und schließlich die begriffsarchitektonisch für den Erhalt der Einheit der (eigenen) Kultur erforderliche

Imagination des Außen und des Fremden (das in der Logik des klassischen Kulturverständnisses ebenfalls homogen und »völkisch« fundiert gedacht werde und werden müsse). »Zusammengefaßt: Das klassische Kulturmodell ist nicht nur deskriptiv falsch, sondern auch normativ gefährlich und unhaltbar. Der Abschied von diesem Konzept ist in jeder Hinsicht angezeigt. Heute gilt es, die Kulturen jenseits des Gegensatzes von Eigenkultur und Fremdkultur zu denken [...]« (Welsch 1997). Wenn dies aber die Aufgabe ist, dann fällt es schwer, an dem ungebrochen festzuhalten, was als eine Maxime der Interkulturellen Pädagogik gilt: der Anerkennung des je Anderen und seiner Identität (genauer Kap. 8; zur Kritik des Verständnisses von Transkulturalität bei Welsch Mecheril/Seukwa 2006).

Inanspruchnahme als »Ausländerpädagogik«

Interkulturelle Pädagogik wird dann in Anspruch genommen, wenn es um »Migrant/innen« geht

Der Ausdruck »kulturelle Differenz« wird zumeist benutzt, um zwischen »uns« und jenen Personen(gruppen) zu unterscheiden, die gewöhnlich als kulturell Differente imaginiert werden: »die Fremden«, »die Zuwanderer«, »die Anderen«, »die Ausländer«, »die Migrant/innen«, »Menschen mit Migrationshintergrund«. Und nur, weil es einen dominanten Diskurs gibt, in dem die Fremden, Anderen, Ausländer, Migrant/innen (und nur sie und sie nur in dieser Weise) der kulturellen Differenz bezichtigt werden, kann über besondere Voraussetzungen und Erfordernisse nachgedacht werden, mit der Differenz zu kulturell Anderen umzugehen. Da also in dominanten Diskursen »*interkulturell*« mit »Migrant/innen« verknüpft ist, da die Praxis »*interkulturell*« häufig als Praxis des *Othering* (vgl. Kap. 2) auftritt, können Sonderkompetenzen im Umgang mit Migrant/innen beispielsweise als interkulturelle Kompetenz nachgefragt werden (vgl. Kap. 4).

Ironischerweise ist gerade der akademische Diskurs der Interkulturellen Pädagogik mit dem Anspruch der Überwindung einer ausländerpädagogischen Zielgruppenorientierung im Zeichen des *allgemeinen* Stellenwerts kultureller Differenz und Zugehörigkeit angetreten. Ungeachtet des Anspruchs Interkultureller Pädagogik, nicht von einem etwa durch die Staatsangehörigkeit identifizierbaren, einem passlich (oder kulturell oder ethnisch oder lingual oder religiös oder ...) spezifizierten Anderen auszugehen, sondern den Anderen gewissermaßen zu universalisieren, wird die Interkulturelle Pädagogik diskursiv vor allem dann in Anspruch genommen (etwa durch die nach dem sogenannten PISA-Schock intensivierten Forschungsförderungsprogramme, die nach den Schulleistungen »der Migrant/innen« fragen), wenn es um »Ausländer« oder »Migrant/innen« geht. Durch diese selektive Inanspruchnahme wird sie immer wieder *als* »Ausländerpädagogik« bestätigt.

Ein Problem der Interkulturellen Pädagogik besteht darin, dass sie programmatisch einen Ansatz präferiert, den sie in einer gesellschaftlichen Situa-

Das Elend der Interkulturellen Pädagogik

»Es gibt unzählige Berichte über Besuche von Kindergartengruppen in Moscheen und ausländischen Familien, aber keine Berichte über didaktisch analog konzipierte Besuche in Kirchen und deutschen Familien, um deren Kultur kennenzulernen. Das ist immer noch das Elend der Interkulturellen Pädagogik« (Hamburger 2005, S. 10).

tion, die rechtlich, kulturell und (etwa forschungförderungs)politisch »Ausländer/innen« (wenn auch nicht immer in diesem Ausdruck: mehr und mehr unter dem in gewisser Weise beschwichtigenden Label »Migrant/in« oder »Menschen mit Migrationshintergrund«) produziert, praktisch nicht vollends realisieren kann. Unter der Hand befördert sie damit einen Ansatz – Behandlung von Migrant/innen unter dem Label »Kultur« –, von dem sie sich historisch gesehen absetzen wollte. Die Interkulturelle Pädagogik und ihre in die Welt pädagogischen Handelns gekommenen Ideen führen das ausländerpädagogische Projekt weiter, *wenn* sie die praktische Frage, wie eine Migrationsgesellschaft pädagogisch auf das »Ausländerproblem« (etwa schlechtere Leistungen der Schüler mit Migrationsgeschichte) reagieren solle, mit einer Intensivierung der pädagogischen, insofern auf den ersten Blick sanft und fürsorglich wirkenden »Förderung der Anderen« antwortet und eine grundlegende Kritik der exkludierenden Prozess- und Struktureigenschaften gesellschaftlicher Wirklichkeit zurückstellt und dadurch Dominanz- und Herrschaftsstrukturen verhüllt.

»Kultur« als Sprachversteck für Rassekonstruktionen

Seit den 1980er-Jahren ist zu beobachten, dass »in Diskursen über Einwanderung und Flucht immer häufiger das Wort ›Kultur‹ und immer weniger das Wort ›Rasse‹ gebraucht wird« (Leiprecht 2001, S. 28). »Kultur« ist in vielen Texten zum Äquivalent für ›Rasse‹ geworden; »Kultur« ist, wie Rudolf Leiprecht schreibt, ein »Sprachversteck für »Rasse«« (Leiprecht 2001, S. 28). In Anlehnung an Etienne Balibar ist der Vorgang, dass Gruppen definiert, ihnen eine bestimmte »Kultur« zugeschrieben und eine Hierarchisierung der »Kulturen« vorgenommen wird, als »Kultur-Rassismus« zu bezeichnen (Balibar 1990, S. 34; ausführlicher Kap. 7). Das Problem, dass »Kultur« ein Sprachversteck für Rassekonstruktionen darstellt, wird von der Interkulturellen Pädagogik selten benannt, kaum bearbeitet und dadurch nicht nur nicht aufgeklärt, sondern auch verdeckt.

3.3 Migration und Bildung – Das Feld empirischer Forschung

Die politische Dimension des Feldes

Obwohl Migrationsphänomene – seit in einer politisch sinnvollen Weise von »Deutschland« gesprochen werden kann – immer schon von grundlegender Bedeutung für diesen Kontext gewesen sind (vgl. Kap. 2), wird Migrationsforschung im deutschsprachigen Raum systematisch erst seit etwa 20 Jahren betrieben. Dies gilt auch für die wissenschaftliche Untersuchung des Zusammenhangs von Migration und Bildung. Bis dahin dominieren Ansätze, die in eher pragmatischer und kurzfristiger Einstellung an der Lösung praktischer Probleme interessiert sind. Nicht allein aufgrund der Entwicklung der »Interkulturelle Pädagogik« genannten pädagogischen Subdisziplin ab Mitte der 1990er-Jahre, die sich mit Bildungsprozessen und -strukturen unter Bedingungen migrationsgesellschaftlicher Differenzverhältnisse befasst, wandelt sich der pädagogisch-erziehungswissenschaftliche Bezug auf das Themenfeld »Migration und Bildung« in eine Forschungsperspektive, die an prinzipiellen Erkenntnissen über das Themenfeld interessiert ist. Allerdings entwickeln sich diese »grundsätzlichen Erkenntnisse« durchaus in Abhängigkeit von erkenntnispolitischen Konjunkturen; so kann im Zuge der öffentlichen und (forschungsförderungs)politischen Aufmerksamkeit, die die Ergebnisse der sogenannten Schulleistungsstudien erfahren haben, seit einigen Jahren von einem Übergewicht der Forschung zu »Sprache« (zumeist verstanden als Sprachvermögen in der vorherrschenden Sprache; siehe Kap. 5) und »Schulleistungen« gesprochen werden.

»Migration« ist ein hoch politisiertes Thema

Untersuchungen zu »Migration und Bildung« gehören mittlerweile zu den wissenschaftlichen Studien, die in jüngerer Zeit auch öffentlich eine große Aufmerksamkeit erfahren. Insbesondere die öffentliche Diskussion der Ergebnisse der international vergleichenden Schulstudien in den letzten Jahren, die das Faktum der Benachteiligung von Schülerinnen und Schülern mit Migrationshintergrund im bundesdeutschen Bildungssystem dokumentiert und nachgewiesen haben, sind hier erwähnenswert. Forschungsförderungspolitiken und auch Politiken der Ausschreibung von Professuren an den Universitäten haben dazu beigetragen, dass unter der Überschrift »Migration und Bildung« insbesondere die Forschung zu Schule, Sprache und Schulleistungen in Deutschland einen bemerkenswerten Aufschwung erfahren hat.

Hierbei ist es wichtig, Aufschwung (und Abschwung) sowie die Art und Weise der Thematisierung mit Blick auf die politische Dimension des Forschungsfeldes zu betrachten. Die politische Dimension des Feldes ist zum einen darin begründet, dass »Migration« ein hochpolitisiertes Thema ist, da es in der Diskussion um das Thema Migration immer auch um die Frage geht, wie und wo ein nationalstaatlicher Raum seine symbolischen Grenzen festlegen will und welcher Umgang innerhalb dieser Grenzen mit Differenz, Heterogenität und Ungleichheit angemessen ist (vgl. Kap. 2). Diese konstitutive politische Dimension des Gegenstandes wirkt in der Weise auf das akademische Feld, in dem Migrationsforschung betrieben wird, als Forschungsprojekte und Untersuchungen Ergebnisse produzieren, die immer, ist dies nun gewollt oder nicht, mit politischen Aussagen verbunden sind.

Zum anderen hat sich Migrationsforschung in Deutschland als Reaktion auf die gesamtgesellschaftliche Wahrnehmung von Migration als »Problem« und in starker Abhängigkeit von politischen Förderperspektiven als Auftragsforschung entwickelt (Bukow/Heimel 2003).

Jugendforschung in Deutschland

Vor dem Hintergrund des hohen Anteils von Migrantenjugendlichen in der Bevölkerung – so schreiben Ursula Boos-Nünning und Yasemin Karakaşoğlu – »ist es unverständlich, wenn selbst in aktuellen sozialwissenschaftlichen Studien und Abhandlungen zu Jugendlichen in Deutschland diese Gruppe von Jugendlichen häufig immer noch nicht thematisiert wird. Aktuelle Handbücher wie z.B. ›Jugend im 20. Jahrhundert‹ (Sander/Vollbrecht 2000) vernachlässigen diese Gruppe ebenso wie die 14. Shell-Jugendstudie (Deutsche Shell 2002), die damit nicht dem Vorbild ihrer Vorläuferin aus dem Jahr 2000 folgt. Nur vereinzelt ist eine (dann lückenhafte) Einbeziehung von Kindern und Jugendlichen mit Migrationshintergrund in die jugendsoziologische Diskussion auszumachen: Die bundesweite Shell-Jugendstudie 2000 bezog erstmalig italienische und türkische Jugendliche im Alter zwischen 15 und 24 Jahren explizit ein und wertete die meisten Daten herkunftsbezogen und teilweise auch geschlechtsspezifisch differenziert aus. Einzelne Themen wie die politische Beteiligung bleiben jedoch ohne nachvollziehbare Begründung aus diesem Vergleich ausgeklammert und werden nur für Jugendliche mit deutschem Pass ausgewiesen« (Boos-Nünning/Karakaşoğlu 2006, S. 11).

Die von dem Mineralölkonzern Shell turnusmäßig in Auftrag gegebene sogenannte Shell-Jugendstudie, in deren Rahmen 2006 2500 Jugendliche befragt wurden, berücksichtigt Jugendliche mit Migrationsgeschichte in mehreren Schwerpunktbereichen ebenfalls nicht, ohne dies zu begründen. Dies betrifft unter anderem die Bereiche Politik und Gesellschaft, Freizeit- und Gesundheitsverhalten sowie gesellschaftliche Zukunftsperspektiven (Langness et al. 2006, S. 77ff.) und organisatorische Formen und Räume für Aktivitäten, Toleranz gegenüber gesellschaftlichen (Rand-)Gruppen oder Einstellungen zum weiteren Zuzug von Migranten (Schneekloth 2006, S. 125ff.).

Dies bringt zum Ausdruck: Jugendliche, die als Migrant/innen gelten, sind zwar zu Beginn des 21. Jahrhunderts in der dem Anspruch nach auf Repräsentativität zielenden Jugendforschung »angekommen«, allerdings nur unter deutlichem Vorbehalt. Weder ist garantiert, dass diese Gruppe auch in der nächsten Untersuchungswelle Berücksichtigung findet, noch kommt ihr die qualitativ gleiche Aufmerksamkeit zu wie Jugendlichen, die – ohne dass dies je so benannt würde – implizit als »Jugendliche ohne Migrationsgeschichte« gelten. Das geringe respektive eingeschränkte Interesse an Migrantenjugendlichen und ihren Perspektiven ist vor dem Hintergrund gesellschaftlicher Verhältnisse erstaunlich. Denn heute leben in Deutschland rund 15 Millionen Menschen, die als Menschen gelten, die einen Migrationshintergrund haben; in der Gruppe der unter 25-Jährigen sind es sogar mehr als 25 Prozent.

Dieser Befund kann so interpretiert werden: Teile der Jugendforschung in Deutschland spiegeln jene Gesellschaft wider, die sie untersuchen. Diese Gesellschaft ist eine, für die Migration zwar konstitutiv ist, die aber nach wie vor Schwierigkeiten hat, dies als Selbstverständlichkeit und Normalität zu erkennen. Erst diese Schwierigkeiten (an denen auch die Jugendforschung beteiligt ist, wenn sie diese nicht reflektiert und überwindet) produzieren »die Anderen«. Die »Andersbehandlung« der »Jugendlichen mit Migrationshintergrund« macht sie zu »Anderen« – auch in der und durch die Forschung.

Allerdings finden sich insbesondere im Rahmen von qualitativ-interpretativer Jugendforschung viele Gegenbeispiele, die nicht nur die Sicht und die Erfahrungen von jugendlichen Migrant/innen zum Thema machen. Vielmehr ist, so hebt Thomas Geisen in einem Überblicksartikel über Forschung zu der Personengruppe hervor, »eine einseitig verengende Perspektive in der Forschung, die vor allem auf kulturelle Konstruktionsprozesse von Jugendlichen mit Migrationshintergrund ausgerichtet war, einer breiteren sozialwissenschaftlichen Orientierung gewichen« (Geisen 2007, S. 55).

Weil Migration ein gesamtgesellschaftlich bedeutsames und umkämpftes Thema ist, das die grundlegende Frage, wer »wir« sind und wer »wir« sein wollen berührt, werden die Beiträge der Migrationsforschung immer auch von einer politischen Öffentlichkeit aufgegriffen, diskutiert und verwertet; zum Teil beteiligt sich die Migrationsforschung auch explizit an den öffentlichen Debatten, versteht ihre Beiträge gar als sozialpolitische Orientierungsangebote.

Gegenstandsbereiche

Ein großes Spektrum an Themen kennzeichnet die erziehungswissenschaftliche und in der Erziehungswissenschaft rezipierte Forschung zu »Migration und Bildung«. Kennzeichnend für dieses wie für jedes andere wissenschaftliche Feld ist, dass bestimmte Themenstellungen Auf- und Abschwünge erfahren. In den Konjunkturen dieses akademischen Feldes, das mit einem gesellschaftspolitisch interessierenden bis brisanten Thema befasst ist, artikulieren sich auch gesellschaftspolitische Konjunkturen.

Zwischen gesellschaftspolitischen und akademischen Konjunkturen gilt eine Entsprechung

Wenn in der politischen, medialen und wissenschaftlichen Behandlung des damals eher als Ausländerproblem bezeichneten Migrationsthemas der 1980er- und auch noch 1990er-Jahre der Schlüsselbegriff »Kulturkonflikt« gewesen ist, so sind in gewisser Weise an seine Stelle zum einen die »Religion« und weiterhin die »Sprache« der Migrationsanderen getreten. Binnen weniger Jahre scheinen die Jugendlichen, die als Migranten gelten, nicht mehr wie noch vor einigen Jahren an »Kulturkonflikten« zu leiden. In diesen Veränderungen spiegeln sich gesellschaftliche Konstruktionen des Themas Migration und der Migrationsanderen.

Auf einer abstrakteren Ebene lassen sich einige allgemeine Gegenstandsbereiche erziehungswissenschaftlicher und erziehungswissenschaftlich relevanter Forschung zu Migration und Bildung bestimmen, die mit bestimmten Forschungslogiken verknüpft sind. Nicht wenige der Untersuchungen und Forschungsprojekte beziehen sich hierbei nicht allein auf einen Gegenstandsbereich und nutzen zuweilen auch unterschiedliche Forschungslogiken. Viele der erziehungswissenschaftlichen Forschungen zu Migration und Bildung beziehen sich auf den Handlungsraum Schule und versteht »Bildung« in einem eingeschränkten Sinn als Erwerb zertifizierten Vermögens. Einen anderen Zugang zu Bildungsprozessen präsentieren insbesondere biografiewissenschaftlich angelegte Studien, die auf einem allgemeinen Begriff von Bildung basieren, der diese als Transformation der Art und Weise von Welt- und Selbstverhältnissen sowie der Umformung von Bezugnahmen auf andere auffasst (King/Koller 2006, S. 10). Einige wichtige, aber nicht alle wichtigen Gegenstandsbereiche bzw. Forschungslogiken erziehungswissenschaftlicher Forschung zu Migration und Bildung seien nun angeführt.

Formelle Performanz in Bildungskontexten

Forschungen zum Thema »Migration und Bildung« beziehen sich häufig, insbesondere seit der Veröffentlichung der ersten PISA-Studie verstärkt, auf messbare Leistungen im Rahmen schulischer Kontexte. Die grundlegende Zielsetzung der Untersuchung solcher Performanzen (wie Schulnoten, »Lesekompetenz«) besteht in zweierlei. Ein erstes Ziel richtet sich darauf, herauszuarbeiten, inwiefern statistisch nachweisbare Unterschiede zwischen bestimmten Gruppen bestehen. Darüber hinaus sind die Untersuchungen so angelegt, dass die Angabe von »Faktoren« möglich ist, mit denen diese Unterschiede zusammenhängen. Da der Staatsbürgerschaft von Schüler/innen nur eingeschränkte Bedeutung für die Erklärung von Performanzunterschieden zukommt, wird vermehrt auf Kriterien wie das Geburtsland der Eltern oder die in der Familie gesprochenen Sprachen zurückgriffen. Informationen über das Geburtsland der Schüler/innen und ihrer Eltern, so heißt es in der Internationalen Grundschul-Lese-Untersuchung (IGLU) von 2006, »ergänzt um den Aspekt der Familiensprache(n), besitzen bedeutsame Erklärungskraft für beobachtete Leistungsunterschiede« (Schwippert et al. 2006, S. 250).

Der große Gewinn dieser Performanzuntersuchungen besteht darin, dass mit ihnen statistische Unterschiede zwischen Schüler/innengruppen nachweisbar sind und sie große Ländervergleichsstudien ermöglichen. Allerdings führen die Studien zu Aussagen über Zusammenhänge, deren »Erklärungskraft« rein korrelativ ist. Die Studien können also bestenfalls nachweisen, dass ein Zusammenhang zwischen beispielsweise Schulerfolg und sogenannter »reading literacy« besteht. Die Studien als solche können letztlich aber keine Aussagen darüber machen, wie dieser Zusammenhang erklärt werden kann. Hierzu bedarf es theoretischer Einsichten und Annahmen oder empirischer Ansätze, die nicht allein deskriptiv, sondern theoriegenerativ angelegt sind.

Die pädagogische Seite dieses Problems besteht darin, dass mit den großen Schulleistungsstudien wie PISA oder IGLU zwar »Förderstellen« und »Förderbedarfe« angegeben werden können – dies ist das Anliegen dieser Studien –, die Frage, wie diese »Förderung« aber erfolgen kann und sollte, nicht im Rahmen der Ergebnisse und der Logik der Studien thematisiert werden kann. Vor diesem Hintergrund können die Ergebnisse der Studien auch pädagogisch und bildungspolitisch sehr unterschiedlich interpretiert und genutzt werden: als Hinweis auf die notwendige Verstärkung der Anstrengung, Migrationsandere durch Förderangebote in die gegebene Schulstruktur zu integrieren, oder als Hinweis darauf, dass die grundlegende Änderung der Schulstruktur erforderlich ist (siehe ausführlicher Kap. 5).

Interaktionsordnungen

Die Analyse der interaktiven Hervorbringung von sozialen Ordnungen durch Akteure ist eine zentrale Erkenntnisperspektive insbesondere sogenannter ethnografischer und interaktionistischer Ansätze. Die intensive Beobachtung des Untersuchungsfeldes nicht aus der übergeordneten Vogelperspektive, sondern der Perspektive der teilnehmenden Akteure ist charakteristisch für ethnografische Ansätze. Hierbei ist die methodologische Voraussetzung bedeutsam, dass das Beobachtungsfeld, z. B. eine Schulklasse oder ein Jugendzentrum, »fremd«

ist. Eine methodologisch gesetzte »Unwissenheit« kommt im ethnografisch inspirierten Beobachten zum Ausdruck. Wenn unter einer solchen Perspektive beispielsweise das Geschehen in einem Jugendzentrum zum Thema wird, dann würde die Feststellung, dass sich auch in diesem Jugendzentrum so etwas wie »die kulturelle oder ethnische Pluralisierung jugendlicher Lebensstile« zeige, unbefriedigend bleiben. Interaktionistisch-ethnografische Ansätze würden vielmehr Beobachtungen nutzen, um Aussagen darüber zu machen, wie etwa durch Kleidung, Sprache, Rituale, Mythen, Selbstbeschreibungen welche Unterscheidungen hergestellt werden.

Die ethnografische Analyse von Interaktionsordnungen verfolgt das Interesse zu untersuchen, wie Unterscheidungen in Interaktionen hergestellt werden. Sie fragt also nicht in erster Linie danach, ob Migrant/innen besser oder schlechter als Nicht-Migrant/innen in der Schule abschneiden, sondern mit welchen Mitteln in der schulischen Interaktion von Lehrer/innen und Schüler/innen die Differenz »Migrant/in«/»Nicht-Migrant/in« erzeugt wird. »Wie wird im Schullalltag«, so skizziert Martina Weber die grundlegende Fragestellung ihrer ethnografischen Schulstudie, »die soziale Kategorie Ethnizität in Verknüpfung mit Geschlecht konstruiert?« (Weber 2003, S. 242).

Wichtig sind interaktionistische Analysen, da sie zeigen, wie in (migrations)pädagogischen Kontexten Unterschiede produziert werden, ohne dass es den Akteuren bewusst sein muss, dass es sich um von ihnen hergestellte Unterschiede handelt. Damit besitzt dieser Forschungsansatz auch ein hohes reflexives Potenzial für pädagogische Professionalität (freilich fehlen bisher noch Studien zu der Frage, wie zum Beispiel im schulischen Kontext »Nicht-Migrant/innen« interaktiv hergestellt werden).

Unklar allerdings bleiben die Konsequenzen dieser hergestellten Interaktionsordnungen für Bildungsprozesse in einem doppelten Sinne. Sowohl der Zusammenhang zwischen formeller Bildung (etwa Bildungsabschlüssen) und

Ethnografische Schulforschung

In einem Überblicksartikel über die »Forschung zu interkulturellem Lehren und Lernen in der Schule« (2005) verweist Georg Auernheimer auf drei ethnografisch orientierte Fallstudien an Schulen mit »Normalbedingungen« (mit einem 20- bis über 50-prozentigen Anteil an Kindern ohne deutschen Pass). Basierend auf teilnehmender Beobachtung, Gedächtnisprotokollen, Interviews und Gruppendiskussionen befassten sich Forschungen an einer Hamburger Grundschule mit der »Haltung des Kollegiums gegenüber der Mehrsprachigkeit der Schülerschaft« (Gogolin 1994) und mit dem »Zusammenspiel von Schule und Eltern bei der sprachlichen Erziehung und Bildung« (Gogolin/Neumann 1997); ein Marburger Forschungsprojekt um Auernheimer et al. (1996) fokussierte die Untersuchungsdimensionen »Sozialklima« und »interkulturelle und antirassistische Erziehung« (mit jeweils drei relevanten Handlungsebenen: *Philosophy* der Schule, Curriculum, Handeln der Lehrer/innen). Ergebnisse dieser Studie waren unter anderem die »Aufgabendelegation« und »starre Arbeitsteilung« hinsichtlich Mehrsprachigkeit und Multikulturalität, was eine Neuorientierung der Schule verhinderte und institutionelle Diskriminierung unthematisiert ließ (S.130). Diese Separierung äußerte sich beispielsweise in einem separaten Muttersprachunterricht in Griechisch und Türkisch, neben einem insgesamt stark präsenten »monolingualen Habitus«.

Interaktionsordnungen in formellen Kontexten als auch der Zusammenhang dieser Ordnungen zu Prozessen der Selbstbildung, der Entwicklung also von Selbstverständnissen (z. B. als »Anderer«) oder von informellem Wissen können durch ethnografische Studien nicht untersucht werden.

Diskurse und Darstellungen

Die Schule stellt einen Diskurszusammenhang dar

Diskurse bezeichnen institutionell geregelte Rede- und/oder Schreibweisen, in denen Gültigkeit beanspruchendes Wissen Einfluss auf Menschen nimmt. Diskurse bilden Gegenstände nicht einfach ab, sondern schaffen diese. So wird in der diskursiven Produktion des Wissens etwa über »Fremdheit«, »Migranten« oder »Integration« soziale Wirklichkeit erzeugt (vgl. Kap. 2). Die Diskursanalyse untersucht institutionell geregelte Rede-, Schreib- und Darstellungsweisen, um Regelmäßigkeiten in der Produktion von Wissen nachzuzeichnen. Wissen wird diskurstheoretisch immer verstanden in den Machtwirkungen, die es insbesondere über Individuen entfaltet, die mithilfe des Wissens sich selbst, Andere und die Welt nicht nur verstehen, sondern auch auf sich selbst, Andere und die Welt einwirken. Hierbei sind nun Diskursanalysen für migrationspädagogische Zusammenhänge in verschiedener Weise von Bedeutung. Gesellschaftliche Diskurse etwa über »Sprache«, »Integrationsbreitschaft« (vgl. Kap. 2) beeinflussen das Geschehen in pädagogischen Kontexten, weil sowohl Pädagog/innen als auch ihre Gegenüber von gesellschaftlichen Diskursen beeinflusst sind und sich im Lichte dieser Diskurse verstehen und aufeinander Einfluss nehmen.

Zum anderen ist der pädagogische Raum selbst als Zusammenhang zu verstehen, in dem Diskurse eine maßgebliche Rolle spielen. Vor allem die Schule kann als ein bedeutsamer Diskurszusammenhang untersucht werden, da in der Schule nicht nur bedeutsames Wissen zirkuliert, sondern dieses Wissen auf die Schüler, die lernen, sich beispielweise als »Muslime« oder als »Christen« zu verstehen, grundlegenden Einfluss nimmt (Kap. 6). »Die Schule ist nicht nur ein disziplinierendes Milieu, das auf den Körper einwirkt, sondern auch ein pastorales Milieu, wo Menschen lernen müssen, sich selbst zu betrachten als solche, die Selbsterkenntnis, Selbstreflexion, Selbstdisziplin und Selbstführung brauchen; wo sie sich als intellektuelle Wesen problematisieren müssen, ihr ›Fleisch‹ problematisieren müssen etc.« (Masschelein/Quaghebeur/Simons 2004, S. 13).

Die »Selbsterkenntnis«, eher: die Erkenntnis, die ein Selbst formt, wird in Schulen unter anderem mithilfe des Wissens, das hier beständig und wiederholt alternativlos präsentiert wird, ermöglicht, eingeübt und nahegelegt. Schulbücher beispielsweise sind ein wichtiges Material diskursanalytischer Schuluntersuchungen, da Schulbücher diskursiv mächtiges Wissen präsentieren, in dem Schüler/innen in die Bilder und Episteme eingeführt werden, die gesellschaftlich dominant sind und als legitimes Wissen gelten.

Herstellung kultureller Differenz in Schulbüchern

»Am Beispiel der Veränderungen bei der Thematisierung des ›Islam‹ in Lehrplänen kann demonstriert werden, in welcher Weise und auf welchem Wege der Bedeutungswandel von Kultur hervortritt. Lehrplankommissionen reagieren gleichsam seismografisch auf politisch-soziale Veränderungen, um der sich wandelnden gesellschaftlichen Realität bei der thematischen Rahmung der einzelnen Fächer gerecht zu werden. Dabei sind sie wesentlich abhängig von dem Wissen, das in Medien und Wissenschaft in Form dominanter Diskurse und Positionen hervortritt. Somit stellen Lehrpläne ein Indiz für sich ändernde Diskurse und Positionen dar, wobei schulstufen- und länderspezifisch noch einmal gefiltert wird. Gleichzeitig (re)produzieren Lehrplankommissionen aber auch das Wissen zielgruppenspezifisch neu, indem es nach institutionenspezifischen Relevanzkriterien auf bestimmte Art reorganisiert wird. Dieser Prozess kann auf der Ebene von Institutionen als *Rekonstruktion* von Wissen insofern gefasst werden, als bestimmte Wissenselemente direkt adaptiert werden, andere wiederum ausgefiltert bzw. durch andere Elemente substituiert werden. Dieser Vorgang der Wissensselektion hat nichts mit Wahrheitskriterien, Wahrheit oder wahrhafter Darstellung von ›Realität an sich‹ zu tun, sondern mit den *Modalitäten* der Wissensproduktion, nach denen die gesellschaftliche Wirklichkeit konstruiert wird [...]
In den Lehrplänen für bayerische Realschulen für die 8. Jahrgangsstufe für das Fach Religion im Jahr 1983 sollten etwa noch die »inneren Bezüge des Christentums zum Islam« aufgezeigt werden, während in der Revision von 1986 vor allem die Unterschiede zwischen beiden Weltreligionen, d.h. ›die religiöse Eigenart des Islam‹ (Schultze 1986, S. 43) betont werden. Schultze bewertet diesen ›Perspektivenwechsel‹ unter inhaltsanalytischen Gesichtspunkten positiv, da die Lehrpläne nun ›auf das kulturelle Erbe muslimischer Arbeitnehmer und ihrer Familien in unserem Lande‹ (Schultze 1986, S. 43) eingingen. Ein Blick auf die parallel laufenden öffentlichen Diskurse zeigt hingegen, daß die Lehrplaner bei ihrer Betonung der ›religiösen Eigenart‹ einem kulturalistischen Grundmuster folgen, das in Wissenschaft und öffentlichen Medien als ein Phänomen der kulturellen Selbstabschottung sowie der mangelnden ›Integrationsfähigkeit und -willigkeit‹ der Migranten dargestellt wurde (Butterwege 1996, S. 55). Hier räsoniert der öffentliche Diskurs im Schulbuch nur, ohne daß die Konstruktion der Wirklichkeit den Schülern transparent gemacht oder in ihren Wirkungen aufgeklärt würde« (Höhne/Kunz/Radtke 2000, S. 11).

Pädagogisch sind diskursanalytische Studien von Bedeutung, weil sie zeigen, welches Wissen (z.B. Schul-)Pädagogik aufgreift, produziert und reproduziert und dass dieses Wissen Machtwirkungen hat. Vergleichbar dem interaktionistischen Ansatz kommt die Diskursanalyse aber dort an die Grenzen dessen, was sie erklären und erhellen kann, wo es im oben angesprochenen doppelten Sinne um Bildung geht: Wie (schulische und außerschulische) Diskurse auf Bildungsprozesse Einfluss nehmen, sowohl auf beispielsweise Schulleistungen wie auf Selbstbildungsprozesse, kann im Rahmen des diskurstheoretischen Zugangs letztlich nicht wirklich untersucht werden.

(Bildungs-)Institutionen

In der Kritik an der defizitorientierten Ausrichtung des pädagogischen Umgangs mit migrationsgesellschaftlicher Realität wurde früh die Notwendigkeit eines Perspektivwechsels weg von der alleinigen Thematisierung der (z.B. schulischen) Fertigkeiten Migrationsanderer hin zur Analyse der Strukturen, der Voraussetzungen und Einschränkungen der Bildungseinrichtungen gefordert (z.B. Gogolin/Nauck 2000). Seit Jahrzehnten wird in der pädagogischen Fachöffentlichkeit die Notwendigkeit »eines Blicks« herausgestellt, der den Umstand der Bildungsbenachteiligung von Migrationsanderen nicht zu erklären versucht, indem ihre Schwächen und Defizite markiert werden. Vielmehr solle sich der Blick auf die Kritik und Analyse pädagogischer Institutionen, bildungspolitischer Voraussetzungen und selbstverständlicher Traditionen des Bildungssystems richten. »Defizite«, um es zugespitzt zu formulieren, werden auch im Rahmen dieses Blicks gesehen, allerdings nicht aufseite »der Migrant/innen«, sondern aufseite der pädagogischen Institutionen, die aufgrund ihrer national geprägten Arbeitsweise (Inhalte, Personal, Regelungen, Sprache) nur eingeschränkt in der Lage sind, angemessene Bildungsvoraussetzungen für alle Gruppen in der Migrationsgesellschaft zur Verfügung zu stellen (vgl. Kap. 4 und Kap. 5). Der immer wieder geforderte und durch ausländerpädagogische Renaissancen gefährdete Blick bezeichnet eine wichtige Forschungsperspektive, da so beispielsweise die maßgeblich zu einer Schlechterstellung Migrationsanderer im schulischen Kontexte beitragenden institutionellen Logiken sichtbar, kritisierbar und auch veränderbar werden. So ist in einer Reihe von Studien (Hug 2007; Flam 2007) herausgestellt worden, dass der Schule als Organisation die Option der Unterscheidung ihrer Schüler/innen entlang dem Kriterium »ethnische Zugehörigkeit« zur Verfügung steht. Ungleichheit in der Bildungsbeteiligung zwischen Schüler/innen, die als nicht deutsch gelten, und Schüler/innen, die als deutsch gelten, gehen nicht oder nicht ausschließlich auf Merkmale der Schüler/innen zurück. Vielmehr wird diese Ungleichheit »in der Organisation Schule selbst erzeugt« (Gomolla/Radtke 2007, S. 21). Die Schule, so das Paradigma der institutionellen Diskriminierung, greift dann auf ethnische Unterscheidungen zurück, wenn dies *organisatorisch* erforderlich ist (ausführlich Kap. 6).

Von den Defiziten der »Anderen« zu den Defiziten der Bildungsinstitutionen

Neben dieser eher organisationstheoretisch angelegten Analyse von Bildungsinstitutionen finden sich auch kulturwissenschaftlich orientierte Analysen (etwa Gogolin 1994), die zeigen, dass neben organisatorischen Kalkülen auch das, so könnte formuliert werden, »schulorganisatorische Unterbewusste« für die Schlechterstellung Migrationsanderer bedeutsam ist. Dieses bildet sich etwa über Lehrerausbildung, die Geschichte des Schulfeldes, aber auch die Sozialisation der zumeist aus einem bestimmten (Mehrheits-)Milieu stammenden Lehrer/innen zu einem Habitus, aus dem heraus der Ausschluss Anderer als legitim gilt. Bildungsinstitutionelle Analysen, die auf die organisatorisch oder kulturell eingeschränkten Operationsmodi aufmerksam machen, sind pädagogisch und bildungspolitisch von großer Bedeutung, weil sie die Schwierigkeiten von Bildungsinstitutionen herausarbeiten, sich angemessen auf die migrationsgesellschaftliche Realität zu beziehen, und Reflexionsangebote offerieren, dies zu tun. Vernachlässigt werden im Rahmen dieser Ansätze die Handlungsmöglichkeiten der Subjekte (z.B. Lehrer, Schüler), sich vom organisatorischen Kalkül oder der exkludierenden Kultur der Institution abzusetzen und *anders* zu handeln.

Biografie

»Biographie kann als temporale und soziale ›Meta-Organisation‹ von Erfahrungen und ›Konstruktionsprozessen‹ in der Form konkreter Individualität begriffen werden.« Biografie ist ein generatives Prinzip, »mit dem sich Gesellschaftsmitglieder – in vielfältigen wechselseitigen Interaktionen – im Laufe ihrer Lebenszeit in eine sich verändernde konkrete soziale Welt ›einbauen‹« (Dausien 1998, S. 132).

Die Sicht der Subjekte beachten

Biografie ist das Produkt gesellschaftlicher und institutioneller Normierungen, weil biografische Kategorien und Schemata gesellschaftlich und institutionell produziert werden, Institutionen (beispielsweise Bildungsinstitutionen) aber auch unmittelbar in Biografien eingreifen. Biografie ist ein aktiver Prozess »der Verarbeitung, in dem Vergangenes und Zukünftiges, Erfahrung und Erwartung, Retrospektion und Prospektion ineinandergreifen« (Dausien 2000, S. 121 f.). Freilich sind diesem biografischen Konstruktionsprozess Grenzen gesetzt, die zum einen gesellschaftlich und institutionell formuliert sind, zum anderen in den Prinzipien der Strukturierbarkeit der Lebensgeschichte selbst liegen (Dausien 2000, S. 121 f.). Biografien stellen somit besondere, einmalige narrative Konstruktionen dar, und zugleich sind sie Exemplare einer kulturellen Normalität – in dieser Spannung werden sie in der erziehungswissenschaftlichen Biografieforschung als Selbst- und Welterzeugungen untersucht. Da »Biografie« eine Antwort auf die historisch komplexer werdende Herausforderung der Vergesellschaftung darstellt und unter Bedingungen von Migration Vergesellschaftung zunehmend zu einem Problem und in besonderer Weise mit der riskanten Aufforderung zur Gestaltung der eigenen Geschichte verstanden werden kann, war die Biografieforschung seit ihrer Entstehung zu Beginn des 20. Jahrhunderts auch und insbesondere Migrationsforschung (Apitzsch 2006).

Wichtig an der biografiewissenschaftlichen Perspektive auf den Zusammenhang von Migration und Bildung ist nicht nur der Umstand, dass mit der Perspektive in der Forschung nicht schlicht die institutionalisierte Logik von Bildung nachvollzogen, sondern »die Sicht der Subjekte« zum Thema wird.

»Speziell für Interkulturelle Pädagogen«, schreibt Gita Steiner-Khamsi (1992, S. 79), »die ihr Augenmerk auf Minderheiten richten, deren Geschichte über Generationen in keinem Lehrbuch beschrieben wurde und deren Stimmen in der öffentlichen Sphäre (z. B. in der Bildungspolitik) ungehört blieben, ist die Sicht einer ›Geschichte von unten‹ verheißungsvoll«. Die Anerkennung der Geschichten der Subjekte ist insbesondere in solchen historischen Abschnitten von Bedeutung, in denen ein »Vorrang der bildungsinstitutionellen Logik« zu gelten scheint. Mit der im Anschluss an die erste PISA-Untersuchung in Deutschland einsetzenden Fokussierung schulischer Performanzen ist diese Vorrangstellung in der Forschung und der öffentlichen Diskussion von Migration und Bildung festzustellen. Gleichwohl tendieren nicht wenige biografische

Studien dazu, das biografische Material recht beschreibend wiederzugeben, sodass im Hinblick etwa auf Bildungsverläufe zwar interessante inhaltliche Anmerkungen gemacht werden, theoretische Einsichten aber oftmals eher zu kurz kommen.

Weiterführende Literatur

Nohl, A.-M. (2006): Konzepte interkultureller Pädagogik. Eine systematische Einführung. Bad Heilbrunn: Klinkhardt.
Dieses Buch erläutert zum einen Gemeinsamkeiten und Unterschiede unterschiedlicher pädagogischer Konzepte, die das Themenfeld Migration und Bildung behandeln (»Ausländerpädagogik«, »Interkulturelle Pädagogik« und »Antidiskriminierungspädagogik«). Darüber hinaus wird ein eigener Ansatz – »Pädagogik kollektiver Zugehörigkeiten« – erläutert, der nicht nur ethnisch-kulturelle Unterscheidungen, sondern vielfältige gesellschaftliche Differenzdimensionen berücksichtigt.

Krüger-Potratz, M. (2005 a): Interkulturelle Bildung. Eine Einführung. Münster: Waxmann.
Dieses Buch präsentiert zwei Zugänge zum Feld der pädagogischen Beschäftigung mit kultureller und migrationsgesellschaftlicher Differenz: »Ordnungen des Feldes« und »Orientierungen im Feld«. Die »Ordnungen des Feldes« werden sowohl unter einer historischen Perspektive (die »kurze Geschichte« und »lange Vergangenheit« des Feldes) als auch in einer systematischen Einstellung erläutert. Die Bezüge des Feldes interkulturelle Bildung zu sozialtheoretischen und -ethischen Diskursen werden herausgearbeitet. »Orientierungen im Feld« werden sowohl durch ausführliche Hinweise zur Literaturlage und Studierhilfen als auch über eine Auseinandersetzung mit der Verwendung von Bezeichnungen (Begriffe als soziale Werkzeuge) und ihren Wirkungen in ihrem Feld.

Folgende Fragen können Ihnen helfen, Ihr Verständnis der Ausführungen in diesem Kapitel zu präzisieren:

- Was bedeutet es, »Ausländerpädagogik« und »Interkulturelle Pädagogik« als pädagogische Paradigmen in der konzeptuellen Reaktion auf migrationsgesellschaftliche Pluralität und weniger als historisch abgrenzbare Phasen zu verstehen?
- Was sind die zentralen programmatischen Unterschiede dieser pädagogischen Paradigmen?
- Bitte wählen Sie zwei »Forschungslogiken« in der Untersuchung des Themenfeldes Migration und Bildung aus. Zu welchen Gemeinsamkeiten und Unterschieden führt der Vergleich dieser »Forschungslogiken«?
- Was sind Ihres Erachtens die zentralen Aspekte der Ordnung des erziehungswissenschaftlichen Diskurses über migrationsgesellschaftliche Differenz? Begründen Sie Ihre Ansicht.

4. »Interkulturell«. Von spezifisch kulturalistischen Ansätzen zu allgemein reflexiven Perspektiven

Einführung

»Interkulturelle Kompetenz« klingt wie ein Versprechen für den Erfolg pädagogischen Handelns in der Migrationsgesellschaft. In diesem Kapitel wird am Beispiel der Verwendung des Begriffs die Problematik des (spezifischen) Gebrauchs von »interkulturell« zur Thematisierung migrationsgesellschaftlicher Verhältnisse in pädagogischen, vor allem sozialpädagogischen Kontexten erläutert. Ansätze und Beispiele ›Interkultureller Öffnung‹ werden als Möglichkeiten diskutiert, institutionelle und politische Dimensionen, die das pädagogische Handeln maßgeblich mitbestimmen, einzubeziehen. Vor diesem Hintergrund werden am Ende des Kapitels Konturen einer (allgemeinen) Idee von »interkulturell« skizziert, die diese nicht auf migrationsgesellschaftliche Verhältnisse beschränkt.

4.1 »Interkulturelle Kompetenz«. Ein Schlagwort

Für die mittlerweile als eigenständiges pädagogisches Fachgebiet etablierte Interkulturelle Pädagogik (vgl. Kap. 3) ist der Bezug auf die »interkulturelle« Perspektive konstitutiv. So sind das Eintreten für die Gleichheit aller ungeachtet ihrer Herkunft, die Haltung des Respekts für Andersheit, die Befähigung zum interkulturellen Verstehen und die Befähigung zum interkulturellen Dialog nach Georg Auernheimer (2007, S. 21) die leitenden Motive der Interkulturellen Pädagogik.

Das Schlagwort »interkulturelle Kompetenz« taucht zunächst in der Fachdiskussion im Kontext Sozialer Arbeit auf. Die Kritik an der »Ausländerarbeit« als defizitorientierter und paternalistischer Zielgruppenpädagogik (vgl. Kap. 3) führte zur Betrachtung der »anderen Seite«, der der Professionellen. Ihnen wurde nun im Umgang mit Migrant/innen ein Mangel an Kompetenz attestiert.

Die Veröffentlichung von Wolfgang Hinz-Rommel mit dem Titel »Interkulturelle Kompetenz. Ein neues Anforderungsprofil für die soziale Arbeit« gilt als der offizielle Beginn einer kontroversen Debatte im deutschsprachigen Raum über den Begriff und die damit einhergehende Praxis. Während Hinz-Rommel in seinem Buch konstatierte, »interkulturelle Handlungskompetenz« sei ein Begriff, der ›nicht als etabliert gelten kann, nur vereinzelt wird er verwandt‹ (Hinz-Rommel 1994, S. 57), ist es schon wenige Jahre später kaum mehr möglich, den Überblick über Veröffentlichungen zum Thema zu behalten. »Wenn man versucht, sich einen Überblick über die Diskussion zum Thema interkulturelle Kompetenz zu verschaffen [...], so kann einen die Fülle des [...] Materials ratlos machen« (Auernheimer 2002, S. 183). Die unterschiedlichen Fachrichtungen haben bereits eine kaum übersehbare Anzahl an Modellen zur Beschreibung und Entwicklung interkultureller Kompetenz hervorgebracht. Inzwischen kann der Begriff als etabliert angesehen werden, und zwar sowohl in der Fachdiskussion als auch in politischen Debatten. Was aber ist unter interkultureller Kompetenz zu verstehen?

Hinz-Rommel fasst in dieser Kompetenz die »notwendigen persönlichen Voraussetzungen für angemessene, erfolgreiche oder gelingende Kommunikation in einer fremdkulturellen Umgebung, mit Angehörigen anderer Kulturen« (1994, S. 56). Zur Konkretisierung nennt er Fähigkeiten wie Interaktionsfreudigkeit, Selbstsicherheit, eigenkulturelle Bewusstheit, Stresstoleranz, die Fähigkeit, Widersprüchlichkeiten zu ertragen, Empathie, Sprachkenntnisse. Der Kritik des Autors, dass das Aufzählen dieser Fähigkeiten oft die strukturelle Seite interkultureller Handlungskompetenz ungenügend oder gar nicht reflektiert, ist zuzustimmen (auch Eppenstein/Kiesel 2008, S. 130 ff.). Denn die Verwirklichung solcher Kompetenzen ist weder vom institutionellen noch vom gesellschaftspolitischen Rahmen noch vom Auftrag(geber/in) unabhängig. Was hieße z. B., interkulturell kompetent zu handeln, wenn Flüchtlinge oder »Geduldete« durch Sozialpädagog/innen zur »freiwilligen« Rückkehr bewegt werden sollen und wenn Handlungsmöglichkeiten durch restriktive gesetzliche Regelungen begrenzt sind oder der professionellen Person begrenzt erscheinen?

»Interkulturelle Kompetenz« wird zumeist als Sonderkompetenz im Rahmen professionellen Handelns angefragt

»Interkulturelle Kompetenz« wird zumeist als Sonderkompetenz im Rahmen professionellen Handelns angefragt, wenn sich dieses irgendwie auf »Migrant/innen« bezieht. Die Auffassung, dass die Anwesenheit von Migrant/innen in pädagogischen Einrichtungen spezifische kulturelle Fertigkeiten und spezifisches kulturelles Wissen aufseiten der professionellen Nicht-Migrant/innen erforderlich mache, trägt dadurch zu einer dominanzkulturell (Rommelspacher 1995) anschlussfähigen und plausiblen Bestätigung der Migrant/innen als kulturell Anderer und der Nicht-Migrant/innen als kulturell Nicht-Anderer bei. Die Rede vom Interkulturellen, stellt dann, wenn sie Verwendung findet, um migrationsbedingte Differenzierungen und Auseinandersetzungen zu markieren, eine klare Verkürzung dar. Vor dem Hintergrund der Kritik dieser Verkopplung von Migration und »interkulturell« führt Franz Hamburger (2002, S. 42) aus: »Das Besondere der Sozialen Arbeit mit Migrantinnen und Migranten besteht vor allem darin, das Allgemeine besonders gut zu können.« Dieses Allgemeine ist nun aber nicht von Differenz bereinigt, sondern hat ganz im Gegenteil viel mit der Frage nach dem Umgang mit (auch kulturellen) Differenzen zu tun.

Die Perspektive »kulturelle Differenz« ist bedeutsam, auch um pädagogische Zusammenhänge zu erfassen; allerdings nur als allgemeine und nicht als spezifisch auf »Migrant/innen« eingeschränkte Perspektive. Erst, wenn die Rede von »interkulturell« verallgemeinert wird, also beispielsweise alle pädagogischen Situationen potenziell unter der Perspektive »interkulturell« verstanden werden, macht es *schließlich* Sinn, auch pädagogische Interaktionen, in denen das Thema und die Vorstellung »Migration« relevant ist, unter dem Blickwinkel »interkulturell« zu betrachten – immer allerdings unter dem Vorbehalt: »Vorsicht vor Kulturalisierungen«. Dieser Vorbehalt soll nun erläutert werden.

4.2 Kritik am Diskurs zu interkultureller Kompetenz

Die enge Verbindung von »Migration« und »interkulturell« soll am Beispiel des Diskurses zu »interkultureller Kompetenz« im Folgenden kommentiert werden. Hierbei geht es darum, Probleme dieser Verbindung deutlich zu machen. Das Anliegen, das sich mit den kritischen Ausführungen verbindet, besteht hierbei *nicht* darin, die generelle Unbrauchbarkeit aller »interkulturellen Ansätze« zu behaupten. Vielmehr präsentiert die Kritik ein Analyseinstrumentarium (»Adressaten«, »Handlungskonzept«, »Kulturkonzept«), mit dem pädagogische Ansätze in der Migrationsgesellschaft eingeschätzt werden können. Das Instrumentarium wird hier zwar im Wesentlichen für Ansätze der Sozialen Arbeit erläutert, seine Relevanz ist aber nicht auf diesen Bereich beschränkt.

Adressatinnen und Adressaten: Der Ausschluss Anderer

Die Anforderung an Professionelle in der (sozial)pädagogischen Arbeit, ihre Kompetenz um die Dimension »interkulturell« zu erweitern, erfolgt meistens mit Hinweis auf die Tatsache, dass wir in einer Gesellschaft leben, für die Migration ein konstituierendes Merkmal ist. Da »interkultureller Kompetenz« inzwischen zudem der Rang einer allgemeinen Schlüsselkompetenz zugesprochen wird, wird hiermit die bisherige Selbstverständlichkeit, wonach »interkulturelle Kompetenz« nur diejenigen Professionellen etwas anginge, die »etwas mit Migrant/innen zu tun haben«, schrittweise abgelöst.

Die Notwendigkeit, unter dem Stichwort »interkulturell« die Arbeit mit Migrant/innen als Arbeit zu verstehen, die nicht nur in speziellen Institutionen, besonderen Orten und von nur einigen Professionellen auszuführen ist, verweist auf einen historischen Umstand, der für die Organisationsstruktur sozialpädagogischer und psychosozialer Arbeit lange Zeit kennzeichnend war: Migrant/innen waren von Regeleinrichtungen faktisch ausgeschlossen, da psychosoziale Versorgung und sozialpädagogische Betreuung in sogenannten »Sondereinrichtungen« stattfanden, hauptsächlich in Beratungsstellen der Wohlfahrtsverbände, die die Betreuung von »ausländischen Arbeitnehmern«

übernommen hatten, sowie in selbst organisierten Angeboten der Nationalitätenvereine.

Da die Anwesenheit von Migrant/innen als vorübergehendes Phänomen verstanden wurde, hatten viele Angebote im schulischen und außerschulischen Bereich den Charakter von Übergangsmaßnahmen. Insofern schien die Frage der professionellen Kompetenzen, die als erforderlich für den Umgang mit Migrant/innen betrachtet wurden, eine Anforderung zu sein, die an eine kleine Gruppe von Professionellen gerichtet war. Nicht mit der Absicht, die Unterstützungsfunktion der genannten Träger und Maßnahmen für Migrant/innen zu schmälern, soll der Effekt, den diese »Arbeitsteilung« hatte, hier markiert werden: Die »Regelversorgung« wurde von Migrant/innen »frei« gehalten. Dies ist auch in Abhängigkeit davon, dass sich Deutschland offiziell als Einwanderungsland versteht (vgl. Kap. 2), in Veränderung begriffen. Der Hinweis auf die Bedeutung »interkultureller Kompetenz« findet sich zunehmend auch in offiziellen Dokumenten wie dem »Nationalen Integrationsplan« (2007).

Wer sind nun aber die Professionellen, an die gedacht wird, wenn der Erwerb »interkultureller Kompetenz« zum Thema wird? Üblicherweise wird unter »interkulturellem Handeln« in pädagogischen Kontexten die Situation verstanden, dass eine professionelle Person, die Repräsentant/in der kulturellen Mehrheit ist, es mit Klient/innen zu tun hat, die kulturellen Minderheiten angehören. Die Angebote zur Vermittlung »interkultureller Kompetenz« verstehen sich zwar als offen für alle. Dabei ist jedoch die Vorstellung dominant, dass »Nicht-Migrant/innen«, die mit »Migrant/innen« zu tun haben, interkulturelle Kompetenz benötigten, da ihnen die Zielgruppe und ihre (kulturellen) Hintergründe mehr oder weniger fremd seien.

Migrant/innen kommen als Adressaten der Angebote zu »interkultureller Kompetenz« kaum vor

Nahezu alle Konzepte interkultureller Kompetenz wenden sich vorrangig an Mehrheitsangehörige (etwa Castro Varela et al. 1998). Minderheitenangehörige und Migrant/innen kommen als Adressaten der Angebote zu »interkultureller Kompetenz« nicht vor und wenn, dann mit der Begründung, dass sie einen besonderen Beitrag in der Arbeit mit Migrationsanderen leisteten (siehe etwa die Offensive »Lehrkräfte mit Migrationshintergrund« des Bundesamtes für Migration und Flüchtlinge). Migrant/innen werden also in pädagogischen Fortbildungen und Trainings kaum als Professionelle angesprochen, und wenn, dann nahezu ausschließlich für die »Arbeit mit Migrant/innen«, kaum aber für die Arbeit mit Nicht-Migrant/innen. Dies ist weitgehend eine Leerstelle im Diskurs. Diese Situation geht mit einigen Konsequenzen einher:

- *Verhinderung von Qualifizierung:* »Interkulturelle Kompetenz« ist zwar ein Schlüsselbegriff in pädagogischen Handlungsfeldern, die sich mit Migrationsphänomenen beschäftigen (müssen). Der Diskurs ist aber erstaunlicher- und bezeichnenderweise gekennzeichnet davon, dass Migrationsandere in der Regel als professionelle Adressaten von »interkultureller Kompetenz« nicht vorkommen. Wenn Bildungsangebote und Qualifizierungsmaßnahmen zu »interkultureller Kompetenz«, »interkulturellem Lernen« sich direkt und indirekt (durch die Wahl der Beispiele, durch die verwandte Terminologie) vornehmlich an Nicht-Migrationsandere wenden, dann werden Migrationsanderen Möglichkeiten der Professionalisierung im Bereich, der »interkulturell« etikettiert ist, vorenthalten. Zwar ist in den letzten Jahren das Thema der beruflichen Qualifizierung von Migrant/innen entdeckt worden (z.B. Boos-Nünning 2008). Jedoch finden sich – abgesehen von selbst organisierten Ansätzen – kaum Qualifizierungskonzepte im Bereich des »interkulturellen Lernens«, die sich explizit auch an Migrant/innen richten.

- *Legitimation von Nichteinstellung:* In der Fachdiskussion gilt die Präsenz von Migrant/innen in beispielsweise Regeleinrichtungen als Indikator für eine erfolgreiche »interkulturelle Öffnung«. Aber neben den rechtlichen und institutionellen Barrieren, die oft ihre Einstellung verhindern, steht aufgrund der Strukturen, die die Qualifizierung von Migrationsanderen erschweren, den Institutionen das Argument der nicht ausreichenden Qualifikation zur Verfügung, die Nichteinstellung von Migrationsanderen kommunikativ zu plausibilisieren.
- *Exotistische Instrumentalisierung:* Da Migrationsandere unter den Mitarbeiter/innen in migrationsspezifischen Einrichtungen zumeist unterrepräsentiert sind, sind sie auch bei den berufsbegleitenden Fortbildungen zum Erwerb »interkultureller Kompetenz« unterrepräsentiert. Die Erfahrungen von Migrant/innen in quantitativ und qualitativ von Mehrheitsangehörigen dominierten Bildungszusammenhängen, so Elverich und Reindlmeier (2009, S. 38), verweisen darauf, dass sie schwer aus der Position des »lebenden Beispiels« und der »landeskundlichen Experten« herauskommen, in die sie gedrängt werden.
- *Reduktion auf Lebensgeschichte:* Wenn unter »interkultureller Kompetenz« die Fähigkeit verstanden wird, mit »kulturell Anderen« kompetent umzugehen, dann sind Migrationsandere, weil sie »kulturell anders« sind, allein aufgrund ihrer Lebensgeschichte »interkulturell kompetent« – so zumindest die implizite Annahme vieler Bildungsangebote. Nicht nur die damit verbundene Kulturalisierung und der Ausschluss aus Qualifizierungszusammenhängen sind an dieser Annahme problematisch, sondern auch, dass diese dazu führt, »Kompetenz« bei Migrationsanderen nicht in den Zusammenhang von Wissen, theoretischer Reflexion und beruflichem Engagement zu stellen. Helma Lutz zeigt in einer Untersuchung über türkische Migrantinnen als »Mittlerinnen«, wie der Status »Betroffene«, also selbst Migrantin zu sein, zu einem ständigen Dilemma führt. Die im Prozess individuell entwickelten Konfliktlösungskompetenzen würden in der »Migrationssozialarbeit« zur Grundlage des beruflichen Handelns von Migrant/innen und damit für die Integration »ihrer Landsleute« instrumentalisiert. Zugleich aber werde durch den Ruf nach Professionalisierung

die Tragfähigkeit dieser individuell erworbenen Basis als Nicht-Professionalität ausgelegt und in Zweifel gezogen, und zwar nicht nur von den Vertretern von Institutionen, sondern oft auch von den Mittler/innen, also den »Migrationsarbeiter/innen« selbst (Lutz 1990, S. 156ff.). Auch wenn sich diese mittlerweile ältere Untersuchung auf Migrantinnen der sogenannten ersten Generation bezieht, ist diese Problematik – Betroffene als Professionelle – immer noch relevant in der Sozialen Arbeit, und zwar nicht nur im Bereich des »Interkulturellen«. Ähnliche Ergebnisse und Erfahrungen, die in Erfahrungsberichten vielfach dokumentiert sind, zeigen, dass es einen spezifischen Bedarf an Qualifizierung auch im Sinne einer reflexiven Aufarbeitung solcher Dilemmata im professionellen Handeln für Migrant/innen gibt (ein Versuch, solche Qualifizierungsangebote im Rahmen der Hochschule zu entwickeln, findet sich bei Kalpaka 2009a).

Professionelle Handlungsfähigkeit von Migrationsanderen stellt eine Leerstelle im Diskurs dar

- *Desubjektivierung:* Die Vorstellung, dass aus den Objekten ausländerpädagogischer Fürsorge (vgl. Kap. 3) mittlerweile professionell handelnde Subjekte geworden sind, mag im deutschsprachigen Raum gerade dort noch immer befremdlich sein, wo kulturalistische Vorstellungen prägend sind – im Feld »interkultureller Kompetenz« beispielsweise. Zur *Illustration* sei auf Überlegungen von Luchtenberg verwiesen, die sich mit dem Erwerb interkultureller kommunikativer Kompetenz in der Lehrerausbildung beschäftigen. Luchtenberg stellt einige Arbeitsfelder zusammen, »für die Lehrkräfte Kompetenzen in interkultureller Kommunikation erwerben müssen«, nämlich: Unterrichtsgespräche in mehrsprachigen Klassen, außerunterrichtliche Gespräche mit Kindern nicht deutscher Erstsprache, Kommunikation mit Kollegen nicht deutscher Herkunft, Elternkommunikation mit Eltern nicht deutscher Herkunft, Vermittlung in interkulturellen Gesprächen (in der Klasse, im Kollegium oder bei Elternsprechtagen), Umgang mit Mehrsprachigkeit, Bewertung von Medien (Luchtenberg 1999, S. 223). Die gesellschaftlich vorherrschende, institutionalisierte sowie kulturell und imaginativ verfügbare Figur jenes Verhältnisses von Mehrheit und Minderheiten, von natio-ethno-kulturellem Wir und Nicht-Wir, von Fremden und Nicht-Fremden, in der die Nicht-Fremden Akteure sind, deren Handeln sich fürsorglich oder nicht fürsorglich auf die Fremden bezieht, wird hier wiederholt. Die Nichtberücksichtigung der naheliegenden Variable (hier: professionelle) Handlungsfähigkeit der Migrationsanderen, diese Leerstelle, reproduziert das Verhältnis von Nicht-Fremden und Fremden. Überlegungen zu Arbeitsfeldern, »für die Lehrkräfte Kompetenzen in interkultureller Kommunikation erwerben müssen« (Luchtenberg 1999, S. 223), welche den Subjektstatus Migrationsanderer ernst nehmen würden, hätten sich also auch in einer Weise mit Arbeitsfeldern zu beschäftigen, die die Anforderungen professionellen Handelns für Migrationsandere in den Blick nehmen.

Handlungskonzept: Technologische Suggestion

Das Begriffspaar Kompetenz/Inkompetenz stützt diejenige Denkweise, die gesellschaftliche und institutionelle Begrenzungen des professionellen Handelns primär zu persönlichen Eigenschaften bzw. Begrenztheiten von Professionellen umzudefinieren sucht. Erst darüber, dass die für pädagogisches Handeln zum Teil restriktiven gesellschaftlichen, institutionellen und kulturellen Bedingungen nicht oder nur am Rande in den Blick kommen, kann sich die technologische Suggestionskraft interkultureller Kompetenz entfalten: Astrid Messerschmidt (2009, S. 134) nennt dies das »Versprechen interkultureller Kompetenz«, in dem der Wunsch »nach sozialtechnischer Beherrschbarkeit interkultureller Beziehungen« sowie »ein instrumentelles Verständnis im Umgang mit Differenzen« zum Ausdruck kommen.

Soll »interkulturelle Kompetenz« nicht »zu einer ignoranten Form des Wissens über die Eigenschaften Anderer« werden, erfordere dies eine Auseinandersetzung mit *Prozessen und Bedingungen*, in denen Unterschiede gemacht werden. »Ein kompetenter Umgang mit Differenzen, der Kompetenz nicht als Selbstsicherheit verkürzt und offen bleibt für kritische Reflexionen, erfordert, sich des Dilemmas von Differenzfestschreibung und Differenzvernachlässigung bewusst zu sein« (Messerschmidt 2009, S. 133). In diesem Prozess würde die jeweils eigene Eingebundenheit in hierarchische gesellschaftliche Verhältnisse deutlich, aus der auszutreten zwar nicht möglich, ein Sichtbarmachen, wie diese Reproduktionen verlaufen, jedoch angezeigt, wenn nicht sogar unerlässlich sei.

Der Bezug auf Selbstsicherheit und technisches Handelnkönnen stellt ein verkürztes Verständnis von »Kompetenz« dar

Ein auf Selbstsicherheit und technisches Handelnkönnen verkürztes Verständnis von Kompetenz legt eine Idee von professionellem Handeln nahe, das dieses als von Raum und Zeit weitgehend unbeeinflusste und der weitgehenden Verfügung des und der Einzelnen zugängliche Tun ausgibt: »interkulturelle Kompetenz« als dem Individuum verfügbares Werkzeug der Gestaltung von Kommunikationszusammenhängen. Dieses instrumentelle Verständnis von interkultureller Kompetenz, das vornehmlich die sozialtechnische Verwertung von Wissen über Kulturen und ihre wie auch immer beschriebenen Kennzeichen in den Vordergrund rückt, löst das etwa von Fritz Schütze (1992) beschriebene (sozial)pädagogische Handlungsparadox (professionelles Handeln geht mit der Erfordernis einher, sich einerseits an wissensbegründeten Typisierungen und andererseits an der Eigenlogik des Falls orientieren zu müssen) eindeutig zugunsten der Typisierungen auf. Mit der Entscheidung für das allgemeine Typenwissen ist aber das Moment der Selbstbezüglichkeit des Gegenübers in interkulturellen Situationen in einer Weise aufgehoben, die der Situation nicht nur ihre Singularität, sondern auch ihren pädagogischen Gehalt nimmt.

Kulturkonzept: Einschränkend

Ansätze, die mit einem naiven Verständnis von »kultureller Differenz« operieren, sind nicht nur unangemessen, weil sie mit vergröbernden und pauschalierenden Wissensbeständen, Vorstellungen und Bildern arbeiten. Sie müssen auch als machtvolle Praxen verstanden werden, die die Handlungs- und Selbstverständnismöglichkeiten von Menschen einschränken. Diese Einschränkung durch den Gebrauch des Ausdrucks »Kultur« kann als Kulturalisierung bezeichnet werden. Es soll hier auf vier Momente dieser Kulturalisierung hingewiesen werden.

Eine Praxis, die durch kulturelle Differenzbehauptungen die Andersheit der Anderen erzeugt, ist in der (Sozial-)Pädagogik dominant

- *Der Reduktionismus der »Kultur«.* Im deutschsprachigen Raum hat sich »interkulturell« zu dem signifikanten Zeichen entwickelt, das die pädagogische Auseinandersetzung mit migrationsgesellschaftlichen Differenzverhältnissen markiert. Wer das Wort »interkulturell« hört, weiß, dass es um »Migrant/innen« geht. Sobald aber die Rede von »interkultureller Kompetenz« ist, sind mindestens drei Dinge zu klären: Welche Kompetenzen sind damit gemeint? Wer sind die Professionellen, die diese Kompetenzen erwerben sollen? Wo und wie können diese vermittelt bzw. erworben werden? Diese Fragen werden auf der Ebene der fachwissenschaftlichen Diskussion anders beantwortet als in Handlungskonzepten und in der pädagogischen Praxis. Während der Fachdiskurs zu Migration und Bildung schon sehr früh die Entscheidung für eine Fokussierung auf kulturelle bzw. ethnische Differenz kritisch herausgearbeitet hat (Griese 1984, S. 9f.), findet sich von dieser kritischen Debatte in der Praxis der (sozial)pädagogischen Arbeit und in der Praxis der Bildungsarbeit, die für die »interkulturelle« Praxis qualifizieren soll, bis heute nur wenig. Franz Hamburger (hier stellvertretend für viele andere genannt) stellt kritisch fest, dass Soziale Arbeit und Sozialpädagogik von der Prämisse ausgehen, dass »Migrant/innen« eben nicht nur mit den herkömmlichen Interventionsmöglichkeiten zu begegnen sei. Diese Prämisse habe sich als Begründung durchgesetzt, um »ausländerspezifische Handlungskompetenzen und Studiengänge« sowie »umfassende Interventionssysteme der Ausländerarbeit« zu entwickeln (Hamburger 1984, S. 59ff.).
  Auch wenn sich die Bezeichnungspraxis geändert hat und nicht mehr von »Ausländern«, sondern von »Menschen mit Migrationshintergrund« die Rede ist, ist die Dominanz einer durch Differenzbehauptungen die Andersheit der Anderen erzeugenden Praxis, die auf »interkulturell« zurückgreift, in der (Sozial-)Pädagogik noch immer gegeben (Hamburger 2009, S. 184ff.). Dies muss auch vor dem Hintergrund dessen gesehen werden, dass der Umgang mit sozialer und kultureller Differenz einen primären Arbeitsmodus Sozialer Arbeit beschreibt. Soziale Arbeit ist an den Ausweis ihrer Notwendigkeit geknüpft, mithin an den Ausweis besonders »bedürftiger Grup-

pen«. Diese Ausgangslage bringt die strukturelle Tendenz mit sich, dass Soziale Arbeit Mechanismen einsetzt, um Unterschiede und ihre Klientel immer wieder neu zu bestätigen. Dadurch wird gerade Soziale Arbeit anfällig für die Konstruktion »besonderer Gruppen«. Das Schema »interkulturell« eignet sich für diese Konstruktion besonders gut, da es eine gesellschaftlich plausible Form der Unterscheidung darstellt. Mit der sozialpädagogischen Verwendung des Zeichens »interkulturell« wird sogleich aufgerufen, dass es irgendwie um »Ausländer/innen«, »Migrant/innen« geht, die sich in Mangellagen befinden und denen »wir« helfen sollten (eine Form des *Othering;* vgl. Kap. 2).

»Interkulturell« bezeichnet eine gesellschaftlich plausible Form der Unterscheidung

Die enge Verbindung von »Migration« und »interkulturell« läuft nun Gefahr, migrationsgesellschaftliche Differenz nicht nur auf kulturelle Unterschiede zu reduzieren, sondern produziert mithilfe der *Praktik Kultur* »die Anderen«. Das Potenzial der Rede von interkultureller Kompetenz und interkulturellem Lernen besteht zwar darin, dass die pädagogische Auseinandersetzung sich auf die grundlegenden Kategorien »Differenz« und »Andersheit« bezieht. Dies kann allerdings nur dann überzeugen, wenn die »interkulturelle« Dimension systematisch und konsequent als allgemeine und *nicht* als migrationsspezifische Dimension pädagogischer Interaktion betrachtet wird. Die unbedachte Rede von »interkulturell« ist im pädagogischen Bezug auf Migrationsphänomene problematisch und eine Krisengestalt. Denn die Rede setzt kulturelle Differenz als gewissermaßen selbstverständlich gegeben voraus und fragt nicht nach den historischen, politischen und machtvollen Bedingungen dieser vermeintlichen Gegebenheit.

- *Essentialisierung durch »Kultur«.* Zwar ist es häufig so, dass im gleichsam begriffsexplikativen Prolog von Konzepten interkultureller Kompetenz und interkulturellen Lernens auf die Unklarheit und Schwierigkeit der, wie es zumeist heißt, »Definition« von Kultur hingewiesen wird (so etwa bei Grosch/Groß/Leenen 2000). Kultur sei heterogen, dürfe nicht als schlichte Determinierung der Individuen verstanden werden. Sobald aber die Auseinandersetzung sich entlang von Beispielen, Übungen und Aufgaben auf interkulturelles Handeln und dessen Reflexion bezieht, ist der Spielraum verschlossen.

  Viele Ansätze zu interkultureller Kompetenz und interkulturellem Lernen im deutschsprachigen Raum beziehen sich auf Arbeiten des Sozial- und Kulturpsychologen Alexander Thomas. Begegnungen zwischen »Eigenkultur« und »Fremdkultur« stellen »kulturelle Überschneidungssituationen« dar, aus denen »das Interkulturelle« resultiere (Thomas 2003, S. 46). »Kulturelle Überschneidungssituationen [entstehen] dann, wenn Fremdes für das Eigene bedeutsam wird und wenn es zu wechselseitigen Beziehungen zwischen Eigenem und Fremdem kommt. Zwischen dem Eigenkulturellen und dem zunächst sehr fernen, dann aber immer näher rückenden Fremden entsteht ein Zwischenraum der Uneindeutigkeit, Vagheit und Neuartigkeit, der bedrohlich oder auch anregend wirken kann« (Thomas 2003, S. 46 f.)

»Fremdheit« und »kulturelle Unterschiede« werden bei Thomas als an sich und immer schon gegebene Verhältnisse untersucht. Durch die Gegenüberstellung von »Eigenkultur« und »Fremdkultur« bekommt zudem das im Alltagsverständnis verankerte Bild von abgeschlossenen Kulturen als Blöcken, die sich gegenüberstehen und zu Konflikten führen (können) oder sogar miteinander unvereinbar seien, einen »wissenschaftlichen« Anstrich. Was hierbei weniger in das Blickfeld gerät, ist die partielle Alltäglichkeit und Normalität des gelingenden Umgangs mit kulturellen Differenzen. Joachim Matthes (1999) versteht die Fokussierung von Missverständnissen, Konflikten und Problemen interkultureller Kommunikation als Kennzeichen des westlichen Diskurses über Unterscheide und hat vorgeschlagen, diese Praxis im Hinblick auf ihre kulturellen Entstehungsbedingungen zu befragen.

Die Vorder- und die Hinterbühne des »Interkulturellen«

Vorderbühne: Im Rahmen eines in der Schule durchgeführten »interkulturellen« Projektes mit dem Ziel, den Kindern in der Klasse die Vielfalt der Kulturen nahezubringen (fremde Kulturen kennenlernen, Toleranz fördern), fordern die Lehrerin und die Schulsozialpädagogin alle Kinder auf, am nächsten Morgen das in ihren Herkunftsländern typische Frühstück mitzubringen. Es soll gemeinsam gefrühstückt und über die Frühstücksgewohnheiten der in der Klasse vertretenen Länder geredet werden. Das Frühstück wird liebevoll vorbereitet, alle haben sich bemüht, die Stimmung ist gut. Die Lehrerin ist mit dem Ergebnis zufrieden.

Hinterbühne: Der Blick von außen und die anschließenden Gespräche mit einzelnen Kindern, mit der Lehrerin und der Sozialpädagogin werfen ein anderes Licht auf das Geschehen: Mehrere der Kinder kennen diese Herkunftsländer, als deren Vertreter sie für die Lehrerin und zum Teil auch für die Mitschüler gelten, gar nicht bzw. nur aus einzelnen Urlaubserlebnissen. Ferner berichten Kinder, dass weder sie selbst noch die Eltern noch ihre Oma (im Herkunftsland der Eltern) frühstücken würden. Sie würden selbst nicht frühstücken, um morgens eine Viertelstunde länger zu schlafen. Für den »interkulturellen Unterricht« hätten sie Schafskäse und Oliven mitgebracht, um nicht aufzufallen, wenn alle anderen etwas mitbringen, und auch, weil die Lehrerin es so gerne möchte und sie ihr den Wunsch nicht abschlagen wollten. Außerdem hätte es allen geschmeckt.

Das, was auf den ersten Blick als gelungener interkultureller Unterricht erlebt wurde, konnte in der Reflexion als ein Umgang von Kindern mit »interkulturellen« Bemühungen bzw. mit ethnischen und kulturellen Zuschreibungen durch die Pädagoginnen verstanden werden. Durch die ethnischen bzw. nationalen Zuschreibungen der Lehrerin wurden die einzelnen Kinder nicht als Subjekte, sondern als Vertreter von Nationalitätengruppen angesprochen. Migrant/innen als Expert/innen ihrer Herkunftskultur – eine verbreitete Denkfigur.
Das Beispiel zeigt, wie Kinder lernen, die an sie gestellten kulturalistisch pauschalierenden und ethnisierenden Erwartungen antizipierend, mit Fremdzuschreibungen umzugehen – allerdings manchmal in Form von und um den Preis der Unterwerfung unter diese. Sie besitzen ein Wissen und ein Gespür dafür, dass sie sich ständig im Feld der Zuschreibungen bewegen, gehen als »Empfänger/innen« solcher Zuschreibungen mit Ambivalenzen um, entwickeln Handlungsstrategien und nutzen zugleich auch die Spielräume (genauer Kalpaka 2005, S. 394).

Thomas vertritt eine letztlich an Überlegungen von Geert Hofstede (2001) orientierte Position, die einen nachhaltigen Eingang in handlungsorientierte Angebote zur Erlangung »interkultureller Kompetenz« gefunden hat und die eine essentialistische Auffassung von *eigen* und *fremd* vertritt. Die Einteilung in *eigen* und *fremd* strukturiert hier den Blick auf als »interkulturell« eingeordnete pädagogische Handlungssituationen von vornherein. Problematisch dabei ist, dass Migrant/innen ganz selbstverständlich als die (kulturell) Fremden eingeordnet werden, ohne dabei die Position, aus der heraus diese Fremdheit festgestellt wird, zu thematisieren bzw. zu problematisieren. Da »die Anderen« ein relationaler Begriff ist (vgl. Kap. 1), konstituiert sich in dieser Rede- und Handlungsweise ein »Wir«, ein zum Beispiel vermeintlich »deutsches Wir«, welches als homogen imaginiert wird und insofern anschlussfähig an nationalistische und rassistische Diskurse ist (vgl. Kapitel 7).

- *Kultur als Nationalkultur.* Wenngleich in den einführenden Worten zu Konzepten interkultureller Kompetenz häufig davon die Rede ist, dass Kultur nicht umstandslos mit Nation und Ethnizität assoziiert werden darf, findet sich in den meisten Konzepten ausnahmslos eine Auseinandersetzung mit inter*nationalen* und inter*ethnischen* Situationen. Angezeigt wird dies in Übungen und Aufgaben, die beispielsweise der Begegnung oder, je nach Konzept, der Konfrontation mit »fremden Kulturen« dienen sollen. Ohne diese Unterscheidungen scheinen solche Übungen nicht zu glücken, sind sie doch angewiesen auf national oder ethnisch definierte und identifizierbare »Andere«, wie Karin Reindlmeier am Beispiel von internationalen Jugendbegegnungen aufzeigt (Reindlmeier 2009, S. 235 ff.). Je handlungsrelevanter die Ausführungen werden, desto eher wird der Kulturbegriff in einer unmittelbaren Verknüpfung mit Nationalität und Ethnizität gebraucht. Damit trägt der affirmative Bezug auf »kulturelle Differenz« zur Stärkung des national-ethnischen Unterscheidungsschemas bei und verhindert nicht nur, dass der Sinn des Handelns und der Sinn des (zum Teil und gelegentlich ethnisierten) Selbstverständnisses von z. B. Migrationsanderen expliziert wird.

> **Merksatz**
>
> Sobald Kultur als unveränderliche, wesenhafte Eigenschaft von Menschen und im Zusammenhang größerer sozialer Einheiten, etwa als Nationalkultur und dadurch eher statisch gedacht wird, liegt der Rede und dem Gebrauch von »Kultur« ein Verständnis zugrunde, das äquivalent zu Rassekonstruktionen ist .

- *Kultur als Platzhalter für »Rasse«.* An Rassismus schließen kulturelle Argumentationen dann an, wenn äußere Unterschiede zwischen Menschen mit Entsprechungen »des Seelenlebens« oder »Mentalitäten« verknüpft werden und diese seelischen Unterschiede so gewertet werden, dass die unterschiedliche Verteilung von Privilegien legitimiert wird. (Kalpaka/Räthzel 1990, S. 15). Neuere Formen des Rassismus argumentieren »kulturalistisch«, indem sie unterschiedliche kulturelle Traditionen als inkompatibel ansehen. Solche Formen bezeichnet Balibar in Anlehnung an Taquieff als »differentialistischen Rassismus» (Balibar 1990, S. 28). Die »Anderen« werden entlang dem Kriterium »kulturelle Identität« – erkennbar ebenso an Haar- und Hautfarbe wie an Sprache, Kleidung und Auftreten – in Kategorien eingeteilt und in Differenz zur »deutschen Kultur« gesetzt. Der Begriff Kultur ersetzt dabei den Begriff »Rasse« (vgl. Kap. 7).

»Kulturelle Differenz« dient hierbei im Anschluss an kolonial-rassistische Praxen auch dazu, die »nützlichen Anderen« von den »weniger nützlichen Anderen«, die, in moderner Terminologie, »integrationsbereiten und -fähigen« Anderen von den das Gefüge gesellschaftlicher Ordnung problematisierenden Anderen (vgl. Kap. 2) zu unterscheiden. In neueren Formen des Rassismus gilt es nicht mehr, die »rassische Reinheit« zu schützen, sondern eine authentische »kulturelle Identität« (Balibar 1990, S. 28; Morgenstern 2002, S. 112 und S. 478). In Debatten wie jener um die sogenannte »Leitkultur« werden Bezüge auf rassistische Unterscheidungen hergestellt, ohne dass dies den Akteuren bewusst sein muss. Statische, das Wesen größerer Kollektive behauptende Kulturverständnisse, die Assoziationen von Kulturen, Körpern und Territorien herstellen, wie sie nicht nur in politischen und medialen Debatten, sondern auch in pädagogischen Konzepten zu »interkulturellem Lernen« oder »interkultureller Kompetenz« anzutreffen sind, stellen insofern ein mögliches Versteck von Rassekonstruktionen dar.

4.3 »Interkulturelle Öffnung« als Versuch eines Paradigmenwechsels

Die Kritik, dass die meisten Ansätze zu »interkultureller Kompetenz« auf die Handlungsfähigkeit von einzelnen Personen bezogen sind, ohne die strukturellen Bedingungen des jeweiligen Handlungsfeldes und die Machtasymmetrien zwischen den pädagogisch Handelnden und ihren Adressaten genügend zu berücksichtigen, wurde in der Debatte um »interkulturelle Öffnung« kritisch aufgegriffen (etwa Eppenstein/Kiesel 2008, S. 50 ff.). Sie ist entstanden im Kontext der psychosozialen Beratung und bezog sich auf die Öffnung von freien und öffentlichen Trägern für Belange und Bedürfnisse von Migrant/innen.

»Interkulturelle Öffnung« ist für Wolfgang Hinz-Rommel »die überfällige Antwort auf Migration und Einwanderung [...] Nicht nur der Markt für soziale Dienstleistungen verlangt die Öffnung, sondern auch die beschäftigten Mitarbeiterinnen und Mitarbeiter spüren neue Anforderungen, die aus einer ethnisch vielfältigen Klientel erwachsen« (1995, S. 9). Aber nicht nur Marktargumente und die Überforderung von Mitarbeitenden in den »Regeldiensten« werden angeführt, sondern auch der Anspruch von Migrant/innen, adäquat beraten zu werden. Diese Erweiterung der Debatte war insofern wichtig, als sie den Blick für Zugangsbarrieren für Migrant/innen in Einrichtungen der Bildung und Beratung, aber auch insgesamt in Einrichtungen der »Regelversorgung« (wie beispielsweise Jugend-, Arbeitsämter, alle Ämter der öffentlichen Verwaltung) öffnete und dadurch deutlich machte, dass die für Migrant/innen geltenden »Ausländergesetze« ihren Niederschlag auch in der Angebotsstruktur sozialer Dienste gefunden hatten.

Das Spektrum der Konzepte »interkultureller Öffnung«

Versuche einer Systematisierung der Konzepte, die von den Begriffen »interkulturelle Kompetenz« und »interkulturelle Öffnung« Gebrauch machen, zeigen, dass diesen Ansätzen ein breites Spektrum unterschiedlicher Orientierungen zugrunde liegt (etwa Filsinger 2002, Simon-Hohm 2004, Gaitanides 2003). Bezogen auf die »interkulturelle Öffnung« fasst Dieter Filsinger in einer Expertise dieses Spektrum folgendermaßen zusammen: »Enge Interpretationen konzentrieren sich auf den Aspekt der Mehrsprachigkeit in den Diensten und Einrichtungen und auf Einstellung von Personal ausländischer Herkunft bzw. mit Migrationshintergrund; weitergehende Interpretationen sehen die Notwendigkeit einer Personal- und Organisationsentwicklung, die auch die Organisationskultur betrifft; weite Interpretationen begreifen interkulturelle Öffnung auch als städtisches bzw. sozialräumliches Gestaltungsprinzip, gar als zivilgesellschaftliches Projekt. Manches Mal wird die interkulturelle Öffnung als zentraler Bestandteil einer allgemeinen *Qualitätspolitik* bzw. des *Qualitätsmanagements* in der Jugendhilfe begriffen (Interkulturelle Kompetenz als Qualitätsstandard) bzw. als Bestandteil einer *allgemeinen städtischen Integrationsstrategie* (Interkulturelles Stadtmanagement als Querschnittsaufgabe bzw. als Mainstream-Strategie)« (Filsinger 2002, S. 74).

Was Ansätze zur »interkulturellen Öffnung« letztlich leisten (können), ist die kritische Thematisierung des institutionellen und des organisatorischen Rahmens pädagogischen Handelns in der Migrationsgesellschaft. Sobald der Raum, in dem professionelles Handeln stattfindet, zum Gegenstand der Betrachtung wird, rücken die Möglichkeiten der Einflussnahme durch pädagogisches Handeln in ihren Kontextbedingungen in den Blick. Mit Bezug auf den Raum »interkulturellen« Handelns sind hierbei zwei Rahmungen von Bedeutung. Zunächst bietet es sich an, die grundsätzlichen Voraussetzungen für pädagogisches Handeln in der Migrationsgesellschaft einer (*Kultur*-)Analyse zu unterziehen. Der hiesige gesellschaftliche Zusammenhang stellt einen durch Migrationsphänomene und die Auseinandersetzung um Migration gekennzeichneten Raum dar, der Vorgaben für das professionelle Handeln macht. Dies schließt die Differenzkonstruktionen samt den Machtverhältnissen, die zu den jeweiligen sozialen Positionierungen von Migrationsanderen und Nicht-Migrant/innen und zu den herrschenden Diskriminierungsverhältnissen beitragen, mit ein (Kalpaka 1998).

Zum Zweiten sind die Voraussetzungen des konkreten institutionellen Orts, an dem das pädagogische Handeln stattfindet, von Bedeutung. Dieser konkrete Ort kann auf seine »interkulturellen« Eigenschaften befragt werden:

- Sind Minderheitenangehörige in der Institution beschäftigt?
- In welcher Position?

- Welche Sprachen werden in der Institution formell und informell gesprochen?
- Besteht ein mehrsprachiges Angebot?
- Richtet sich die institutionelle Öffentlichkeitsarbeit auch an Migrant/innen?

Schlüsselbegriff: Interkulturelle Öffnung

»Interkulturelle Öffnung« meint die Umgestaltung von Organisationen und Diensten, sodass ihre Funktionsweise und ihre Angebote auf die Realität einer Migrationsgesellschaft ausgerichtet sind und es Migrant/innen grundsätzlich möglich gemacht wird, Dienstleistungsangebote wahrzunehmen. »Interkulturelle Öffnung« beschreibt einen Prozess der Organisationsentwicklung, der die Zugangsbarrieren für Migrant/innen zu Bildung, Kultur und sozialen Diensten beseitigt (Fischer 2006, S. 21).

»Interkulturelle Öffnung« ist als Entwicklungsprozess zu verstehen, der sich auf alle relevanten Ebenen in einer Einrichtung bezieht. Als zentrale Aufgaben gelten:

- die strukturelle Verankerung der interkulturellen Öffnung in Leitbildern, Konzepten, Selbstverständnis, Personalpolitik
- der Abbau von Zugangsbarrieren
- die Vermittlung von Fachwissen und Methoden zur Reflexion der beruflichen Praxis sowie die Aus-, Fort- und Weiterbildung der Mitarbeiter/innen
- die Reflexion von Haltungen, Wertungen und Bewertungen auf der persönlichen Ebene.

»Interkulturelle Öffnung« stellt eine Leitungsaufgabe, eine Teamentscheidung, einen Teil der Personalentwicklung, Kundenorientierung sowie einen Teil des Qualitätsmanagements dar (Barth 2006, S. 10ff.; Simon-Hohm 2004, S. 239; Gaitanides 2006, S. 228ff.; Fischer 2006, S. 21ff.)

Wolfgang Hinz-Rommel hat bereits 1994 eine Checkliste vorgelegt, die es Institutionen ermöglicht, auf der Ebene ihrer Zielsetzung, der Repräsentanz von (professionellen) Minderheitenangehörigen in der Institution, der Ebene der Leitungs- und Organisationsstruktur, der Fort- und Weiterbildung sowie der Öffentlichkeitsarbeit sich selbst einem »interkulturellen Selbsttest« zu unterziehen (Kalpaka/Wilkening 1997, S. 109ff.).

Die Überwindung national verengter Strukturen und die »Öffnung« der Einrichtungen nicht nur in der Sozialen Arbeit, sondern allgemein der Bildungsinstitutionen im Sinne der Berücksichtigung der gegebenen Disponiertheiten ihrer Adressaten (vgl. Kap. 5) sind die zentralen Aufgaben, vor die pädagogische Einrichtungen in einer Migrationsgesellschaft gestellt sind. Mehrsprachigkeit als Normalität allgemeiner Angebote oder die Selbstverständlichkeit, dass auch Migrationsanderen der selbstverständliche Status zukommt, professionell Handelnde zu sein, die mit allgemeinen und auch mit Leitungsaufgaben befasst sind, sind zentrale Perspektiven der Umorientierung. Hierbei ist die Frage der Personalpolitik von besonderer Bedeutung. Sie wurde bereits in den 1980er-Jahren von Migrantenselbstorganisationen mit Nachdruck in die Debatte eingebracht. Modelle aus Hamburg und Berlin, die beispielsweise in freier Trägerschaft wie staatlich bezuschussten Stadtteil- und Frauenprojekten Quotierungsregelungen nach Geschlecht und Migrations-/Rassismuserfahrungen bei der Einstellungspolitik mit dem Ziel verfolgt haben, dass Migrant/innen und Minderheitenangehörige nicht mehr nur als Honorar- und Reinigungskräfte beschäftigt sind, haben neue Akzente gesetzt. (Solche Erfahrungen werden dokumentiert und reflektiert meistens in sogenannter »grauer Literatur« – z. B. »duell in schwarz/weiss« von Pari Teimoori 1997.)

Konsens besteht darüber, dass die Einstellung von Migrant/innen eine notwendige, jedoch nicht nur nicht hinreichende Voraussetzung für die »interkulturelle Öffnung« darstellt, sondern auch mit problematischen Nebenfolgen verbunden sein kann. Die Gefahr, Veränderungen im Sinne »interkultureller Öffnung« an die Migrant/innen in der Organisation bzw. das Mitarbeiterteam zu delegieren, ist insbesondere dann gegeben, wenn Veränderungen auf den unterschiedlichen Ebenen der Einrichtungen nicht gleichzeitig und konsequent mitverfolgt werden. Darüber hinaus ist die Einstellung von Migrant/innen oft als Entlastung für die Nicht-Migrant/innen verstanden worden, die die »ausländische Klientel« an ihre »ausländischen« Kollegen verweisen konnten (Gaitanides 2006, S. 230).

In zahlreichen Veröffentlichungen und Handreichungen versuchen wissenschaftlich Tätige zusammen mit Professionellen in der Sozialen Arbeit in den letzten zehn Jahren verstärkt den Ansatz der »interkulturellen Öffnung« zu konzeptionalisieren und für ihre Arbeitsfelder zu konkretisieren. Im Bereich Schule dagegen findet diese Diskussion erst zögerlich statt, dort eher unter der Bezeichnung »Schulentwicklung« (vgl. Kap. 6).

Vertiefende Schlaglichter auf den Stand der Diskussion im Kontext Sozialer Arbeit finden Sie im Internet unter: www.beltz.de/Material Kennwort: 34205

4.4 Perspektiven (sozial)pädagogischen Könnens in der Migrationsgesellschaft

Auch wenn es durch die Erweiterung der Diskussion um »interkulturelle Öffnung« möglich wird, strukturelle Ausgrenzungsmechanismen und notwendige Veränderungen ins Blickfeld zu rücken, bleibt die Frage offen, inwiefern dies notwendig mithilfe des Kulturbegriffs zu geschehen habe und wenn ja, welches Verständnis von Kultur angemessen ist.

Dabei kommen Vorstellungen von Kultur in der konkreten pädagogischen Tätigkeit zum Tragen, die oft den Ansprüchen einer nicht diskriminierenden Praxis wenig genügen. Prozesse »interkultureller Öffnung« sind jedenfalls keine Garantie dafür, dass Adressat/innen der pädagogischen Arbeit nicht aufgrund kultureller oder ethnischer Zuschreibungen kategorisiert oder dass soziale Verhältnisse nicht kulturalisiert werden.

Die Gefahr der Kulturalisierung und die erforderliche Behutsamkeit in der Verwendung kultureller Perspektiven sollten nun jedoch nicht dazu führen, Unterschiede zu dethematisieren. Im Gegenteil, die kulturelle Praxis im Sinne von symbolischer Lebensweltaneignung und -transformation stellt eine wesentliche auch erziehungswissenschaftliche Analysedimension dar – allerdings nur unter der Voraussetzung, dass diese Dimension als allgemein bedeutsame Dimension verstanden wird.

Abschließend seien auch vor dem Hintergrund der Kritik eines reduktiven, essentialistischen, nationalistischen und Rassekonstruktionen befördernden Kulturverständnisses drei mögliche Aspekte einer allgemeinen professionellen pädagogischen Einstellung in der Migrationsgesellschaft angesprochen. Diese Aspekte finden sich in vielen sich von einem eher naiven Gebrauch »kultureller Differenz« kritisch distanzierenden Ansätzen in verwandter Form wieder.

Beobachtung des Gebrauchs von »Kultur«

Die Konsequenz aus der Kritik am naiven Gebrauch »kultureller Differenz« besteht letztlich darin, »Kultur« als ein Deutungsmuster zu verstehen, welches sowohl in Selbst- und Fremdbeschreibungen alltagsweltlicher Handlungssubjekte, also auch in den Beschreibungen und Konzepten Professioneller vorkommt und schließlich auch in wissenschaftlichen Erklärungsangeboten benutzt wird. Es geht also darum, »Kultur« als Instrument zu verstehen und seinen Gebrauch zu beobachten.

Hierbei macht es Sinn, davon auszugehen, dass Kultur mit Macht verknüpft ist und ihre Bedeutung weder immer eindeutig bestimmt werden kann noch voraussagbar ist. Die Relevanz des Kulturellen sollte vielmehr im Konkreten erkundet werden. Pädagogische Professionalität bedarf eines reflexiven und konkrete Interaktionssituationen betrachtenden Umgangs mit der Kategorie »Kultur«. Damit zeichnet sich ein mögliches anderes Verständnis von »interkultureller Kompetenz« ab, eines, für das die suchende Haltung bezüglich der Relevanz von »Kultur« in konkreten Situationen unumgänglich ist. Hilfreich sind dabei Fragen wie: Welche Selbstverständlichkeiten bezüglich »Kultur«, »kulturelle Differenz«, »kulturelle Identität« gehen in Praxen (der Professionellen) ein? Wie beeinflusst die Kultur der Professionellen, der Einrichtung …die Interaktion? Damit ist der Kontext skizziert, in den die Auseinandersetzung mit Fragen von »Kultur« eingebettet sein müsste, um ein *kompetentes Handeln* von Professionellen in der Migrationsgesellschaft zu unterstützen (zu diesen Positionen etwa Leiprecht 2002 sowie Kalpaka 2005, Lange/Weber-Becker 1997).

»Der Begriff der ›Interkulturellen Kompetenz‹ bezeichnet«, so Matthias Lange und Nils Pagels, »die Fähigkeit, in ›ethnifizierten Situationen des Alltagslebens‹ die kulturellen Zuschreibungen und Festlegungen aktiv und effektiv aufzulösen und sie in Situationen des offenen und gleichberechtigten ›Konfliktmanagements‹ durch die Akteure selbst umzumünzen« (Lange/Pagels 2000, S. 240). Hier wird »Kultur« nicht als Wesensmerkmal verstanden, und der Prozess der kulturellen Zuschreibungen wird als ein aktives und zu veränderndes Handeln in den Blick genommen. Franz Hamburger spricht von einer »reflexiven Interkulturalität« und meint damit nicht nur einen »Vorgang im Denken«, sondern eine reale »Selbst-Konfrontation mit den nicht intendierten negativen Nebenfolgen«, die aus der Institutionalisierung von Interkulturalität resultieren (Hamburger 2006, S. 184 f.).

Die Reflexion der Begriffe ist eine zentrale Aufgabe professionellen Handelns in der Migrationsgesellschaft

Eine der zentralen Aufgaben professionellen Handelns in der Migrationsgesellschaft besteht darin, die verwendeten Kategorien und Begriffe samt ihren Wirkungen zu beobachten. »Kultur«, verstanden als Deutungs- und Interpretationsmuster, die spezifische Handlungen nahelegen und soziale Wirkungen haben, stellt eine soziale Praxis dar. *(Selbst-)Beobachtungskompetenz für Begriffsverwendung* ist damit als professionelles Vermögen gefragt. Es geht darum, zum Thema zu machen, unter welchen – gesellschaftlichen, institutionellen, interaktionellen – Bedingungen »Kultur« zum Einsatz kommt. Die entscheidende Frage heißt also nicht: Gibt es kulturelle Unterschiede? Die bedeutsamere Frage lautet vielmehr: *Unter welchen Bedingungen benutzt wer mit welchen Wirkungen wie »Kultur«?* »Kompetentes« Handeln in der Migrationsgesellschaft erwiese sich somit beispielsweise darin, dass professionelles Handeln die Frage reflektiert, inwiefern es zur Reproduktion von »Wir«- und »Nicht-Wir«-Unterscheidungen beiträgt, die in Traditionen der Über- und Unterordnung verhaftet bleiben.

In der konkreten Praxis stehen Professionelle in der Regel unter dem Druck, handeln und entscheiden zu müssen. Würden sie für jede Handlungssituation alle Möglichkeiten der Deutung und Prognose erwägen, würde dies in der Regel die Komplexität erhöhen. Die Befürchtung, dadurch die Situation »nicht im Griff« zu haben, überfordert zu sein und handlungsunfähig zu werden, kann Simplifizierungen begünstigen bzw. nahelegen. Das ist keineswegs ein spezifisch »interkulturelles« Phänomen. Ist eine Handlungssituation allerdings als eine »interkulturelle« eingeordnet und wird sie vorrangig auf diese Weise kontextualisiert, so sind Simplifizierungen in Form von Kulturalisierung bzw. Ethnisierung naheliegend (Eppenstein/Kiesel 2008, S. 145 f.). Dies zu erkennen und zunächst im Denken zu überwinden wäre ein wichtiger Gesichtspunkt von Professionalität in pädagogischen Arbeitsfeldern der Migrationsgesellschaft. Ob solche Reflexivität dann als »interkulturelle Kompetenz« bezeichnet wird, ist eher zweitrangig.

Professionelles Handeln ist darauf angewiesen, in ein grundlegend reflexives Verhältnis zu dem eigenen professionellen Handeln, seinen Bedingungen und Konsequenzen treten zu können. Damit dies nicht zu einer individuellen Präferenz von Einzelnen erklärt wird, heißt dies: Schaffung von Strukturen professionellen Handelns, in denen Reflexion nicht nur möglich, sondern auch sinnvoll sowie attraktiv ist und systematisch unterstützt wird. Dabei bezieht sich die Reflexion in einer besonderen Weise auf die Grenzen professionellen Handelns, seine Einflusslosigkeit und seine paradoxen und problematischen Neben- und Hauptfolgen (vgl. Kap. 8).

Ein Kulturbegriff

Kultur als die besondere Lebensweise von Gruppen oder Klassen wird in einer Formulierung, die im *Centre for Contemporary Cultural Studies* entstanden ist, als dynamisch und prozesshaft begriffen. Kultur ist keine starre und eiserne Rahmung, die Menschen zu Marionetten oder Opfern macht. Allerdings ist Kultur nicht beliebig veränderbar bzw. gestaltbar, denn sie wird im jeweils gegebenen geschichtlich und gesellschaftlich bestimmten »Feld der Möglichkeiten und Zwänge« entwickelt. Die »Landkarten der Bedeutung«, die in den jeweiligen Kulturen enthalten sind, geben den Dingen einen Sinn. Wesentliche Funktionen von Kultur sind demnach Sinnkonstitution und Identitätsbildung für die Gruppe und für die Einzelnen.

In den Cultural Studies wird »Kultur« als relativ autonome Sphäre gedacht

In den *Cultural Studies* wird »Kultur« als *relativ* autonome Sphäre gedacht, die zwar von ökonomischen und sozialstrukturellen Verhältnissen vermittelt und beeinflusst ist, der jedoch ein eigenes Potenzial der Bestätigung und Veränderung von Differenz- und Ungleichheitsverhältnissen zugesprochen wird. Die kulturelle Sphäre, so wie sie sich in den sozialen Verhältnissen darstellt, die im Rahmen der *Cultural Studies* von Interesse sind, ist weniger durch Homogenität, Stabilität und Klarheit gekennzeichnet. Vielmehr breitet die Offenheit von Kultur gewissermaßen ein Forum aus, in dem Kämpfe um Bedeutungen geführt werden. »Kultur« ist eine Perspektive, die von den *Cultural Studies* eingebracht wird, um die polyphonen, stets umstrittenen und umkämpften komplexen Prozesse der Konstruktion von sozialen Differenzen und Identitäten zu beschreiben und zu untersuchen.

Kulturverständnis der »Cultural Studies«

»Die ›Kultur‹ einer Gruppe oder Klasse umfasst die besondere und distinkte Lebensweise dieser Gruppe oder Klasse, die Bedeutungen, Werte und Ideen, wie sie in den Institutionen, in den gesellschaftlichen Beziehungen, in Glaubenssystemen, in Sitten und Bräuchen, im Gebrauch der Objekte und im materiellen Leben verkörpert sind. Kultur ist die besondere Gestalt, in der dieses Material und diese gesellschaftliche Organisation des Lebens Ausdruck finden. Eine Kultur enthält die ›Landkarten der Bedeutung‹, welche die Dinge für ihre Mitglieder verstehbar machen. Diese ›Landkarten der Bedeutung‹ trägt man nicht einfach im Kopf mit sich herum: sie sind in den Formen der gesellschaftlichen Organisationen und Beziehungen objektiviert, durch die das Individuum zu einem ›gesellschaftlichen Individuum‹ wird. [...] Ähnlich wie verschiedene Gruppen und Klassen im Verhältnis zueinander, nach Maßgabe ihrer Reproduktionsbeziehungen, ihres Reichtums und ihrer Macht in ungleicher Rangfolge stehen, so stehen auch Kulturen in einer Stufenfolge und in Opposition zueinander – in Herrschafts- und Unterordnungsbeziehungen – auf der Skala der kulturellen Macht. Die Definitionen der Welt, die ›Landkarten der Bedeutung‹, welche die Lebenssituation jener Gruppen, die das Machtmonopol in der Gesellschaft innehaben, zum Ausdruck bringen, besitzen das größte Gewicht und den meisten Einfluss, sie erzeugen die stärkste Legitimität« (Clarke et al. 1979, S. 41 f.).

Im Mittelpunkt des Interesses in den *Cultural Studies* steht hierbei eine analytische Haltung, die die enge Verbindung von Subjektivität und Macht zum Ausgangspunkt und Gegenstand des Interesses macht (z.B. Winter 2001). Individuen übernehmen nicht einfach das Vorgegebene; sie sind nicht passive Empfänger von Bedeutungen. Sie eignen sich die Dinge und ihre Bedeutung an und transformieren sie dabei, entsprechend ihren Voraussetzungen und Lebensbedingungen. Unterschiedliche soziale Gruppen bzw. Individuen setzen sich mit sich selbst und ihren Lebensbedingungen auseinander, definieren sich selbst und andere immer wieder neu, erarbeiten sich auf diese Weise ihre »Identität«, indem sie ihre »Landkarten der Bedeutung« und das bereits angeeignete kulturelle Material den aktuellen Lebensbedingungen entsprechend umarbeiten. Das »Machen« ist hier ein zentraler Aspekt. Er verweist auf ein Verständnis von »Kultur«, das sein besonderes Augenmerk auf aktiv handelnde Subjekte lenkt, die ihre Bedingungen zwar vorfinden, aber auch mitgestalten.

Während die *Cultural Studies* in der interkulturellen (sozial)pädagogischen Praxis hierzulande eher marginal geblieben sind, haben Konzepte, wie das der »Kulturstandards« (Thomas 1993) und der »Kulturkomponenten« (Hofstede 1993) in viele interkulturelle Handlungs- und Praxiskonzepte Eingang gefunden. Sie scheinen an ein weitverbreitetes Alltagsverständnis von »Kultur« anschlussfähig zu sein und können diesem eine vermeintlich wissenschaftliche Legitimation verleihen. Auch die Vorstellung, dass »Kulturen« in einem nahezu notwendig konflikthaften Verhältnis zueinander stehen, das die Ansätze von Thomas und Hofstede kennzeichnet, wirkt plausibel. Wichtig ist es hierbei, diese Plausibilität als kulturgebundenes Phänomen zu verstehen, das sehr viel über die Art der öffentlichen Inszenierung von Fremdheit auch mithilfe wissenschaftlicher Forschung aufdeckt: »Der westliche kultur- und sozialwissenschaftliche Blick«, schreibt Joachim Matthes (1999, S. 423), »bleibt hängen an den konfliktiven Seiten interkultureller Begegnung und Kommunikation und konzentriert sein Bemühen darauf, wie sie entstehen und wie sie ›auszuräumen‹ sind. Selten wird dagegen in der einschlägigen Forschung thematisiert und untersucht, ob und wie es den jeweiligen Betroffenen und Beteiligten selber schon immer gelingt, die ihnen auffallenden und sie irritierenden Differenzen im alltäglichen Umgang miteinander auszubalancieren.«

In Abgrenzung von Ansätzen, die Differenzen des Verstehens und der Werthaltungen zwischen Kulturen betonen, liegt der Schwerpunkt des Kulturverständnisses der *Cultural Studies* auf Machtungleichgewichten und Transformationen. »Kultur« ist als unabgeschlossen anzusehen. Es ist notwendig, die aktuellen Bedingungen, unter denen Menschen ihre kulturellen Lebensformen entwickeln, näher zu untersuchen. Auf diese Weise können die sehr unterschiedlichen Aus-, Abgrenzungs- und Syntheseprozesse, die Menschen (auch in der Migration) erleben und vollbringen, in den Blick genommen werden.

Schlüsselbegriff: Kultur

Kultur kann, in einer den *Cultural Studies* entlehnten Perspektive, als alltägliche, sozial-symbolische Praxis verstanden werden, als Art und Weise, in der sich Individuen unter spezifischen gesellschaftlichen Bedingungen ihre Lebensbedingungen symbolisch aneignen und dem eigenen Leben einen Sinn geben. Das Kulturelle ist damit Bestandteil *jeder* Praxis. Kulturelle Praxen als symbolische und Sinn stiftende Unterscheidungsweisen bewirken Unterschiede und werden durch Unterscheidungsschemata erzeugt. Im Fokus einer praxistheoretischen Kulturanalyse steht die Frage, *wie* Menschen in bestimmten sozialen Zusammenhängen *was* und mit welchen Konsequenzen symbolisch unterscheiden. Das zentrale Interesse dieser Blickrichtung ist nicht auf die als gegeben angenommene Verschiedenheit, sondern auf die Machtverhältnisse, in denen sich kulturelle Formen begegnen, in denen sie hergestellt werden und sich jeweils durchsetzen, gerichtet.

Nicht-Wissen

Professionelles Handeln unter Bedingungen kultureller Vielfalt erfordert die Bereitschaft, die Illusion der Kompetenz zu verlieren, d.h. sich von einem instrumentellen Zugriff auf das »Wissen über Andere« zu verabschieden. Insofern werden in der kritischen Auseinandersetzung mit Konzepten »interkultureller Kompetenz« nicht nur der Begriff »Kultur«, sondern auch der Kompetenzbegriff und das dahinterliegende Professionalitätsverständnis befragt (vgl. die Beiträge in Auernheimer 2008).

Professionelles Handeln unter Bedingungen kultureller Vielfalt erfordert die Bereitschaft, die Illusion der Kompetenz zu verlieren

Das einschränkende, festlegende und auch gewaltförmige Potenzial von Wissen wird vielleicht nirgends so deutlich wie im wissensbegründeten Umgang mit den natio-ethno-kulturell Anderen. Als wohl prominentestes Verfahren des »interkulturellen Erkennens« der Anderen kann der Kulturalismus bezeichnet werden. Er kann als Indiz der Hilflosigkeit eines bloß wissensbegründeten Handelns verstanden werden, das die eindeutige Anwendbarkeit von Wissen voraussetzt und dem ein mögliches Nicht-Wissen zu einem bedrohenden und Unsicherheiten auslösendem Faktor werden muss. Durch die für die pädagogische Praxis kennzeichnende Undurchschaubarkeit und Widersprüchlichkeit von thematisch werdenden Situationen und durch die Mehrdeutigkeit und Vielgestaltigkeit von Anliegen und möglichen Wegen der Bearbeitung sind dem Handlungsmodell der technischen Übersetzbarkeit von Wissen jedoch recht enge Grenzen gesetzt. Da keine allgemeinen Regeln für die Übersetzung abstrakten Wissens auf lebensweltliche Situationen zur Verfügung stehen, *bleibt stets ein Rest*, der nicht Wissen ist und nicht Wissen werden kann und dessen Verhältnis zum Wissen unklar ist (Wimmer 1996, S. 425). Dieser »Rest« bezeichnet eine Unsicherheit professionellen Handelns, die nicht überwindbar ist. Sie stellt vielmehr eine konstitutive Bedingung professionellen Handelns dar.

Erst die Anerkennung des Restes, die Anerkennung von Nicht-Wissen, ermöglicht eine Bezugnahme auf die Anderen (Migrationsandere oder Nicht-Migrationsandere), die nicht von vornherein in den Kategorien der Bezugnehmenden (möglicherweise Nicht-Migrationsandere oder Migrationsandere) darstellt. »Nicht der Anspruch, den Anderen zu verstehen«, schreibt Christoph Wulf (1999, S. 61), »sondern die Erkenntnis, dass der Andere different und nicht verstehbar ist, muß zum Ausgangspunkt interkultureller Bildung werden.«

Die Unzugänglichkeit der Anderen ist ein Ausgangspunkt interkultureller Prozesse

Sobald die Unzugänglichkeit des Anderen zum Ausgangspunkt interkultureller Prozesse wird, verringert sich die Gefahr der Vereinnahmung durch Wissen und Verstehen. Diese Haltung setzt das professionelle Vermögen voraus, sich auf das eigene Nicht-Wissen zu beziehen. Nicht-Wissen wird damit zum Kontext, in dem wissens- und verstehensskeptische Prozesse interkultureller, also allgemeiner Bildung stattfinden können.

Freilich kommt in der Formulierung von Wulf bereits die Verschränktheit von Verstehen und Nicht-Verstehen, Wissen und Nicht-Wissen zum Ausdruck. Denn ganz offensichtlich muss der kulturell Andere ja *als* Anderer erkannt und verstanden werden, ehe das Nicht-Verstehen als Ausgangspunkt gewählt werden kann. Es ist also eine kulturelle Position, von der aus ich den kulturell Anderen als kulturell Anderen erkenne. Vor diesem Hintergrund ist es sinnvoll, nicht allein das Nicht-Verstehen, sondern die Verschränkung von Verstehen und Nicht-Verstehen als interkulturelle Perspektive zu betrachten. Diese Verschränkung kündigt die Beziehung zum Anderen nicht auf, begegnet aber der für soziale Beziehungen notwendigen Möglichkeit des Verstehens skeptisch, stellt sie kommunikativ und reflexiv infrage und übergibt ihre weitere soziale und kognitive Ausgestaltung der sich in der Dialektik von Verstehen und Nicht-Verstehen konstituierenden dialogischen Auseinandersetzung.

Weiterführende Literatur

Eppenstein, T./Kiesel, D. (2008): Soziale Arbeit interkulturell. Theorien, Spannungsfelder, reflexive Praxis. Stuttgart: Kohlhammer.
In dieser Einführung in die komplexe Debatte um die interkulturelle Ausrichtung Sozialer Arbeit setzen sich die Autoren mit unterschiedlichen Kulturverständnissen auseinander, arbeiten Ambivalenzen der interkulturellen Sozialen Arbeit und Spannungen ihrer theoretischen Begründungen heraus. Dies geschieht, indem die theoretischen Grundlagen und Konzepte mit Fragen professionellen Handelns konfrontiert werden. Auch werden Bezüge und Zusammenhänge zwischen der interkulturellen Sozialen Arbeit und der Ökonomisierung des Sozialen hergestellt.

Messerschmidt, A. (2009): Weltbilder und Selbstbilder. Bildungsprozesse im Umgang mit Globalisierung, Migration und Zeitgeschichte. Frankfurt am Main: Brandes und Apsel.
Die Autorin arbeitet das eigene In-Beziehung-Sein von Lehrenden und Lernenden zu den behandelten Problemen und Thematiken als eine Bedingung für Bildungsprozesse heraus. Bildung als kritische Selbstreflexion im Kontext von Globalisierung, Migration und Zeitgeschichte wird hier theoretisch-reflexiv entwickelt. Zugänge einer angemessenen Bildungspraxis werden in dem Konzept »involvierter Bildungsprozesse« vorgestellt. Diese setzen die Bereitschaft voraus, eigene Weltbilder zu reflektieren.

Folgende Fragen können Ihnen helfen, Ihr Verständnis der Ausführungen in diesem Kapitel zu präzisieren:

- Was sind Zielsetzungen, die für Ansätze zu »interkultureller Kompetenz« kennzeichnend sind?
- Was sind die Ihres Erachtens zentralen Kritikpunkte an Ansätzen »interkultureller Kompetenz«?
- Was bedeutet es, die interkulturelle Dimension als eine allgemeine Dimension pädagogischen Handelns zu betrachten?
- Wenn Sie eine Institution, die Sie gut kennen – Schule, Hochschule, ein Verein, in dem Sie Mitglied sind, oder eine Behörde, mit der Sie zu tun haben – genauer betrachten: Woran würden Sie merken, dass diese Institution »interkulturell geöffnet« ist?

5. Die Sprache(n) der Migrationsgesellschaft

Einführung

Das Kapitel »Die Sprache(n) der Migrationsgesellschaft« gibt grundlegende soziolinguistische, ethnografische und erziehungswissenschaftliche Einblicke in das Verhältnis von Sprache(n) und Bildung und rückt hierbei die Dimension der Macht in den Vordergrund. Sobald die pädagogische Auseinandersetzung mit Sprache und Sprechen nicht allein auf Fragen der Grammatik und Syntax bezogen bleibt und auch die Frage stellt, wem es wann zugestanden ist, welche Sprache in welcher Variante wo zu sprechen, werden die soziale und gesellschaftliche Dimension von Sprache(n) und Sprechen zum Thema. Für die Analyse des Themenfeldes Sprache und Bildung ist der Blick auf gesellschaftliche Kräfteverhältnisse von entscheidender Bedeutung. Die enge Kopplung von Sprache und Nation ist ein wichtiges Moment dieser Verhältnisse. Gerade in der Migrationsgesellschaft wird dies augenfällig und problematisch. Das Kapitel führt in diese Problematik ein. Welche (migrations)pädagogischen Einsichten und auf insbesondere schulische Bildung bezogenen Konzepte mit einer Perspektive verbunden sind, die die gesellschaftliche und soziale Bedeutung von Sprache hervorhebt, wird ausgeführt.

5.1 Sprache(n) und Macht

Die gesellschaftliche Dimension der Sprache(n)

Zwei- und Mehrsprachigkeit, eines der traditionellen Arbeitsgebiete der Linguistik, wurde schon früh von der Erziehungswissenschaft als pädagogische Fragestellung erkannt. In der ausländerpädagogischen Perspektive (vgl. Kap. 3) bleibt die Auseinandersetzung mit Zwei- und Mehrsprachigkeit vornehmlich einer kompensatorischen Sprachförderprogrammatik verpflichtet und richtet sich auf den Ausbau der Deutschkompetenzen von Kindern sogenannter Arbeitsmigranten. Nach einer Phase des relativen Stillstands in den 1980er-Jahren lässt sich in den letzten Jahren, vor allem ausgelöst durch die Ergebnisse der PISA-Studien, beobachten, dass die Erziehungswissenschaft sich in Kooperationen mit Sprachwissenschaft und -didaktik des Sprach(en)themas annimmt.

Es geht hierbei vornehmlich um die Erhöhung der Chancengleichheit im deutschen Bildungssystem von Kindern, die als Kinder aus Migrationsfamilien gelten, durch Verbesserung der »Sprachkompetenz« im Deutschen. Der Blick auf Zwei- und Mehrsprachigkeit ist in der Erziehungswissenschaft also weiterhin oder erneut in erster Linie auf die Förderung des Deutschen als Zweitsprache gerichtet, und zwar vornehmlich auf die Entwicklung von erfolgreichen

Programmen und Modellen sprachlicher Bildung im Deutschen. In diesem Zusammenhang wird gefordert, dass beispielsweise Lehramtsstudiengänge ein Grundwissen über das Deutsche als Zweit- und Drittsprache vermitteln müssen, sodass Lehrer/innen aller Fachrichtungen, da Sprache, Spracherwerb und Sprachentwicklung in jedem Unterrichtsfach eine große Rolle spielen, über entsprechende didaktische Kompetenzen verfügen.

Allerdings kann die erziehungswissenschaftliche Beschäftigung mit Sprache und Mehrsprachigkeit nicht auf die Frage beschränkt werden, wie Sprachen erworben werden, und erst recht nicht auf die Frage reduziert werden, wie die Sprache der Mehrheit erworben wird. Gleichermaßen wichtig ist es, dass Pädagog/innen in schulischen wie in außerschulischen Feldern sich theoretische Kenntnisse über die gesellschaftliche und soziale Bedeutung von Sprache aneignen. Auf dieser Ebene wird deutlich, dass es sich bei dem Themenfeld »Sprache(n) und Migrationsgesellschaft« um ein Feld handelt, das ohne Bezug auf die Machtdimension nicht angemessen verstanden werden kann (Mecheril/Quehl 2006). Auf der Basis dieses Wissens sind professionelle Handlungsentwürfe möglich, mit denen beispielsweise institutionelle Restriktionen und Möglichkeiten des eigenen Handelns sowie seine Einbettung in historisch-gesellschaftliche Verhältnisse reflektiert und überwunden werden.

Sprache ist nicht nur ein »technisches« Kommunikationsmittel, sondern auch ein Mittel der Herstellung und Artikulation gesellschaftlicher Anerkennung

Sprache ist nicht nur ein »technisches« Kommunikationsmittel, sondern auch ein Mittel der Herstellung und Artikulation gesellschaftlicher Anerkennung. Wer ist befugt wann, wie, zu wem und über wen und was zu sprechen? Welche Sprachen und Sprechweisen gelten (in der Gesellschaft, in der Schule, im Jugendzentrum) als legitime Sprachen? Wer gilt als legitime/r Sprecher/in einer Sprache? Welche Sprachen und Sprachformen besitzen hohes, welche eher geringes Prestige? Sollte pädagogisches Handeln diese »Prestigehierarchie« bestätigen oder problematisieren? Welche Möglichkeiten eines nicht allein gegebene »Prestigehierarchien« bejahenden pädagogischen Handelns gibt es? Mithilfe solcher Fragen kommen die gesellschaftlichen (Macht-)Dimensionen des Themas »Sprachen – Sprechen« in den Blick. Die Reflexion dieser Dimension begründet professionelles pädagogisches Handeln, das nicht allein das gesellschaftlich Gegebene bejaht.

Sprache stellt einen zentralen Weg zur Erschließung der Welt und eine wesentliche Voraussetzung für soziale, ökonomische und politische Teilhabe dar. Das Individuum eignet sich Sprache in der täglichen Interaktion aktiv an und erweitert im Prozess der Aneignung von Sprache seine individuelle, soziale und schließlich politische Handlungsfähigkeit. Gleichzeitig schafft Sprache für das Individuum eine Orientierung durch kollektive und umfassende Einbindung in Vergangenheit, Gegenwart und Zukunft der sozialen Kontexte, deren Mitglied es ist.

Jede Beschäftigung mit den sprachlichen Verhältnissen einer Gesellschaft muss berücksichtigen, dass Sprache ein Raum ist, in dem soziale Unterscheidungen erfolgen. Sprache bezeichnet ein Feld systematischer Unterscheidungen, in dem sich zunächst unterschiedliche Sprachen, Sprachvarianten sowie Dialekte und Kommunikationsformen finden. Allerdings werden diese Sprachen und Sprachvarianten in unterschiedlichem Maße anerkannt. Alle Kinder erwerben an den Orten ihres Aufwachsens auf eine sehr ähnliche Weise – zunächst in der Interaktion mit Bezugspersonen – Sprache(n). Inwiefern sich die Kinder in den weiteren sozialen Umgebungen, in die sie eintreten, Gehör verschaffen können, hängt jedoch nicht nur davon ab, wie weit ihr Sprachverständnis gediehen ist, wie differenziert ihre Äußerungen sind und wie weit ihr Wortschatz ausgefächert ist. Welchen Zugang die Kinder zu den gesellschaftlichen Kontexten erhalten, hängt nicht nur von ihrer allgemeinen Sprachkompetenz und dem relativen Grad dieser Kompetenz ab, sondern ganz entschieden davon, ob die Sprache, in der sie diese Kompetenz besitzen, anerkannt wird.

Die Anerkennung von Sprachen regelt Zugänge zu gesellschaftlichen Kontexten

Der Kultursoziologe Pierre Bourdieu formuliert dies so: »Die Sprachkompetenz, die ausreicht, um Sätze zu bilden, kann völlig unzureichend sein, um Sätze zu bilden, auf die gehört wird, Sätze, die in allen Situationen, in denen gesprochen wird, als rezipierbar anerkannt werden können. Auch hier ist die soziale Akzeptabilität nicht auf die Grammatikalität beschränkt. Sprecher ohne legitime Sprachkompetenz sind in Wirklichkeit von sozialen Welten, in denen diese Kompetenz vorausgesetzt wird, ausgeschlossen oder zum Schweigen verurteilt« (Bourdieu 1990, S. 60).

Die systematische und reflektierende Beschäftigung mit Sprache reicht so weit in die Geschichte zurück, dass ihr Beginn nicht mehr datiert werden kann; sie wurde im Laufe der Zeit in den sich etablierenden (sub)disziplinären Zusammenhängen, u.a. der Philosophie, Psychologie, Linguistik, Soziologie und Pädagogik, weiterentwickelt. Obwohl vor allem vonseiten der Soziolinguistik die Vielfalt der Gebrauchsweisen und Funktionen sowie die Dynamik der Sprache in den sozialen Gemeinschaften thematisiert wurden, ist die dominante Sichtweise auf Sprache und Zweisprachigkeit auch in der Pädagogik von einer gewissen Starrheit geprägt, die an den Strukturalismus des 19. Jahrhunderts erinnert, in dem das Hauptinteresse auf die Beschreibung der Systeme von Sprachen gerichtet war und weder die Gebrauchsdimension der Sprache noch die gesellschaftliche Dimension von Sprache und Sprechen ausreichend berücksichtigt wurden. Das Bild der Sprache als feststehende Ordnung wurde auch später zum Ausgang verschiedener Sprachbetrachtungen gemacht.

Noam Chomsky (1965) etwa entwarf in seiner einflussreichen Sprachtheorie den »idealen Sprecher-Hörer«, den es, so seine Vorstellung, prinzipiell in allen Sprachen gebe. Der »ideale Sprecher-Hörer« beherrscht seine Sprache »perfekt« und lässt sich durch keine inneren und äußeren Umstände in der Produktion seiner Äußerungen irritieren. Dieser Idealtyp ist ein nützliches analytisches Instrument, um die Grammatik einer Sprache zu beschreiben. Gleichzeitig wird jedoch die Sprachproduktion damit von den sozialen Umständen abgekoppelt, in denen Individuen leben und Sprache nicht immer gleich verwenden (können). Sprache wird in Chomskys Ansatz normativ-fiktiv beschrieben. Die durch diese Sichtweise entstandene Perspektive auf »Sprachkompetenz« fördert hierbei auch eine perfektionistische Erwartungshaltung an einzelne Individuen, wobei nicht klar ist, worin die Perfektion konkret und im Einzelnen bestehen kann.

Das Alltagsverständnis von Sprache und auch das Sprachverständnis vieler pädagogischer Debatten sind von dem idealistischen Konstrukt Chomskys geprägt, das von den staatlich geförderten Normierungsversuchen der Nationalsprachen gestützt wird. Die auf die äußere Beschaffenheit von Äußerungen gerichtete Perfektions- und Normorientierung wirkt sich auf das Verständnis von individueller Zwei- und Mehrsprachigkeit auch deshalb besonders ungünstig aus, weil sie sich auf beide bzw. alle Sprachen richtet, die die Person spricht, und den unrealistischen Anspruch entstehen lässt, dass die Sprachen nicht nur gleich gut, sondern auch sehr gut beherrscht werden müssen.

Schlüsselbegriff: Sprachvermögen

In einer pädagogisch gehaltvollen Analyse der Bedeutung und der Funktion von Sprache geht es nicht allein darum, das Ausbilden von Sprachkompetenz in einem traditionell semiotischen Sinne zu untersuchen und zu beschreiben. Der schriftliche und mündliche Gebrauch von Sprache ist eine soziale Praxis, die nicht nur etwas mit der Fertigkeit zu tun hat, Äußerungen hervorzubringen, die semantisch und grammatisch korrekt sind. Die mit der Sprache verknüpfte und von ihr vermittelte Wirksamkeit hängt von sozialen, politischen, rechtlichen und kulturellen Bedingungen ab, aufgrund derer Sprachen unterschiedliche Werte zukommen. Bei Äußerungen stellt sich nicht allein die Frage, ob sie wahr oder falsch sind; sondern vielmehr, ob sie glücken oder nicht glücken. Dieses Glücken ist nicht allein die Frage einer »technischen Sprachkompetenz«, sondern auch eine Frage nach den sozialen und mikropolitischen Bedingungen, an die das »Glückenkönnen« der Äußerungen von Sprecher/innen gebunden ist. Die gesellschaftlichen und interaktiven Voraussetzungen, Möglichkeiten und Restriktionen konkreter sprachlicher Produktionssituationen und *konkreter Sprecher/innen* sind bei jeder pädagogischen Sprachanalyse zu berücksichtigen.
Im Begriff *Sprachvermögen* kommt dies zum Ausdruck: Mündliche und schriftliche Sprachpraxis sind nur angemessen als eine Frage der Kompetenz *und* des Wertes der Anerkennung, der dieser Sprachpraxis in einem bestimmten Raum zukommt, zu verstehen. Die (migrations)pädagogische Konsequenz dieser Einsicht besteht unter anderem in einem kritischen Verhältnis zu der Struktur, in der der Wert der Sprachen hierarchisch geordnet ist.

Dynamik, Situativität, Mehrsprachigkeit: »Sprache« als vage Einheit der Differenz

Sprachen sind Instrument und Spiegel gesellschaftlicher Entwicklungen

Sprachen sind nicht statisch, auch wenn beispielsweise die Existenz von »Standardsprachen« diesen Eindruck nahelegt. Sprachen sind Instrument und Spiegel gesellschaftlicher Entwicklungen, wodurch sie sich in einem stetigen Wandel befinden. Veränderungen auf der phonetischen, semantischen, morphologisch-syntaktischen und der pragmatischen Ebene von Sprache gehören dazu. Mit diesen Veränderungen verschränkt entwickeln verschiedene sozial und geografisch unterschiedlich platzierte gesellschaftliche Gruppen ihre eigenen Ausdruckweisen. Dadurch unterscheiden sie sich von anderen Gruppen, auch wenn sie sich ein und derselben Sprache bedienen. Auch Differenzlinien wie das soziale Alter oder das soziale Geschlecht wirken sich in der Sprache, dem Sprachen-Sprechen aus und ermöglichen insgesamt die Entstehung von unterschiedlichen Varietäten, die nicht vollständig trennscharf voneinander abgegrenzt werden können, aber von den Mitgliedern der Gesellschaft als die Sprache einer bestimmten Gruppe oder die für einen bestimmten Kontext charakteristische Sprache wahrgenommen werden. Es werden nicht nur Deutsch, Türkisch oder Italienisch oder eine Mischung dieser gesprochen; es werden ein bestimmtes Deutsch, ein bestimmtes Türkisch, eine bestimmte Mischung gesprochen.

Quer hierzu liegt das Erfordernis des situationsadäquaten Gebrauchs einer Varietät und ist die situative Anforderung des Hin- und Herschaltens zwischen verschiedenen Varietäten angesiedelt. So ist vorstellbar, dass ein Mann in seiner Rolle als Vater sein kleines Kind fragt: »Hast du ein Aua?«, und sich im nächsten Moment als Vater und Partner an die Mutter des Kindes mit der Information: »Julian hat sich verletzt«, wendet. Denkbar wäre weiterhin, dass der Vater später den Kinderarzt – in einer von einer größeren Distanz gekennzeichneten, formelleren Situation als zu Hause – mit den folgenden Worten informiert: »Mein Sohn hat sich eine Schürfwunde zugezogen.« Das Beispiel zeigt, dass ein und dieselbe Person in der Lage sein kann, eine Mitteilung je nachdem, welche Rolle sie in dem Moment zu erfüllen hat, welche Beziehung zu den Adressat/innen besteht, welche sozialen Stellungen, welche Altersunterschiede zu berücksichtigen sind und welcher Präzisionsgrad der Mitteilung damit erforderlich wird, zu variieren. Diese Variationen können sich zwar auf allen sprachlichen Ebenen einer Mitteilung niederschlagen; am leichtesten sind sie jedoch an dem verwendeten Wortschatz erkennbar. Diese Wörter stehen für die Heterogenität innerhalb einer Sprache, die als die eine Sprache, in diesem Fall das Deutsche, betrachtet wird und bei der man im Alltagsverständnis von großer interner Konsistenz ausgeht, durch die sie klar von anderen Sprachen unterschieden werden kann. Das obige Beispiel zeigt allerdings, dass auch einzelne Sprachen von einer internen Vielfalt gekennzeichnet sind.

Mit dieser inneren Mehrsprachigkeit von Sprachen setzt sich der österreichische Sprachwissenschaftler Mario Wandruszka am Beispiel der deutschen

Sprache und am Fall seiner eigenen sprachlichen Sozialisation intensiv auseinander. In einem autobiografischen Rückblick bezeichnet er seinen Grundschullehrer, dessen Sprachgebrauch sich deutlich von dem der Bewohner des Dorfes unterschied, in dem Wandruszka aufwuchs, als seinen ersten Fremdsprachenlehrer (1979), obgleich es sich jeweils um Varietäten der deutschen Sprache handelte. Wandruszka, der für die innere Mehrsprachigkeit die Bezeichnung »muttersprachliche Mehrsprachigkeit« vorschlägt, kommt für die betrachteten Zusammenhänge das Verdienst zu, darauf aufmerksam gemacht zu haben, dass die Aneignung von und die Auseinandersetzung mit sprachlicher Heterogenität allen Menschen, gleich ob ein-, zwei- oder mehrsprachig, gemeinsam ist.

Jeder Mensch eignet sich Varietäten wie Dialekte, Soziolekte, Ethnolekte, Fachsprachen, Jugendsprachen an

Jeder Mensch, so Wandruszka, unberührt davon, ob ein-, zwei- oder mehrsprachig, eignet sich Varietäten wie Dialekte, Soziolekte, Ethnolekte, Fachsprachen, Jugendsprachen an und besitzt darüber hinaus eine unverwechselbar eigene Art der Sprachverwendung, einen Idiolekt. Der Unterschied zwischen einsprachiger und zwei- bzw. mehrsprachiger Kompetenz besteht demnach in der Qualität und Quantität der angeeigneten Varietäten, wobei der Übergang zwischen Ein-, Zwei- und Mehrsprachigkeit aus Sicht des »repertorie view« (Denison 1994) als fließend angesehen werden kann. Der Ansatz des »repertorie view« versteht und betrachtet Sprache nicht als homogenen Block, sondern als komplexes Geflecht, das spezifische Mittel für unterschiedliche Kommunikationssituationen bereithält. Im Falle von Zwei- und Mehrsprachigkeit geht die interaktive Gestaltung eines Kontextes mit der Wahl der passenden Sprache oder Sprachenkombination einher. Inwiefern das in zufriedenstellender Weise gelingt, hängt unter anderem davon ab, welche sprachlichen Mittel und Möglichkeiten das jeweilige Individuum nutzen kann und welche Möglichkeiten der/dem Einzelnen biografisch zur Verfügung gestanden haben, sich die für die Gestaltung verschiedener Kontexte adäquaten sprachlichen Mittel anzueignen. Damit wären soziale und eben auch pädagogische Verhältnisse und die sich darin bietenden Lerngelegenheiten angesprochen, von denen die Entfaltung von Sprache(n) abhängt.

Insgesamt wird deutlich, dass Ein-, Zwei- und Mehrsprachigkeit insofern große Gemeinsamkeiten aufweisen, als die Beherrschung einer Summe unterschiedlicher Varietäten zumindest in den für viele Menschen gültigen hochdifferenzierten gesellschaftlichen Kontexten allgemein kennzeichnend ist. In diesem Sinne ist Gudula List zu verstehen, wenn sie schreibt: »Das Gehirn hat Platz für viele Sprachen« (List 2001). Dass eine bestimmte Sprache, z.B. Deutsch, für einen speziellen Kontext, z.B. den der Schule, nicht ausreichend erworben werden konnte, hat demnach an sich nichts damit zu tun, dass das betroffene Individuum, z.B. ein Kind aus einer Familie, in der Italienisch oder Tamil die wichtigste Sprache ist, zweisprachig aufwächst, sondern damit, dass die dem Individuum zur Verfügung stehenden allgemeinen Entwicklungs- und Bildungsmöglichkeiten und die Lerngelegenheiten für diese Sprache qualitativ und quantitativ nicht ausreichend waren, um sich die in einem bestimmten gesellschaftlichen Kontext besonders erforderlichen sprachlichen Mittel (z. B. das Standarddeutsche) anzueignen.

Als wessen Aufgabe es betrachtet wird, solche Kontexte des Erwerbs der dominanten Sprache zu organisieren und zu gestalten, ist allerdings eine Frage, die unterschiedlich beantwortet wird. In Kanada beispielsweise wird von Eltern nicht erwartet, dass sie ihren Kindern die Schulsprachen Englisch oder Französisch vermitteln; vielmehr ist es hier vorrangig Aufgabe der Schule, Kindern zu ermöglichen, sprachlich einen guten Anschluss an das und in dem schulischen Bildungsgeschehen zu finden. Die Eltern bekommen unter anderem Angebote zur Förderung ihrer Kinder in der nicht englischen oder französischen Familiensprache, zum einen deshalb, weil sprachliche Vielfalt als persönliches Gut und gesellschaftliche Ressource wertgeschätzt wird, und zum anderen deshalb, weil ein positiver Transfer von sprachförderlichen Aktivitäten in den nicht französischen und englischen Familiensprachen auf die Schulsprachen erwartet wird (Löser 2009). In Deutschland findet sich im Hinblick auf die Zuständigkeiten der Sprachförderung im Deutschen keine derart klare gesellschaftliche Akzeptanz der Mehrsprachigkeit. Zwar gibt es seit einigen Jahren diverse schulische Maßnahmen zur Unterstützung der Kinder und Eltern beim Erwerb und der Vermittlung des Deutschen; dennoch ist die Abgabe dieser Aufgabe an die Eltern weiterhin eine verbreitete Haltung (Löser 2009).

5.2 Die pädagogische Herstellung (il)legitimer Sprachen und Zugehörigkeiten

In der Auseinandersetzung um Sprache geht es um Zugehörigkeiten und Identitäten

In der Auseinandersetzung um Sprache geht es um mehr als bloß »technische« Fragen. Es geht in einem sehr grundsätzlichen Sinne um Zugehörigkeiten und Identitäten. Im Disput über die Sprache(n), die als legitime Sprache(n) der Migrationsgesellschaft gilt (gelten), artikuliert sich ein Kampf um Zugehörigkeiten: Wer gehört zu »uns«? Aber noch viel mehr: Wer sind »wir«? Sind »wir« auch die, die in erster Linie Russisch sprechen? Sind »wir« auch die, die Deutsch-Türkisch sprechen? Sich mit dieser Eingebundenheit in die Machtbeziehungen auseinanderzusetzen ist für den Umgang mit Sprachen in Bildungsinstitutionen, insbesondere der Schule, bedeutsam. Denn die Schule ist die Institution, die die unterschiedlichen sprachlichen Voraussetzungen der Kinder und Jugendlichen auf differenzielle Weise anspricht, aufnimmt oder auch ignoriert. Schließlich überführt sie die Sprachpraxen ihrer Schüler/innen in unterschiedliche gesellschaftliche, ökonomische und kulturelle Positionen. Die Schule kann dabei gesellschaftliche Ungleichheiten reproduzieren oder – so der Anspruch jedes pluralistisch-demokratischen Bildungswesens – bestrebt sein, sie zu überwinden.

Die Schule als Ort und Gegenstand der Auseinandersetzungen um die Frage der Sprache(n) ist nicht allein mit einer außerhalb der Schule produzierten, sozusagen importierten Ungleichheit konfrontiert; eher ist es so, dass die Schule auf der Ebene der Schulorganisation, der curricularen und didaktischen Aspekte und schließlich auch auf der Ebene des Handelns der einzelnen Lehrer/innen als Teil des Gesamtzusammenhangs verstanden werden muss, der die (Wert-)Differenzen zwischen den sprachlichen Praxen der Migrationsgesellschaft produziert. Dies zeigt sich in Deutschland etwa darin, dass die Schule im Wesentlichen auf die Ausbildung des als legitim geltenden Sprachvermögens Wert legt. Schüler/innen werden in der offiziellen Sprache, dem als Standarddeutsch geltenden Deutsch, unterrichtet und (aus)gebildet. Die Selbstverständlichkeit der Bevorzugung der einen Sprache hängt historisch eng mit dem Prozess der Durchsetzung der Idee der Nation zusammen. In den Reden an die deutsche Nation behauptet Johann Gottlieb Fichte noch beschwörend, was später durch Erziehungs- und Bildungsanstalten zu einer allgemein gewissen Fiktion werden sollte: die Reinheit und Ursprünglichkeit der deutschen Sprache als jenen Grundzug gemeinsamer Kultur, der die Einheit der Deutschen als »Volk« anzeige.

Schule ist historisch eine Institution sprachlicher Homogenisierung

Im Zuge der Prozesse der Vereinheitlichung von »Sprache«, »Kultur« und »Volk« werden diese Phänomene auch hervorgebracht; sie konstituieren sich wechselseitig. Im institutionellen Zentrum dieses Konstitutionsprozesses steht die nationale Schule, die mit imaginativen, auf Vorstellungen und Mythen gründenden Verfahren arbeitet und den wirkungsreichen Glauben an das »Wir« mitproduziert. Ab dem 18. Jahrhundert setzt in den Schulen der Prozess ein, der darauf gerichtet ist, die sprachlichen Unterschiede der (auch damals schon) polyethnischen Bevölkerung zu überwinden. Der allgemeine Schulbesuch wird zu einem der wichtigsten Instrumente, mit denen Nationalität/Ethnizität als Sprachgemeinschaft und Sprachvermögen als nationale/ethnische Zugehörigkeit konstituiert werden.

Mit im 18. Jahrhundert beginnenden Verhältnissen der Entsprechung zwischen der nationalen Einheit des Arbeitsmarktes und der Einheit des Bildungs- und Sprachmarktes (die die Einheit der Bildungstitel produziert) wird es zu einer »Selbstverständlichkeit«, die als legitim geltende offizielle Sprache sprechen zu müssen. »Selbstverständlich« heißt hier: Der durch Entsprechungsverhältnisse bewirkte Zwang zu der einen Sprache wird von jenen, die an diesem Zwang scheitern oder nicht scheitern, mit Sinn versehen und als unzweifelhafter, zuweilen »natürlicher« Zusammenhang betrachtet. Wichtig ist hierbei, dass es sich bei der im offiziellen Kontext der Schule gesprochenen und in ihr gelehrten Sprache um eine handelt, die von der alltagsweltlichen Sprachwirklichkeit der Schüler/innen relativ weit entfernt ist. Diese Sprachvariante wird im deutschsprachigen Raum immer häufiger als »Bildungssprache« bezeichnet (Gogolin/Neumann/Roth 2003). Die Bildungssprache hat mit den Regeln schriftsprachlicher Kommunikation mehr gemeinsam als mit der alltagssprachlichen mündlichen Verständigung.

Die nationale Schule ist nun produktiv nicht nur im Hinblick darauf, dass sie die Vorrangstellung der offiziellen Sprache begründet und befördert. Mit

Drei Modelle sprachlicher Bildung

a) Einsprachige Modelle sind durch die ausschließliche oder ganz überwiegende Verwendung einer Sprache als Medium des Unterrichts gekennzeichnet (Reich/Roth 2002, S. 17f.):

- Submersion: Schüler/innen mit einer Erstsprache, die nicht die Schulsprache ist, werden in die regulären Klassen eingeschult. Man vertraut darauf, dass sie die Schulsprache durch den Kontakt mit ihren Mitschüler/innen und das Unterrichtsgeschehen erlernen. Vorübergehende Sprachförderung in der Schulsprache kann hinzutreten.
- Immersion: Schüler/innen mit einer Erstsprache, die nicht die Schulsprache ist, erhalten Unterricht in der Schulsprache in einer Weise, die ihren sprachlichen Voraussetzungen angepasst ist. Kennzeichnendes Merkmal dieses Modells ist, dass Lehrkräfte eingesetzt werden, die oft selbst zweisprachig sind, in jedem Falle aber für den Unterricht der Schulsprache als Zweitsprache eigens qualifiziert sind, sodass sie sich auf die sprachlichen Niveaus ihrer Schüler einstellen können. Unterschieden wird zwischen »early«, »delayed« und »late immersion« und zwischen »partial« und »total immersion«; bei »partial« und »delayed« oder »late immersion« handelt es sich bereits um Übergänge zu zweisprachigen Modellen.

b) Zweisprachige Modelle sind solche, in denen wesentliche Teile des Curriculums in zwei verschiedenen Sprachen dargeboten werden (Reich/Roth 2002, S. 17f.):

- Transitorische Modelle: Homogene Klassen werden für eine gewisse Zeit überwiegend in der Erstsprache unterrichtet, sie erhalten zunehmend Unterricht in der Zweitsprache und gehen dann in reguläre Klassen über. Bei manchen Schulen erstreckt sich der Unterricht in der Erstsprache über eine relativ kurze Zeit (etwa zwei Schuljahre), bei anderen wird dieser Unterricht über einen längeren Zeitraum (vier bis sechs Schuljahre) geführt.
- Language-maintenance-Modelle: Hier wird die Sprache der Herkunft (»language of origin« bzw. »community language«) bzw. des kulturellen Erbes (»heritage language«) während der gesamten Schulzeit als Medium für einen wesentlichen Teil des Curriculums verwendet und als Fach unterrichtet. Soweit dieser Unterricht nur für Schüler/innen einer Sprachgruppe (in der Regel einer Sprachminderheit) angeboten wird, wird er auch als »one-way bilingual education« bezeichnet.
- »to-way-immersion«-Modelle: Schüler verschiedener Sprachgruppen (in der Regel Angehörige der Mehrheit und einer bestimmten Minderheit) werden gemeinsam in beiden Sprachen unterrichtet. Die Zweisprachigkeit wird während der gesamten Schulzeit beibehalten. In diesen Modellen verbinden sich Spracherhaltsfunktionen und »Bildungszweisprachigkeit« miteinander.

c) Mehrere Sprachen und sprachliche Zugänge berücksichtigende Modelle entwickeln sich seit einigen Jahren im Rahmen von Schulversuchen und sind auf den Umgang mit migrationsgesellschaftlicher Mehrsprachigkeit abgestimmt: In regulären Klassen, die durch große sprachliche Vielfalt in der Schülerschaft gekennzeichnet sind, erhalten Schüler/innen additive Angebote zur Unterstützung in der Schulsprache und – im Idealfall damit verzahnt – Angebote zur Weiterentwicklung der verschiedenen Erst- und Familiensprachen. Hinzu kommen in günstigen Fällen die Berücksichtigung der Sprachentwicklung in der Schulsprache als Querschnittsaufgabe und die Berücksichtigung der Erst- und Familiensprachen als Medium des Lernens in den verschiedenen Fächern (Bainski 2008; Blair/Bourne 1998).

dieser Praxis der Unterweisung im Offiziellen – der legitimen Sprache, der legitime Identitäten zugeordnet sind – sind von Beginn an differenzielle Ansprachen verknüpft, die bestehende Unterschiede zwischen den Sprechweisen der Schüler bestätigen, bekräftigen und in soziale Ungleichheiten verwandeln bzw. bestehende soziale Ungleichheiten ratifizieren. Dass die deutsche Schule Schüler/innen erwartet, die Deutsch in einer bereits differenzierten Weise sprechen können, und dass sie die offizielle schulische Kommunikation in einer Weise strukturiert, die oftmals nicht an alltagsweltliche Sprachwirklichkeiten der

Schüler/innen anschließt, sondern an eigenen Gesetzmäßigkeiten einer an Schriftsprachlichkeit orientierten Fachsprache, betrifft alle Kinder. Für bestimmte Schüler/innen aber, die nicht über die von der Schule erwarteten lingualen, materialen und sozialen Ressourcen verfügen, haben diese Verhältnisse der »Dissonanz« (vgl. Kap. 6) gravierende Konsequenzen, da aus ihnen Benachteiligungen in schulischen und außerschulischen Sphären resultieren – für manche Kinder aus Familien mit Migrationsgeschichte beispielsweise.

Nation(alstaat) und Monolingualität

Dass Mehrsprachigkeit in bestimmten gesellschaftlichen Kontexten eher als Problem und Abweichung wahrgenommen wird, lässt sich mit den Ursprüngen einer bestimmten Form heutiger Nationalstaaten in Zusammenhang bringen. Die Wahrnehmung von Einsprachigkeit als Normalität und von Mehrsprachigkeit als Ausnahme und Abweichung ist weitgehend kennzeichnend für das (schul-)pädagogische Feld in Deutschland und den in diesem Feld geltenden Habitus der Lehrer/innen (Ingrid Gogolin hat dies im Rahmen einer qualitativen Untersuchung als den monolingualen Habitus der faktisch multilingualen Schule bezeichnet [1994]). Die Gleichsetzung von »Volk«, »Sprache« und »Nation« im monolingual verfassten Nationalstaat führt zum vermeintlich legitim wirkenden Zwang von sprachlicher Vereinheitlichung und zur Wahrnehmung von Mehrsprachigkeit als Bedrohung. Das Konzept, das »die eine Nation« mit »der einen Sprache« verknüpft, hat neben Deutschland auch für andere Nationalstaaten wie Frankreich oder die Türkei Gültigkeit. In diesen Staaten, wenn auch in unterschiedlicher Weise und vor unterschiedlichen historischen Hintergründen, ist Monolingualität (»unsere Sprache«) ideologisch besetzt. Der Monolingualität in der dominanten Sprache kommt hier ein auch alltagskulturell abgesicherter Vorrang zu, und dieser Vorrang gilt als legitim, seine Infragestellung empört. Für Nationalstaaten mit mehrsprachigem Selbstverständnis wie Südafrika ist das Konzept nicht oder nur eingeschränkt kennzeichnend.

Da sich Unterschiede, etwa in den sprachlichen Dispositionen, durch schulische Präferenzen zu Benachteiligungen und Unterscheidungen entwickeln, die sich zu Differenzen und Identitäten relativ dauerhaft verfestigen, trägt das System der Schule durch seine sprachlichen Erwartungen und Anforderungen zu einer systematischen Reproduktion gesellschaftlicher Ungleichheit bei. Dies gilt in einem besonderen Sinn für das hochselektive und segregierende deutsche Bildungssystem (vgl. Kap. 6).

Die monolinguale Schule ist ein Ort, an dem die Unterscheidung zwischen legitimen und illegitimen Sprachen hergestellt wird

Die Schule ist ein Ort, an dem der Fortbestand der legitimen Sprache gewährleistet wird; sie legt Wert auf die Herausbildung und Weitergabe, auf die Verfeinerung des als legitim verstandenen Sprachvermögens. Hierbei geht es um die Beherrschung des Deutschen, aber nicht nur die Beherrschung des Deutschen, sondern die Beherrschung eines bestimmten Deutsch; eines Deutsch, das die Eltern, deren Erstsprache nicht Deutsch ist und die über wenige Ressourcen verfügen, diesen Mangel zu kompensieren, nur schwer in der Lage sind zu vermitteln, auch wenn sie mit ihrem Kind Deutsch sprechen. Denn an dem Gebrauch der Varietät, die es zu beherrschen gilt, partizipieren sie kaum. Dies verschärft die Problematik des sprachlichen Konflikts, in den Eltern und Kinder geraten, sobald sie Mitglieder der Institution Schule werden, und dessen Verlierer sie mit großer Wahrscheinlichkeit werden, solange die

Schule ihnen nicht die angemessene Unterstützung im Erwerb des schulsprachlichen Deutsch gewährt, und zwar unter Berücksichtigung der Bedingungen der Lebenswelt, der prekären Verhältnisse, in denen viele Familien leben, und unter Wertschätzung sowie Eröffnung von Möglichkeiten der Nutzung von Mehrsprachigkeit.

Die Produktion legitimer und illegitimer Sprachen durch die Schule wird organisiert von, so ließe es sich zusammengefasst sagen, einer Grundorientierung, die monolinguale Virtuosität zum Normalfall erhebt. Diese Orientierung ist nicht nur mit der Vorstellung gekoppelt, dass Zwei- und Mehrsprachigkeit die Ausnahme darstellen, sondern führt zuweilen zu der Annahme, dass Zweisprachigkeit das Individuum in seiner psychischen Integrität schädige. Die Geschichte dieser Auffassung führt zum Konstrukt der »sprachlichen Zwischenwelt«, das 1934 von dem nationalsozialistischen Germanisten und Mitglied der »Ahnengruppe« Leo Weisgerber unter Bezugnahme auf Humboldt und andere Wissenschaftler entworfen wurde (Weisgerber 1934). Es besagt, dass jede Sprache eine andere Erkenntnis vermittelt. Sprachen prägen – so die theoretische Grundannahme dieses Konzeptes – unterschiedliche, mehr oder weniger geschlossene und miteinander bestenfalls unter großem Aufwand vermittelbare Weltsichten. Ideale Sprachkompetenz – um es in moderner Terminologie zu sagen – sei monolinguale Kompetenz.

Aus verschiedenen Subdisziplinen sind gewichtige Einwände gegen die Annahme der Unvereinbarkeit der Sprachen vorgebracht worden. Dennoch hält sich die Vorstellung der Unvereinbarkeit der Zwei- und Mehrsprachigkeit, letztlich die Vorstellung ihrer »Schädlichkeit« für die Individuen und/oder die Gesellschaft, hartnäckig und findet sich in unterschiedlichen aktuellen Argumentationen wieder. So bezieht sich z.B. Diether Hopf (2005) auf die »time-on-task«-Hypothese und geht davon aus, dass es dem Deutscherwerb abträglich sei, wenn Kinder in ihrer (nicht deutschen) Familien- und Erstsprache unterrichtet würden. Hartmut Esser (2006) argumentiert mit der ökonomischen Verwertbarkeit von Sprachen und bestreitet den Sinn der Investition in schulische Programme mehrsprachiger Bildung. Beiden Annahmen liegt die Vorstellung zugrunde, dass es besser, unproblematischer und zumindest für die öffentliche Bildung »billiger« sei, einsprachig zu sein.

Es gibt keinen an sich gegebenen, »natürlichen« Nachteil von zweisprachigen Biografien oder Mehrsprachigkeit

Es gibt – so viel kann gesagt werden – keinen an sich gegebenen, »natürlichen« Nachteil von zweisprachigen Biografien oder Mehrsprachigkeit. Freilich gibt es bestimmte Kontexte, in denen Monolingualität den Normalfall darstellt und Zweisprachigkeit *dadurch* zu einem Problem wird. Die Frage der angemessenen Kontextbedingungen für den Erwerb von Sprachvermögen wird zudem von der Ebene der Bewertung überlagert: Türkisch gilt nicht als »Welt«-Sprache und besitzt höchstens »subversives« Prestige (Dirim/Auer 2004); Englisch oder Französisch hingegen genießen ein ganz anderes Ansehen. Aus der Perspektive der gesellschaftlichen Machtverhältnisse betrachtet wird deutlich, dass Ein-, Zwei- und Mehrsprachigkeit nicht miteinander gleichzusetzen sind,

Einen Überblick über wissenschaftliche Konzepte zum Spracherwerb bietet der ergänzende Text im Internet unter: www.beltz.de/Material Kennwort: 34205

dass sogar Zweisprachigkeit und Zweisprachigkeit, Einsprachigkeit und Einsprachigkeit nicht gleichzusetzen sind, da es sehr darauf ankommt, welche Sprache es ist, die im Rahmen von Ein- oder Zweisprachigkeit gesprochen wird, und welcher Wert dieser Sprache zukommt.

Empfehlungen, die Lehrkräfte Eltern gegenüber aussprechen, basieren oft auf einer bestimmten (unvollständigen) Rezeption und Reflexion von Spracherwerbshypothesen. Mögliche Folgen des Rates, dass Eltern zu Hause mit ihren Kindern ausschließlich Deutsch sprechen sollten, werden in einer in Wien durchgeführten Untersuchung von Brizić (2009) deutlich. Das Ergebnis der Untersuchung ist, dass der Bildungserfolg von Kindern mit jugoslawischer und türkischer Migrationsgeschichte und der abrupte Wechsel der Eltern zur Kommunikationssprache Deutsch miteinander negativ korrelieren. Dieses Forschungsergebnis kann dahingehend interpretiert werden, dass es für die Kinder problematische Folgen haben kann, wenn sich ihre Eltern dazu zwingen, in einer Sprache zu sprechen, die sie nicht »reichhaltig genug« beherrschen (Brizić 2009).

5.3 Der Wandel der Sprache(n)

»Innere« Mehrsprachigkeit

Der Umstand, dass Wörterbücher der Standardsprachen existieren und Grammatiken, nach denen ihr System beschrieben wird, dient nicht nur zur Erleichterung des Sprachgebrauchs durch Standardisierung; darin ist auch – gestützt durch die Normativität, die diese Werke ausstrahlen – die Hervorbringung und Festlegung der Nationalsprache als Standardsprache enthalten. Die Festlegung in den Sprachbüchern scheint Sprachen zwar ein starres Gesicht zu verleihen, dies verhindert den sprachlichen Wandel aber nicht, zumindest nicht den, der durch die innere Mehrsprachigkeit entsteht, da er mit gesellschaftlichem Wandel verknüpft ist – war das Adjektiv »toll« einst bei Älteren verpönt, dient heute »geil« Jugendlichen zur Abgrenzung und sorgt bei einigen, vielleicht immer weniger werdenden Eltern für Empörung.

Der Sprachwandel innerhalb der Sprachen wird zudem auch und zuweilen in erheblichem Maße durch vielfältige Kontakte zwischen verschiedenen lingualen Gruppen erzeugt, d. h. durch die äußere Mehrsprachigkeit. Jede Sprache, die als monolingual gilt, enthält Spuren der Beziehungen ihrer Sprechergemeinschaft zu den Sprechenden anderer Sprachen. Schon der Titel des vorliegenden Buches, »Migrationspädagogik«, ein Wort, das problemlos in den deutschen erziehungswissenschaftlichen Fachwortschatz eingeordnet werden kann, ist zusammengesetzt aus lateinischen und griechischen Bestandteilen: *migratio* (lat.) = Wanderung, Auswanderung und *paideia* (griech.) = Erziehung, Bildung. Es sind aber nicht nur Fachwörter, die schon immer aufgrund von Wirtschaftsbeziehungen und anderen Kontakten zu Menschen diverser Herkünfte aus anderen Sprachen übernommen wurden, sondern auch viele Alltagsbegriffe; so stammt z.B. das Wort »Feier« aus dem Lateinischen und das Wort »Kaffee« aus dem Arabischen. Auch im syntaktischen Bereich lassen sich Einflüsse aus anderen Sprachen ausmachen, z.B. im Deutschen die Präpositionen »per« und »pro« (per Bus, pro Person), die aus dem Lateinischen übernommen wurden.

Diese Beispiele zeigen, dass Übernahmen aus anderen Sprachen sich im Deutschen nicht nur auf den heute vermehrt feststellbaren Einfluss des Englischen beschränken, sondern eine gewissermaßen immer schon gegebene Dimension des Entwicklungsprozesses der deutschen Sprache darstellen. Hier zeigt sich, dass auch »Standardsprachen« in bestimmter Hinsicht von Mehrsprachigkeit durchdrungen sind und dass die in der Linguistik übliche Unterscheidung in innere und äußere Mehrsprachigkeit eine vereinfachende Hilfskonstruktion darstellt.

Sprachen nehmen Veränderungen auf und spiegeln sie wider

Sprachen nehmen Veränderungen auf und spiegeln sie wider, Sprachen bieten die Möglichkeit, Veränderung auszudrücken, und sind – hinter der Maske der in Wörterbüchern auffindbaren Eindeutigkeit, Festlegung und Zeitlosigkeit – höchst wandelbare Konstrukte. Die Überarbeitung der Wörterbücher bezeugt die Vorläufigkeit der jeweiligen Sprachen.

Kreative Sprachformen in der Migrationsgesellschaft

In den letzten Jahren wurden in mehreren Migrationsgesellschaften im Rahmen von ethnografischen soziolinguistischen Forschungsarbeiten spezifische Wandel der mündlichen Varietäten von Sprachen dokumentiert, die vor allem auf die Anwesenheit von Migrant/innen zurückgehen. Als ein Beispiel kann das Rinkeby-Schwedisch genannt werden, das im Stockholmer Stadtteil Rinkeby in der Kommunikation unter Jugendlichen verschiedener Herkunft verwendet wird und aus dem mit Elementen des Arabischen, Aramäischen, Kurdischen und Türkischen durchdrungenen umgangssprachlichen Schwedisch besteht (Kotsinas 1998). Diese – subkulturelle – Varietät wird von den Jugendlichen im Sinne einer Ressource situativ und sozialsymbolisch bedeutsam eingesetzt. Quist nennt einen ähnlichen Sprachgebrauch in Dänemark, den sie als »Multietnolekt« (dänische Schreibweise) bezeichnet (Quist 2000). Unter dem Begriff »Ethnolekt« sind sprachliche Varietäten zu verstehen, die auf verschiedenen sprachlichen Ebenen den Einfluss anderer Sprachen erkennen lassen und oft ausschließlich von Mitgliedern bestimmter ethnischer Gruppen, z.B. Minderheiten, gesprochen werden.

Ein Beispiel für einen früher entstandenen und bekannten Ethnolekt auf dem deutschsprachigen Gebiet ist das Jiddische, das aus dem Mittelhochdeutschen hervorging und Elemente der slawischen Sprachen und des Hebräischen

Neue Sprachformen werden durch sprachliche Grenzüberschreitung kreiert

enthält. Das Präfix *multi* in der dänischen Bezeichnung Multietnolekt ist ein Hinweis darauf, dass die beobachtete Varietät unter dem Einfluss mehrerer Sprachen zustande kam. In London verwenden englische Jugendliche Versatzstücke der Londoner Form des westindischen Kreol, des Panjabi und des »Indian English« (Rampton 1995). Rampton bezeichnet diese Übernahme als *crossing*; gemeint ist damit die Kreierung neuer Sprachformen durch vielfache sprachliche Grenzüberschreitung. Die Praxis einer auf gemeinsame und geteilte Grenzüberschreitungen gründenden Handlungsfähigkeit verweist auch darauf, dass hier Menschen unterschiedlicher Sprachherkunft und sozialer Positionierung in der Migrationsgesellschaft sich durch gemeinsame Praxis symbolisch solidarisieren und miteinander identifizieren.

Auch in deutschen Großstädten wurde in verschiedenen qualitativen Untersuchungen festgestellt, dass Jugendliche unter sich eine von spezifischen Merkmalen gekennzeichnete umgangssprachliche Varietät des Deutschen verwenden, deren Besonderheiten sich auf Einflüsse aus dem Türkischen zurückführen lassen (Dirim/Auer 2004; Keim 2001; Kern/Selting 2006a und b). Dieser Sprachgebrauch dient den Jugendlichen – wie im Falle des Rinkeby-Schwedisch – als Ressource, auf die sie zurückgreifen, wenn es im Zuge der Verfolgung eigener kommunikativer Ziele angemessen erscheint, oder auch, um sich gegenseitig die Zusammengehörigkeit zu bestätigen bzw. sie nach außen hin, eingesetzt als eine Art Stilelement, ähnlich wie eine bestimmte Kleidung oder Haarfrisur, zu kommunizieren.

Einige Merkmale dieses ethnolektalen Deutschgebrauchs sind der Wegfall der Objektmarkierung im Akkusativ, die Verwendung anderer Präpositionen als im Standard- bzw. umgangssprachlichen Deutsch üblich, eine kurze und dicht aufeinanderfolgende (einander nachgestellte) Äußerungen umfassende Syntax, der Einsatz einer bestimmten Satzmelodie und der Transfer türkischer Wörter und Äußerungsteile ins Deutsche (Kern/Selting 2006). Ein Beispiel für eine ethnolektale Äußerung aus diesem Repertoire wäre die Aufforderung: »Gib mir Lineal!«, die in einer Bremer Schulklasse ein Jugendlicher einem anderen gegenüber aussprach. Dass die Aufforderung vom Adressaten verstanden wurde, auch als Rekurs auf einen gemeinsamen Sprachgebrauch, verdeutlicht die Antwort: »Das heißt nicht: ›Gib mir Lineal!‹ Das heißt: ›Gib mir bitte Lineal!‹« (Müller/Dirim 2007, S. 6). Die ethnolektalen Äußerungen enthalten aus der Perspektive der Einhaltung der Regeln des umgangssprachlichen Deutsch Abweichungen, die als »Fehler« wahrgenommen werden können und zu der Annahme verleiten, die jeweiligen Sprechenden seien des Standarddeutschen nicht mächtig. Allerdings geht die Forschung davon aus, dass es sich bei diesem Sprachgebrauch um eine Ressource handelt, die nicht durchgängig, sondern vielmehr kontextrelativ als sinnvoll betrachtet und verwendet wird (Kern/Selting 2006a und b).

Der ethnolektale Deutschgebrauch ist vermutlich eine weiterentwickelte Form des Deutschen, das von den ersten Arbeitsmigranten aus der Türkei verbreitet verwendet wurde und das den Jugendlichen türkischer Herkunft als Vorbild für die Entwicklung des primären Ethnolekts diente.

Beim *sekundären Ethnolekt* handelt es sich um die mediale Verarbeitung des primären Ethnolekts und beim *tertiären Ethnolekt* um seinen Gebrauch von Jugendlichen, deren Familien- und Erstsprache nicht Türkisch ist (Androutsopoulos 2001). Dieser Fall des *crossing* ist in zweifacher Hinsicht interessant: Erstens, weil er zeigt, dass eine Sprache mit geringem offiziellem Marktwert (Bourdieu 1990) im alltagsweltlichen Gebrauch ein verborgenes Prestige zu entwickeln und zu besitzen scheint, das Anreize zur Übernahme dieser Sprache liefert. Zweitens wird an diesem Fall des sprachlichen *crossing* deutlich, dass in der Migrationsgesellschaft von Alltagsakteuren Räume gestaltet werden, in denen ethnisch markierte Grenzen verwischen, ohne dass hierfür die vollständige Assimilation Migrationsanderer erforderlich wäre. Es zeigt sich eine migrationssprachliche Neuformation, an der Migrationsandere und Nicht-Migrationsandere gemeinsam teilhaben.

Merksatz

Auf den Gebrauch der Sprachen in gegenwärtigen Gesellschaften wirken Normierungen aus unterschiedlichen Quellen ein. Als Standardsprache wird hier die Sprachform, zu der die Normierung der in einem gesellschaftlichen Kontext vorherrschenden Sprache durch offizielle gesellschaftliche Institutionen (z.B. Schulpolitik) und anerkannte Organisationen (z.B. Duden-Redaktion) führt, bezeichnet. Freilich ist der Ausdruck »Standardsprache« eine Abstraktion und Typisierung, nicht nur weil sich trotz (und auch wegen) Standardisierung Sprachen beständig wandeln, sondern auch weil die faktische empirische Realität der Sprachverwendungen grundlegend vielfältiger ist, als es der Ausdruck Standardsprache nahelegt. Gleichwohl ist der Standard, der in vielen Lebenskontexten den angemessenen, regelgemäßen und legitimen Sprachgebrauch vom unangemessenen, abweichenden und illegitimen unterscheidet, wirksam.

Auch die Sprachen, die von bestimmten Migrantengruppen in Deutschland gesprochen werden, sind von einem spezifischen Wandel gekennzeichnet. Dieser Wandel erzeugt eine große Varianz nicht standardsprachlicher Mittel, wie eine Analyse von türkischen schriftlichen Sprachproben von Jugendlichen zeigt, deren Familiensprache Türkisch ist (Dirim 2009, für das Italienische siehe Krefeld 2004). Diese »dynamische Heterogenität« (Schroeder 2003) wird dadurch erzeugt, dass in Migrationskontexten verschiedene Dialekte und Soziolekte der Referenzsprache kumuliert werden und sich gegenseitig beeinflussen. Hinzu kommen Sprachen, die in der Türkei nicht die dominante Sprache darstellen, z.B. Kurdisch und Griechisch, und unterschiedliche ethnolektale Formen des Türkischgebrauchs bewirken. Weiterhin beeinflusst das Deutsche die nicht deutschen Sprachen, die in Deutschland gesprochen werden, auf allen Ebenen. Beispielsweise fällt auf, dass in Deutschland in türkischen Äußerungen Personalpronomen in der Subjektposition häufig verwendet werden, obwohl dies in der türkischen Standardsprache nur im Falle der besonderen Betonung des Subjekts getan wird. Das Subjekt wird im Standardtürkisch in seiner nicht markierten Form durch ein Verbalsuffix ausgedrückt. Eine weitere Quelle der Varianz sind Neuschöpfungen aus dem Türkischen heraus, die dadurch entstehen, dass der Standardwortschatz von Jugendlichen, die in Deutschland aufwachsen, nicht in all seinen Domänen beherrscht wird, und zwar vermutlich deshalb, weil sie qualitativ und quantitativ einen anderen sprachlichen Input haben als in der Türkei. Letztlich spielen auch Unsicherheiten im standardsprachlichen Gebrauch des Türkischen eine Rolle, sodass nicht standardsprachliche Varianten entstehen.

Diese deutlich erkennbaren spezifischen Varianten des Türkischen werden im »herkunftssprachlichen Unterricht« und anderen pädagogischen Zusammenhängen schnell schlicht als »Fehler« wahrgenommen und bezeichnet (Roth/Neumann/Gogolin 2007). Das, was aus Sicht der Standardsprache »falsch« sein mag, kann durchaus eine Kreation eines Jugendlichen sein, der

Das Geschick der Mehrsprachigkeit

Kenntnis und Gebrauch verschiedener Sprachen und Sprachregister: Mehrsprachigkeit verweist auf spezielle Kenntnisse in mehreren und aufgrund mehrerer Sprachen sowie Kenntnisse praktisch-sozialer Kontexte. Hierbei handelt es sich nicht zwingend um »perfekte« Kenntnisse in den Sprachen im Sinne von abstrakten Standards, sondern vielmehr um Fertigkeiten und Kenntnisse, die in den jeweiligen Lebenswelten Sinn machen (Gogolin 1988) bzw. um »abgestufte Sprachkenntnisse« (Kugler 1999). Das heißt, die Kinder und Jugendlichen lernen die Sprachen in unterschiedlichem Ausmaß, bringen in die Schule in jedem Fall aber ausbaufähige Kompetenzen in verschiedenen Sprachen mit. Außerdem beherrschen die Kinder und Jugendlichen unterschiedliche, z.B. jugendsprachliche Register ihrer Sprachen, die auch Mischformen enthalten können.

Sprachentrennung: Der getrennte Gebrauch von sprachlichen Mitteln wird von mehrsprachig aufwachsenden Kindern und Jugendlichen im Umgang mit einsprachigen Sprecher/innen bzw. in Situationen, in denen der monolinguale Gebrauch der Sprachen verlangt wird, gelernt und geübt. Herdina und Jeßner (1999) zufolge leisten Mehrsprachige die Trennung von sprachlichen Mitteln (sowie deren Kombination) aufgrund einer »Sprachmanagementkompetenz«, die dem multilingualen Spracherwerb immanent ist.

Code-Switching: Das Code-Switching stellt eine sehr vielfältige Möglichkeit des multilingualen Sprachgebrauchs dar, von der in sprachlich heterogenen Kinder- und Jugendlichengruppen Gebrauch gemacht wird. Es handelt sich um den diskursfunktionalen Wechsel von einer Sprache in die andere, wobei die Sprecher/innen verschiedene Sprachen im Sinne konversationeller Erfordernisse und eigener Zielsetzungen kontrastierend und changierend verwenden.

Code-Mixing: Es ist nicht immer leicht, Code-Switching von Code-Mixing trennscharf zu unterscheiden. Der qualitative Unterschied zwischen diesen beiden Möglichkeiten der Mischung beider Sprachen liegt darin, dass beim Code-Mixing mit den einzelnen Sprachwechseln keine voneinander unterscheidbaren »Sprechstrategien« verfolgt werden, sondern dass das dichte Sprachengemisch selbst eine »Strategie« darstellt. Es ist möglich, dass innerhalb eines Gesprächs sowohl Code-Switching als auch Code-Mixing verwendet werden.

Transfer: Häufig werden in multilingualen Interaktionen einzelne Wörter bzw. größere Äußerungseinheiten aus einer anderen Sprache in die gerade verwendete Sprache integriert. Ein Grund für den Transfer von Elementen aus einer Sprache in die andere ist der Gebrauch von Wörtern und Begriffen, die ein besonderes kulturelles Konzept repräsentieren und in der anderen Sprache nur mühselig umschrieben werden können. Solche Transfers erfüllen über das Ziel des Gebrauchs besonders passender Ausdrücke hinaus den Zweck der Sprechökonomie.

Übersetzung: Im Gegensatz zu einigen der oben genannten Aspekte handelt es sich bei der Übersetzung um eine allgemein positiv bewertete und anerkannte Fähigkeit und Praxis, die global gesehen stetig an Bedeutung gewinnt.

sich außerhalb des Wirkungsbereichs der Standardnorm des in der Türkei gesprochenen Türkischen befindet (Henn-Memmesheimer o.J./2008, S. 17). Die Erklärung, die Kinder und Jugendlichen seien in ihrer »Herkunftssprache« »halbsprachig«, tendiert dazu, der aus spezifischen Situationen resultierenden und auf sie bezogenen Sprachpraxis nicht gerecht zu werden.

Ein weiteres aus Sicht der monolingualen Sprachstandards auffälliges Merkmal des Sprachgebrauchs unter Kindern und Jugendlichen ist das Hin- und-Her-Schalten zwischen Sprachen. Der gemischte Sprachgebrauch wird mitunter als Defizit bewertet, oder es wird ihm die (alleinige) Funktion zugeschrieben, dazu verwendet zu werden, das Gesagte vor Anderen zu verbergen (Montanari 2002, S. 173).

Der gemischte Sprachgebrauch, in der Linguistik »Sprachalternation« genannt, ist in allen plurilingualen Gebieten der Welt üblich und auch im monolingualen Sprachgebrauch in der eingangs beschriebenen Weise – als Hin- und Herschalten zwischen verschiedenen Varietäten – möglich. Aus soziolinguistischer und ethnografischer Perspektive steht bei der Analyse des alternierenden Sprachgebrauchs die Frage im Mittelpunkt, welche interaktiven Funktionen die Sprachalternation in welcher Form erfüllt. Zu dieser Frage wurden weltweit zahlreiche Untersuchungen durchgeführt, die zeigen, dass die Erscheinungsformen dieses Sprachgebrauchs, vor allem das Code-Switching, mit der Struktur der Situation zusammenhängen, in der kommuniziert wird. Es handelt sich um einen funktionalen Sprachgebrauch, bei dem die Sprecher mit den ihnen zur Verfügung stehenden Sprachen und Varietäten »arbeiten« (Auer 1999), um kommunikationsbezogene Ziele zu erreichen.

5.4 Kontur einer Pädagogik der (migrationsgesellschaftlichen) Mehrsprachigkeit

Mehrsprachigkeit ist ein Faktum gegenwärtiger gesellschaftlicher Kontexte, die von transnationaler Wanderung von Menschen und den mit ihnen »verbundenen« Sprachen geprägt sind. Auf unbestimmte Dauer wird in Deutschland nicht allein Deutsch, sondern werden in erheblichem Maße auch andere Sprachen gesprochen werden. Will man ihnen pädagogisch nicht mit der Gewalt eines Redeverbots begegnen, bleibt keine Alternative, als die faktische Pluralität der Sprachen, die in Deutschland gesprochen werden, erstens zur Kenntnis zu nehmen und diese zweitens in einem grundlegenden Sinne zu achten. Die Kinder in den Schulen, den Vorschulen und Kindergärten Deutschlands und Europas sprechen eine Vielzahl von Sprachen, die sich in einem unausgesetzten Prozess der Erneuerung, Verschiebung und Vermischung befinden. Wir haben es – was mit einem simplen »multikulturellen Modell« (vgl. Kap. 2) gar nicht angemessen erfasst werden kann – mit einer dynamischen Vielfalt der Sprachen, Lebensweisen und Lebensformen zu tun, in der Neuschöpfungen und Hybridisierungen eine wichtige Rolle spielen.

Jedes Kind, das die Schule betritt, muss »seine Stimme finden«

Jedes Kind, das die Schule betritt, muss »seine Stimme finden«: in der sozialen Formation der Schulklasse, in der Interaktion mit der Lehrerin und dem Lehrer, bei den Aktivitäten im Klassenzimmer wie auf dem Schulhof. Auch dort, wo eine Schule nicht in der Lage ist, mehrsprachige Angebote zu machen, kann eine gewährende Perspektive auf das »Stimme-Finden« des einzelnen Kindes und auf seine Handlungsbefähigung zu Aktivitäten und Anstrengungen anregen, (Klassen-)Räume für Mehrsprachigkeit zu schaffen, Mehrsprachigkeit zu fördern oder zumindest Freiräume für Kommunikationen in unterschiedlichen Sprachen zuzulassen. Das Sprechen einer Sprache sollte nicht primär auf Dichotomien wie »viel/wenig«, »richtig/falsch« verkürzt, sondern vorrangig im Kontext von kindlichem Sprachhandeln, von Mitteilungskompetenzen (Rösch 2003, S. 50 ff.) und nicht ausschließlich als Medium des Erwerbs fachlicher Kompetenzen und von Curriculumwissen gesehen werden.

Aus pädagogischer Sicht ist das Geschehen im Klassenzimmer zu sehr in einer komplexen Weise aufeinander bezogen, als dass die jeweilige Erstsprache des Kindes »lediglich« dem »privaten Bereich« zugeordnet werden könnte (z. B. Bartnitzky/Speck-Hamdan 2005, S. 14). Vielschichtig, komplex und spezifisch ist die Kommunikation im Rahmen von Schule, Peer-Gruppen, Medien, Eltern, Geschwistern und Kind. Zwangsweise verordnete Sprachregelungen können deshalb nicht eindeutig als handlungsbefähigend oder als handlungsverhindernd eingeschätzt werden. Die Wahrnehmung und Respektierung des und der Einzelnen in seiner und ihrer je individuellen Sprachensituation können Verkürzungen und Polarisierungen vermeiden helfen, die weder dem einzelnen Kind noch der schulischen Praxis gerecht werden. Als pädagogische Maxime zeichnet sich hier ab, dass es sinnvoll und geraten ist, in der Organisation und Institution Schule, in der schulischen Interaktionsordnung und Kultur, aber auch im Habitus der einzelnen Lehrer/innen verfestigte »diskriminierungsförderliche« Momente im Umgang mit sprachlicher Vielfalt zu reflektieren und zu verändern.

Lebensweltliche Zwei- und Mehrsprachigkeit, die für Migrationskontexte kennzeichnend ist und in diesen Kontexten weiterentwickelt wird, ist mit dem additiven Nebeneinander zweier oder dreier Sprachen, solcher Sprachen, die im Fremdsprachenunterricht gelernt und hin und wieder einmal verwendet werden, nicht gleichzusetzen.

Unter Bedingungen migrationsgesellschaftlicher Mehrsprachigkeit ist es hierbei sinnvoll, den klassischen Begriff der »Muttersprache« zu hinterfragen. In der Migrationsgesellschaft nehmen unterschiedliche Sprachpraxen zu, sodass die Entsprechung zwischen der Sprache »der Mutter« (der Herkunft) und der Sprache der Sprecherin/des Sprechers nur einen, aber sicher nicht den einzigen Fall sprachlicher Praxis darstellt. Ein pädagogisch professioneller Umgang mit der »Muttersprache« gründet auf dem Wissen um die mit diesem

Ausdruck verbundenen Normalitätskonstruktionen im Hinblick auf natio-ethno-kulturelle Zugehörigkeiten.

Auf die Ebene der Unterrichtsangebote bezogen ist damit jedoch nicht gemeint, dass für zwei- und mehrsprachig aufwachsende Migrantenkinder »muttersprachliche« Angebote im klassischen Sinne (Italienisch, Arabisch ...) überflüssig geworden wären. Solche Unterrichtsangebote lassen positive Effekte im Hinblick auf das gesamte sprachliche Lernen der Kinder erwarten (Cummins 2008) und erweitern die Handlungs- und Partizipationsmöglichkeiten der Kinder und Jugendlichen im (inter)nationalen Raum (Fürstenau 2004).

Das Basiswissen über Mehrsprachigkeit wird dazu führen, dass der Sprachunterricht (Deutsch oder andere Sprachen) anders gestaltet wird als bisher üblich. Ein Türkischunterricht z.B., der von migrationsspezifischen Veränderungen im gesprochenen Türkisch in Deutschland ausgeht, knüpft angemessener an das Wissen und Können der Personen an, die in Deutschland Türkisch sprechen. Analog macht es Sinn, Deutschunterricht sowie jegliches anderes Unterrichtsfach immer auch als einen Zweitsprachenunterricht aufzufassen und die spezifischen und spezifisch unterschiedlichen Zugänge der Schüler/innen zum Deutschen zu berücksichtigen. Dies bedarf entsprechender didaktischer Konzepte und einer Ausbildung, die allen Lehrer/innen grundlegendes Wissen und entsprechende pädagogische Kompetenzen im Querschnittsthema »Deutsch als Zweitsprache« vermittelt.

Professionelles Wissen über Mehrsprachigkeit ist eine Basis pädagogischen Handelns

Ein im Hinblick auf den Umgang mit den Sprachen der Migrationsgesellschaft angemessenes pädagogisches Handeln setzt das Verständnis voraus, dass die eher neuen von Migrationsbewegungen abhängigen Sprachen und die Sprache der Majoritätsgesellschaft nicht nur als eigenständige Sprachen weiterexistieren, sondern vielmehr, dass diese Sprachen von den Migrant/innen, aber auch den Mitgliedern der Mehrheitsgesellschaft adaptiert werden. Die Adaptionsformen der Sprachen, die aus monolingualer bzw. standardsprachlicher Perspektive fehlerhaft, komisch, ungebildet oder unhöflich wirken mögen und die im tagespolitischen Geschäft oft mit mangelnder Integration gleichgesetzt werden, können als Symbole neuer Zugehörigkeiten gewertet werden. Phänomene des Deutschen als Zweitsprache werden gewöhnlich als »Fossilisierungen« oder als Etappen (»Interimssprachen«) auf dem Weg des Erwerbs der Zielsprache Deutsch verstanden. Sie sind jedoch auch Aneignungsformen des Deutschen, mit denen Migrationsandere ihr eigenes Deutsch und darüber einen eigenen Bezug, eine Form von Zugehörigkeit zu Deutschland entwickeln.

Wie sich im Falle des ethnolektalen Deutsch zeigt, lassen sich Phänomene des Deutschen als Zweitsprache durch die Schule oder den Deutschunterricht in anderen Institutionen nicht ein für alle Mal »korrigieren«: Sie werden außerhalb der Schule weiterentwickelt und werden als soziale Ressourcen eingesetzt, um zu zeigen, dass zwar Deutsch, aber ein spezifisches Deutsch zum Gebrauch kommt.

Modelle sprachlicher Bildungsförderung in der Migrationsgesellschaft

In den letzten Jahren sind in verschiedenen Staaten und unterschiedlichen Modellversuchen Möglichkeiten einer angemessenen sprachlichen Bildung in der Migrationsgesellschaft untersucht worden. Ein Beispiel ist das Schweizer Modellprojekt *»Qualität in multikulturellen Schulen« (QUIMS).* Im Rahmen dieses seit 2005 als dauerhafte Maßnahme etablierten Schulentwicklungsprojekts haben sich Schulen des Kantons Zürich das Ziel gesetzt, allen Schüler/innen gute und gleiche Chancen auf Bildung zu ermöglichen. An der Maßnahme können Schulen teilnehmen, bei denen der Anteil von Schüler/innen mit Migrationshintergrund mindestens 40 Prozent der gesamten Schülerschaft ausmacht. Diese Schulen werden von der Bildungsdirektion des Kantons Zürich unterstützt und durchlaufen zunächst eine zweijährige Pilotphase. Schwerpunkte der Maßnahme sind der Ausbau der Literalität der Schüler/innen, ihre Förderung im Deutschen als Zweitsprache und in den Herkunftssprachen und -kulturen (genannt »Heimatliche Sprache und Kultur«) (Rüesch 1999).

Bei dem Projekt *»Förderung von Kindern und Jugendlichen mit Migrationshintergrund«* (FörMig) handelt es sich um ein länderübergreifendes Modellprogramm in Deutschland, das zur Hälfte vom Bundesministerium für Bildung und Forschung und zur Hälfte von den teilnehmenden Bundesländern Berlin, Brandenburg, Bremen, Hamburg, Mecklenburg-Vorpommern, Nordrhein-Westfalen, Rheinland-Pfalz, Saarland, Sachsen und Schleswig-Holstein finanziert wurde. Ziel des Modellprogramms, das in den Jahren 2004 bis 2009 unter der Leitung des Instituts für International und Interkulturell Vergleichende Erziehungswissenschaft der Universität Hamburg durchgeführt wurde, war, innovative Ansätze der Bundesländer zur Optimierung von sprachlicher Bildung und Förderung (weiter) zu entwickeln, zu evaluieren, für einen Transfer guter Praxis zu sorgen sowie Ergebnisse für die Bildungsplanung bereitzustellen. Dabei lag ein Hauptaugenmerk auf den Schnittstellen des Bildungswesens mit drei thematischen Schwerpunkten: 1. Sprachförderung auf der Basis individueller Sprachstandsfeststellung; 2. durchgängige Sprachförderung, sprachliche Bildung und Förderung im Deutschen, in den Erstsprachen und in den Fremdsprachen; 3. Berufsbildung und Übergang in den Beruf: FörMig war so konstruiert, dass auf der Basis einer engen Vernetzung und Kooperation zwischen pädagogischen Einrichtungen, Elterninitiativen, Bildungsbehörden, Hochschulen und weiterer relevanter Einrichtungen gearbeitet wurde. Regionale Fördernetzwerke erprobten gemeinsam die Förderkonzepte und überprüften ihre Wirksamkeit mithilfe von Programm-Management- und Evaluationskonzepten. Im Verlauf des Modellprogramms wurden eine Reihe von Veröffentlichungen zu praktischen und theoretischen Fragen der oben genannten Schwerpunkte sowie zahlreiche Konzepte und Materialien (z.B. sprachstandsdiagnostische Verfahren, die verschiedene Sprachen berücksichtigen) entwickelt und zur Verfügung gestellt (http://www.blk-foermig.uni-hamburg.de/web/de/all/home/index.html).

Auf didaktischer Ebene wäre es aber auch hier nicht angebracht, daraus zu folgern, die Kinder und Jugendlichen müssten gar kein anderes Deutsch lernen, wenn sie schon ihr eigenes haben. Pädagogisch geht es darum, den Kindern und Jugendlichen ein Bewusstsein von verschiedenen Registern zu vermitteln und ihnen die Entwicklung der in offiziellen Zusammenhängen benötigten Deutschkompetenzen zu ermöglichen, ohne ihnen ihren eigenen Deutschgebrauch als Bestandteil der migrationsgesellschaftlichen Mehrsprachigkeit abzusprechen (entsprechende Unterrichtsvorschläge macht beispielsweise Heidi Rösch [2005]).

Durch ihren Auftrag steht die Institution Schule immer schon in einem Spannungsverhältnis zwischen dem Anspruch gesellschaftlicher Reproduktion und dem Anspruch der individuellen Handlungsbefähigung ihrer Schüler/innen. Da die gesellschaftliche Wirklichkeit Deutschlands auf unabsehbare Dauer von Mehrsprachigkeit geprägt sein wird, lautet eine sinnvolle Leitlinie gegenwärtiger Schulen, allen Schülern und Schülerinnen ein Wissen über Mehrsprachigkeit zu vermitteln und ihnen einen grundsätzlich anerkennenden Umgang mit der Pluralität sprachlicher Phänomene zu ermöglichen.

Der anerkennende Umgang mit sprachlicher Pluralität ist migrationspädagogisch bedeutsam

Auch die Schüler/innen tragen immer schon ihre eigenen Sprechweisen und ihre unterschiedlichen Sprachen mit in die Schule hinein. Es ist daher eine Vereinfachung, wenn gesellschaftliche Reproduktion und individuelle Handlungsbefähigung als Gegensätze gesehen werden. Die Institution Schule ist gefordert, konzeptionell zu klären, wie sie Sprache und das Verhältnis der Sprachen zueinander versteht und wie ihr Unterricht Sprachvermittlung pädagogisch und didaktisch umsetzt, in welcher Form die sprachlichen Ressourcen in die Schul- und Klassenkommunikation eingebunden werden. Für eine solchermaßen *sprach(en)bewusste Schule* kann es sinnvoll sein, sich damit auseinanderzusetzen, wie im Aspekt der Handlungsfähigkeit Sprache und Macht in grundlegender Weise miteinander verschränkt sind: Für die pädagogische Beziehung, die zwischen den Lehrkräften und den Schüler/innen aufzubauen ist, bedeutet dies, Sprache nicht ausschließlich und verkürzt in ihrer instrumentellen Eigenschaft zu verstehen. Pädagog/innen einer sich sprach(en)bewusst verstehenden Schule in der multilingualen Migrationsgesellschaft müssen berücksichtigen, welche Bedeutung die Sprache für den Subjektstatus derer hat, die dieser Sprache mächtig sind und über das Sprachvermögen sowohl soziale Anerkennung finden als auch zu Handlungen in sich fortlaufend erweiternden sozialen Zusammenhängen befähigt werden.

Weiterführende Literatur

Ahrenholz, B./Oomen-Welke, I. (Hrsg.) (2008): Deutsch als Zweitsprache. Baltmannsweiler: Schneider.
Der Sammelband enthält einen breit angelegten Überblick über die Grundlagen des Arbeits- und Forschungsgebiets Deutsch als Zweitsprache. Sehr hilfreich sind vor allem die Überblicke über den aktuellen Diskussions- und Forschungsstand verschiedener Fragestellungen.

Mecheril, P./Quehl, T. (Hrsg.) (2006): Die Macht der Sprachen. Englische Perspektiven auf die mehrsprachige Schule. Münster: Waxmann.
Der Sammelband beinhaltet Beiträge von Autor/innen aus dem englischsprachigen Raum, die sich aus verschiedenen Blickwinkeln mit der migrationsbedingten Mehrsprachigkeit auseinandersetzen. Der Schwerpunkt liegt auf pädagogischen Fragestellungen und Möglichkeiten eines reflexiven und ressourcenorientierten Umgangs mit Mehr-Mehrsprachigkeit. Die Beiträge werden von von Wissenschaftler/innen aus Deutschland kommentiert.

Folgende Fragen können Ihnen helfen, Ihr Verständnis der Ausführungen in diesem Kapitel zu präzisieren:

- Was kennzeichnet die Blickrichtung, die mit dem Ausdruck »Sprachvermögen« verbunden ist?
- Was haben Sie in diesem Kapitel über das Verhältnis von Sprache/Sprachen und Nation erfahren?
- Versuchen Sie, eine kurze Liste von Sprachen zu erstellen, in der die Sprachen nach den ihnen von der Majoritätsgesellschaft zugesprochenen Wertigkeiten hierarchisiert sind. Was wird über diese Liste deutlich in Bezug auf die Machtdimension von Sprache(n) in der Migrationsgesellschaft?
- Was ist die zentrale »Botschaft« des Kapitels aus der Sicht Ihres Berufs bzw. des Berufs, den Sie ergreifen möchten?

6. Die Schlechterstellung Migrationsanderer. Schule in der Migrationsgesellschaft

Einführung

Die vorliegenden Daten zur Bildungssituation von Schüler/innen, die einer natio-ethno-kulturellen Normalitätskonstruktion des Bildungssystems im deutschsprachigen Raum nicht entsprechen, zeigen, dass ihre Situation im Vergleich zu der von anderen Schüler/innen nach wie vor von Benachteiligung geprägt ist. Migrationsandere werden, dies wird im ersten Abschnitt des Kapitels erläutert, im und vom deutschen Schulsystem schlechter gestellt. Der zweite Abschnitt dieses Kapitels behandelt die Frage nach den Gründen dieser Schlechterstellung. Im dritten Abschnitt werden pädagogische und bildungspolitische Vorschläge erläutert, die auf die Minderung der Schlechterstellung zielen.

6.1 Die Wirklichkeit der Schlechterstellung

Wer wissenschaftliche Publikationen der letzten 25 bis 30 Jahre zur Kenntnis nimmt, die sich der Bildungssituation von Kindern mit nicht deutschem Pass widmen, wird feststellen, dass diese Texte, gleich ob sie Mitte der 1970er-Jahre oder Anfang des 21. Jahrhunderts veröffentlicht wurden, in einem entscheidenden Punkt sehr ähnlich argumentieren: Die Anwesenheit dieser Gruppe sei eine gewaltige Herausforderung für das Bildungssystem. Dass diese Herausforderung nach wie vor existiert und spätestens seit der Veröffentlichung der ersten PISA-Studie (Deutsches PISA-Konsortium 2001) erneut eine der zentralen Aufgaben von Bildungspolitik, Schulorganisation und des Handelns von Lehrer/innen darstellt, darf als Indiz dafür gelten, dass es der deutschen Schule in den letzten drei Jahrzehnten letztlich nicht gelungen ist, auf die *Migrationstatsache* in einer Weise zu reagieren, die eine angemessene Bildungsbeteiligung von Schüler/innen mit Migrationsgeschichte ermöglicht hätte.

Da ein allgemeinbildender Schulabschluss und die erfolgreich abgeschlossene Berufsausbildung entscheidende Bedingungen aussichtsreicher Teilhabe an den sozialen Ressourcen und Prozessen einer Gesellschaft darstellen, weisen vorliegende Daten zur Bildungsbeteiligung von Schüler/innen, die aufgrund ihres Sprachvermögens und ihres natio-ethno-kulturellen Status einer Normalitätskonstruktion des Bildungssystems im deutschsprachigen Raum nicht entsprechen, auf drastisch eingeschränkte Teilnahmevoraussetzungen gegenüber anderen Kindern und Jugendlichen hin.

Die empirische Dimension der Einschränkung soll, da es im Rahmen der Ausführungen in diesem Kapitel eher um prinzipielle Fragen geht, an dieser

Stelle lediglich markiert und durch einige Hinweise illustriert werden. Zunächst ist festzustellen, dass – nach einer bis in die 1990er-Jahre reichenden Phase der allmählichen Verbesserung der Bildungssituation von Jugendlichen und Kindern ohne deutschen Pass – seit etwa Mitte der 1990er-Jahre ihre Situation nahezu unverändert durch schlechtere Ergebnisse im Vergleich zu Jugendlichen deutscher Staatsangehörigkeit gekennzeichnet ist (Beauftragte der Bundesregierung für Ausländerfragen 2000, S. 113 ff.). Die Analysen des Konsortiums Bildungsberichterstattung (2006 und 2008) ermöglichen einen differenzierten Einblick in die aktuelle Situation, da sie sich größtenteils auf Daten des Mikrozensus 2005 beziehen. Mit dem Mikrozensus 2005 wird erstmals nicht nur der rechtliche Status (»Ausländer«) berücksichtigt, sondern unterschiedliche Merkmale (Staatsangehörigkeit, Geburtsort, Einwanderungsjahr, Einbürgerung und Geburtsort beider Eltern und – in bestimmten Fällen – der Großeltern) werden in die Berechnungen einbezogen.

Schüler/innen mit Migrationsgeschichte sind an Haupt- und Sonderschulen überrepräsentiert

Schüler/innen, die als solche mit Migrationsgeschichte gelten, sind nach wie vor an für höhere Schulabschlüsse qualifizierenden allgemeinbildenden Schulen unterrepräsentiert und an Haupt- und Sonderschulen überrepräsentiert, und dies selbst bei vergleichbarem sozialem Status (Konsortium Bildungsberichterstattung 2008, S. 11). Es zeigen sich Unterschiede zwischen den Bundesländern und einzelnen Migrantengruppen: So ist fast jede/r zweite Schüler/in, dessen und deren Eltern aus der Türkei stammten an einer Hauptschule und jede/r achte am Gymnasium. Von den Schüler/innen, deren Eltern aus anderen Staaten stammen, ist ein Drittel an der Hauptschule und ein Viertel an einem Gymnasium (Konsortium Bildungsberichterstattung 2006, S. 151). In einigen Bundesländern ist der Anteil von Migrationsanderen, die eine verzögerte Schullaufbahn aufweisen, doppelt so hoch wie bei den anderen Schüler/innen (Konsortium Bildungsberichterstattung 2006, S. 152). Außerdem gibt es schulformspezifische Risiken: In der Jahrgangsstufe 1 bis 2 der Grundschule ist das Wiederholungsrisiko von Migrationsanderen viermal höher als das von anderen Schülern (Konsortium Bildungsberichterstattung 2006, S. 152). Die Schlechterstellung Jugendlicher aus Migrationsfamilien im und durch das deutsche System beruflicher Ausbildung setzt sich ebenfalls fort. Jugendliche mit ausländischem Pass verlassen doppelt so häufig wie deutsche die allgemeinbildende Schule, ohne zumindest einen Hauptschulabschluss erworben zu haben; Jugendliche mit deutschem Pass erwerben dreimal so häufig die Hochschulreife wie Jugendliche ohne deutschen Pass (Konsortium Bildungsberichterstattung 2008, S. 11)

Merksatz

Jugendliche und Kinder mit Migrationsgeschichte schneiden im deutschen Schulsystem relativ zu Jugendlichen und Kindern, die als deutsch bezeichnet werden, schlechter ab. Migrationsandere werden hierbei im und durch das Schulsystem nicht allein schlechter gestellt, sondern auch in dem Sinne positioniert, dass sie sich an untergeordneten und inferioren symbolischen Positionen und in marginalen Handlungsräumen einer gesellschaftlichen Ordnung wiederfinden und an diesen Orten spezifische Selbstverständnisse, Identitäten und Habitusformen entwickeln.

Diese Schlechterstellung durch das Bildungssystem kann als *produktive Positionierung* verstanden werden. Gleichzeitig und komplementär werden Nicht-Migrationsandere durch das Schulsystem positioniert. Diese Positionierungen müssen als Wirkungen einer gesellschaftlichen Unterscheidungspraxis zwischen Migranten und Nicht-Migranten verstanden werden, die der Schule über- und vorausgelagert ist (vgl. Kap. 2), in und von der Schule aber aufgegriffen und bestätigt wird.

Dies geschieht nicht nur dadurch, dass die Schule einen Beitrag zu einer Verteilung schulischer Abschlüsse leistet, die statistisch mit dem Kriterium Migrationsgeschichte korreliert. Darüber hinaus werden in der Schule der Habitus der Migrationsanderen und der Habitus der Nicht-Migrationsanderen profiliert und bekräftigt. In der Schule lernen die Kinder, was es in Deutschland heißt, »Migrant/in« bzw. »Nicht-Migrant/in« zu sein (dass dies auch ein Lern- und Positionierungsprozess ist, der von anderen Differenzen wie etwa sozialen Geschlechterverhältnissen vermittelt ist, wird hier, aufgrund der allgemeinen Anlage der Ausführungen [vgl. Kap. 1], nicht zum Thema). Das deutsche Schulsystem muss insofern als Beitrag zur Erzeugung der Migrationsanderen verstanden werden, die nicht nur anders, sondern auch in einer deklassierten und, mit Bezug auf die Teilhabewege des gesellschaftlichen Raumes, deplazierten Weise »anders« sind. Auf diesen Umstand macht der Ausdruck *Schlechterstellung der Anderen* aufmerksam.

6.2 Gründe der Schlechterstellung

Der analytische Raum der Gründe

Wer danach fragt, wie die Schlechterstellung und Benachteiligung von Migrationsanderen im und durch das deutsche Schulsystem erklärt werden kann, findet eine Vielzahl von Gründen. Das komplexe Zusammenwirken dieser Gründe ist ein Beitrag zur Bestätigung der Differenz zwischen Kindern und Jungendlichen, die als Personen mit und ohne Migrationsgeschichte gelten. Insofern kann die Schule als Ort und Institution verstanden werden, die einen gewichtigen Beitrag zur gesellschaftlichen Wirksamkeit des Schemas leistet, das zwischen Anderen und Nicht-Anderen unterscheidet. Wichtig ist hierbei, dass das komplexe Zusammenwirken der Bedingungen, aufgrund derer Migrationsandere unterschieden und identifiziert sowie im und durch das Schulbildungssystem benachteiligt werden, einfache Ursachenbestimmungen unmöglich macht. Nicht eine einzige Ursache, sondern die Wirkung unterschiedlicher Aspekte führt letztlich zur Schlechterstellung. Schlechterstellung kann als Wirkung einer komplexen Kette und Aufschichtung von Ereignissen sowie ihrer Interpretationen verstanden werden. Dies macht nicht nur Verantwortungszuweisungen schwierig, sondern erklärt auch, warum in Bezug auf die Schlechterstellung Migrationsanderer nicht mit einfachen Problemlösungen zu rechnen ist.

Auf die historische Dimension dieser Problematik haben im deutschsprachigen Bereich Studien aufmerksam gemacht, die im Kontext des Forschungsschwerpunktprogramms »Folgen der Arbeitsmigration für Bildung und Erziehung« durchgeführt wurden (Gogolin 1994; Gogolin/Nauck 2000). Der Umgang der Bildungsinstitution Schule mit der im Kontext von Arbeitsmigration bedeutsamen Heterogenität schließt an historische Traditionen des Umgangs mit Heterogenität an. Studien des Schwerpunktprogramms bestätigen hierbei die »Nationalstaatsthese«. Sie besagt, dass das entstehende Prinzip des Nationalstaats die Einführung der allgemeinen Schulpflicht an die Unterscheidung von Volksbildung und Elitebildung bindet und das Bildungssystem beauftragt, »durch kulturelle Vereinheitlichung zur nationalen Kohärenz beizutragen. Diese Funktion drückt sich in einer Reihe zugeordneter Sachverhalte aus: Patriotismus (›Liebe zu Volk und Vaterland‹) als ein oberes Bildungsziel, Bindung des Lehramtes an die Staatsangehörigkeit, Unterricht in der Nationalsprache als zentrales Kulturfach des Curriculums, die Nationalsprache als alleiniges Unterrichtsmedium (mit Ausnahme allenfalls des Fremdsprachenunterrichts), Formulierung der historischen und sozialwissenschaftlichen Bildungsinhalte aus ethnozentrischer Perspektive« (Reich 1994, S. 51).

Die nationalstaatliche Struktur des schulischen Bildungssystems unterscheidet zwischen »eigen« und »fremd«

Die nationalstaatliche Struktur des schulischen Bildungssystems stellt einen Rahmen der Herstellung und Bewahrung von Differenz entlang der Unterscheidung »eigen« – »fremd« dar. Die Art und Weise der traditionellen (Re-) Produktion der Differenz zwischen »Wir« und »Nicht-Wir« wird, wie Studien des Schwerpunktprogramms zeigen (Krüger-Potratz 2000), in aktuellen Ansätzen und Maßnahmen der Förderung von Angehörigen ethnischer und kultureller Minderheiten aufgegriffen und fortgesetzt.

Wer nach Gründen für die Differenz der Bildungsverläufe zwischen Migrationsanderen und Nicht-Anderen fragt, findet in fachspezifischen und öffentlichen Zusammenhängen Antworten, die auf analytisch unterscheidbare Dimensionen verweisen:

- Es kann *erstens* analytisch unterschieden werden zwischen Aspekten, die im weitesten Sinne an die Funktionsweise des Schulsystems geknüpft sind (Aspekte der Organisation und Ausstattung der Schule, der Methodik und Didaktik des Unterrichts und seiner Inhalte sowie der Qualifikation und Kompetenz des Personals einer Schule [Diehm/Radtke 1999, S. 51 f.]), und auf der anderen Seite den Bildungsvoraussetzungen der Schüler/innen mit Migrationsgeschichte sowie den Unterstützungsmöglichkeiten ihrer Familien.
- *Zweitens* kann zwischen »spezifischer« und »unspezifischer« Benachteiligung unterschieden werden. Spezifisch ist jene Benachteiligung, die direkt mit dem Migrationsstatus, also beispielsweise den kulturellen und lingualen Voraussetzungen, Migrationsanderer oder der Zuschreibung dieser Voraussetzungen in Verbindung steht. ›Unspezifisch‹ hingegen ist jene Benach-

teiligung, die eher auf andere Aspekte als auf den Migrationsstatus zurückzuführen ist, etwa den sozioökonomischen Status der Eltern und Familien der Schüler/innen.

- *Drittens* kann unterschieden werden zwischen Gründen, die gewissermaßen als zeitlich vorgelagerte Eingangsbedingungen in das schulische Bildungssystem oder generell als außerschulische Bedingungen zu verstehen sind, und Gründen, die in dem Bildungssystem selbst liegen.

Gründe schulischer Benachteiligung von Migrationsanderen

1. Aspekte der Bildungsinstitutionen – Voraussetzungen der Schüler/innen
2. spezifische Aspekte – unspezifische Aspekte
3. außerschulische Aspekte – innerschulische Aspekte

Außerschulische Faktoren wirken einerseits als spezifische Eingangsbedingungen für den schulischen Bildungsverlauf; sie beeinflussen darüber hinaus den schulischen Bildungsverlauf und wirken auf diesen begünstigend oder nicht. Allgemein und hinsichtlich Migrantenfamilien werden im Besonderen drei zentrale außerschulische Aspekte diskutiert, die mit dem Erfolg respektive seinem Ausbleiben in der Schule zusammenhängen: der sozioökonomische Status der Familien, ihre kulturelle Orientierung und ihre Sprache(n) (vgl. Kap. 5). Wichtig ist hierbei, dass diese Aspekte nicht als »Bedingungen« zu verstehen sind, da sie allein genommen keine »negative« oder »positive« Wirkung entfalten. Nicht das absolute Fehlen von Ressourcen und Fertigkeiten ist wirkungsvoll, sondern vielmehr der Umstand, dass die vorhandenen Ressourcen und Fertigkeiten der Familien einen vergleichsweise geringen Beitrag zur Bewältigung der Anforderungen leisten, die die deutsche Schule an die Familien stellt. Die *»Passung« (oder besser: die Resonanz) zwischen familialen Ressourcen und schulischen Anforderungen an die Familie* ist das Problem, um das es hier geht. Aus der Perspektive der Schule kann dieses relative Problem aber jederzeit als absoluter Mangel an Ressourcen der Familien umgedeutet und bezeichnet werden.

Das »Resonanzproblem« ist bedeutsam, da die gesellschaftliche Organisation von schulischer Bildung die Verfügbarkeit eines außerschulischen, etwa familialen Kontextes als gegeben voraussetzt, der nicht nur im Hinblick auf die Erfüllung schulischer Aufgaben unterstützend wirkt, sondern gleichsam auch einen Ort des Schutzes vor der Schule darstellt. Diese Voraussetzung produziert Ungleichheiten, weil vor allem jene im Bildungssystem erfolgreich abschneiden, die die Normalitätserwartung der Schule erfüllen. Familien, die beispielsweise über Kenntnisse der Bildungsinstitutionen, ihrer Arbeits- und Funktionsweise verfügen, mit der Rolle der Lehrenden und dem sozialen Geschehen zwischen den Schüler/innen vertraut sind, erfüllen die Erwartungen der Schule eher. Solche Kenntnisse kommen zustande aufgrund eigener Erfahrungen, dadurch, dass Eltern informiert sind. Vor allem aber durch die Teilhabe an den das schulische Geschehen umgebenden kommunikativen Netzwerken (Elternabende, Elternsprechstunden, informelle Kontakte zwischen Eltern, Organisation von Festen und Aktivitäten) gewinnen Eltern einen Einblick in die Bildungseinrichtung, an die sie einen beträchtlichen Teil der Erziehung und Bildung ihrer Kinder abgeben. Dass diese lebensweltliche Bezogenheit auf die Schule erforderlich und sinnvoll ist, muss, dies gilt für alle Eltern, erlernt werden. Wir haben es hier mit einer *kulturellen Praxis der Schule* zu tun, die für Eltern – ob Migrationsandere oder nicht – kulturell nicht selbstverständlich sein muss. Was aber für viele Eltern mit Migrationsgeschichte erschwerend hinzukommt, ist, dass die angesprochenen Netzwerke sprachlich und nach Stil und Inhalten der hier bedeutsamen kulturellen Praxen in der Regel einseitig ausgebildet und damit potenziell ausschließend sind.

Die Art und Weise, wie Eltern sich in das soziale System der Schule einbringen, ist also abhängig nicht nur von ihrer »Motivation«, sondern insbesondere von den Voraussetzungen, an die das Einbringen geknüpft ist. Die Motivation und das Interesse von Eltern mit Migrationsgeschichte, in einer Weise die Schullaufbahn ihrer Kinder zu begleiten, die einen Beitrag zu deren »Erfolg« leistet, ist in der Regel sehr hoch. Bildung kommt auch deshalb ein ausgesprochen hoher Stellenwert zu, weil viele Migrationsandere wissen, dass sie ihre Schlechterstellung in der Migrationsgesellschaft nur mit intergenerationalen Bildungsprojekten verbessern können. Allerdings sind Bildungsaspirationen von Migrantenfamilien gelegentlich in einer Weise an der Bildungsrealität des Herkunftslandes orientiert, die – im Sinne der »Resonanz« – für das Bildungsprojekt im Aufenthaltsland nicht immer günstig sein muss.

Die Wahrscheinlichkeit des Bildungserfolgs hängt mit sozioökonomischen Aspekten zusammen

Für die Frage nach außerschulischen Aspekten, die auf das Bildungsgeschehen Einfluss nehmen, ist aber die sozioökonomische Situation vieler Familien mit Migrationsgeschichte entscheidender als die Orientierung an der Bildungsrealität der Herkunftsländer. Ein niedriges Haushaltseinkommen verringert allgemein die Wahrscheinlichkeit eines hohen Bildungserfolges, da bei der schulischen Unterstützung von Kindern durch ihre Familien Geld direkt (Kauf von Büchern, Ermöglichung von Nachhilfe) oder indirekt (Wohnungsfläche und Zimmeranzahl; Zahl der jüngeren Geschwister, um die sich die älteren zum Teil kümmern müssen; Entfernung zu »guten Schulen«) Rahmenbedingungen schafft, die oft nachteilig auf Lern- und Bildungsprozesse wirken. Familien nicht deutscher Nationalität verfügen durchschnittlich über ein geringeres Einkommen als Familien mit deutschem Pass. Dies hängt mit der unterschiedlichen Entlohnung in- und ausländischer Arbeitnehmer/innen aufgrund geringerer Qualifikation, überproportionaler Beschäftigung in Krisenbranchen, geringerer Kapitalausstattung der Arbeitsplätze und der doppelten Diskriminierung von Frauen mit nicht deutschem Pass aufgrund von Nationalität und Geschlecht zusammen (Beauftragte der Bundesregierung für Ausländerfragen 2000, S. 151). Die Sozialstruktur der Bundesrepublik Deutschland ist in den letzten Jahrzehnten deutlich differenzierter und heterogener geworden. Dennoch ist die Soziallage der meisten Migrant/innen durch zahlreiche Benachteiligungen geprägt. Diese sozial-ökonomische Schlechterstellung der Migrantenfamilien korreliert mit einer geringeren Aussicht auf den Bildungserfolg der Kinder dieser Familien.

Auf die skizzierten außerschulischen Aspekte können Schule und Bildungspolitik nur bedingt Einfluss nehmen. Anders sieht es allerdings mit dem schulischen »Binnenraum« aus. Gründe der Schlechterstellung, die aus der Struktur des schulischen Raums selbst resultieren, sollen nun etwas ausführlicher angesprochen werden.

Innerschulische Aspekte der Schlechterstellung

Das deutsche Schulsystem bildet Eingangsdifferenzen als schulische Differenzen ab

Die Institution Schule hat es mit Schüler/innen zu tun, die im Hinblick auf ihre Bildungsvoraussetzungen sehr unterschiedlich sind. Mit Blick auf die ungleichen Eingangs- und Rahmenbedingungen, die für die Bildungsverläufe ihrer Schüler/innen gelten, gelingt es dem Schulsystem letztlich nicht, die Nachteile auszugleichen, die mit dem Vorhandensein bzw. mit dem Fehlen bestimmter Voraussetzungen für einige Schüler/innen verknüpft sind. Entgegen dem programmatischen Selbstverständnis des Schulsystems und vieler Bildungspolitiken bildet das deutsche Schulsystem aufgrund früher Leistungsauswahl und differenzieller Allokation im dreigliedrigen Schulsystem bzw. in einem System unterschiedlicher Schulformen die sozialen Eingangsdifferenzen der Schüler/innen als schulische Differenzen ab und trägt damit zu einer folgenreichen Festschreibung und Verstetigung von Ungleichheit bei.

Auf die Frage, wie es der Schule »gelingt«, die Differenz zwischen Schüler/innen mit und ohne Migrationsgeschichte so fortzuschreiben, dass der Umstand »Migration« als Nachteil für gesellschaftliche Teilhabe bestätigt wird, können zwei prinzipielle Antworten unterschieden werden (die sich nicht ausschließen, sondern ergänzen). Auf beide Typen innerschulischer Schlechterstellung soll nun eingegangen werden. Hierbei geht es nicht um eine umfassende Darstellung und Diskussion empirischer Daten der Benachteiligung von Migrationsanderen. Vielmehr soll die *prinzipielle Wirkungsweise des Typs innerschulischer Benachteiligung* deutlich werden.

Die erste Antwort bezieht sich auf die kulturell und lingual einseitige Praxis der deutschen Schule, die mit Bezug auf eine Großzahl von Kindern aus Migrantenfamilien unangemessen ist und Bildungsverläufe, die zu einer erfolgreichen Teilhabe an gesellschaftlichen Strukturen und Prozessen beitragen, eher be- und verhindert. Dieser Antworttyp wird nachfolgend unter der Bezeichnung *Disponiertheit-Kontext-Dissonanz* erläutert. Ansätze, die darauf verweisen, dass an bestimmten Entscheidungspunkten der alltäglichen Schulpraxis auf die Differenz zwischen Schüler/innen mit und ohne Migrationsstatus so zurückgegriffen wird, dass Handlungen, die für Migrationsandere nachteilige Konsequenzen haben, (vermeintlich) begründbar werden, sollen mit dem Stichwort *(schulinstitutionelle) Diskriminierung durch Ungleichbehandlung* angezeigt und im zweiten Schritt vorgestellt werden.

Disponiertheit-Kontext-Dissonanz

Die Entwicklung des modernen Bildungssystems und insbesondere des Schulsystems ist an die sukzessive Entfaltung des programmatischen Gedankens geknüpft, dass Differenzierung und Expansion der Schule nicht zu einem Zuwachs jener Ungleichheit beitragen solle, die mit dem Selbstverständnis demokratischer Staaten nicht vereinbar ist. Der allgemeine und nicht durch Merkmale wie Geschlecht, ethnische Zugehörigkeit oder religiöse Überzeugung relativierte Zugang zur Schule, die Möglichkeit schulischer Bildung »für alle«, ist hierbei mittlerweile als ein zentraler Aspekt der Umsetzung des egalitären Gedankens anerkannt, genauso wie die Idee, dass die »Effekte von Schule« sich nicht entlang dieser Merkmale abbilden lassen sollten.

Bildung als Prozess, der zu Teilhabemöglichkeiten an gesellschaftlichen Strukturen und Prozessen und in diesem Sinne zur Handlungsfähigkeit Einzelner beiträgt, soll eben nicht partikular, sondern prinzipiell allgemein ermöglicht werden – diese Idee liegt den demokratischen Bildungsinstitutionen programmatisch zugrunde und legitimiert sie. Bei dem hier angesprochenen Verhältnis von Gleichheit und Differenz (vgl. hierzu die systematische Diskussion von Wenning 1999) handelt es sich um ein Spannungsverhältnis, das Bildungssysteme pluraler Gesellschaften gewissermaßen *dauerhaft in Unruhe versetzt.*

Im Bildungssystem kommt die Macht der Verhältnisse zur Geltung

Auch aufgrund bildungssoziologischer Analysen über die Wirkungsweisen und Effekte des Bildungssystems ist bekannt, dass das demokratische Bildungssystem nicht nur gegen, sondern *aufgrund* seines universalistischen Egalitätsanspruchs paradoxerweise »die Macht der Verhältnisse« zur Geltung kommen lässt. Die »Illusion der Chancengleichheit« (Bourdieu/Passeron 1971) besteht darin, dass unter der Maxime der Gleichberechtigung und Chancengleichheit zwar gleiche Ausgangsbedingungen im Bildungssystem zur Verfügung gestellt werden, dies aber zu einer raffinierten, da maskierten Form der Reproduktion von Ungleichheit beiträgt. Denn die nicht zufällig, sondern aufgrund ihrer sozialen Herkunft und Zugehörigkeit Privilegierten profitieren von und in diesem »gleichen Wettbewerb unter Ungleichen«.

Für Migrationsandere greifen migrationsunspezifische (etwa die eher »mittelschichtsorientierte« Erwartung, dass Eltern in der Lage sind, zeitlich und inhaltlich die Hausaufgabenerledigung ihrer Kinder zu unterstützen) und migrationsspezifische Normalitätsunterstellungen der Schule zu einem doppel-

Schlüsselbegriff: Disponiertheit

»Disponiertheiten« resultieren aus Erfahrungen, die die Eingebundenheit eines Individuums in soziale Zusammenhänge anzeigen und diese Eingebundenheit ermöglichen. Der Begriff Disposition verweist auf Elemente einer Struktur, die beobachtbaren Handlungsregelmäßigkeiten hypothetisch zugrunde liegt. Es handelt sich um vorreflexive Orientierungen, die das Handeln und Erleben, aber auch das Nicht-Handeln-Können und Nicht-Erleben der Einzelnen orientieren und die in konkreten Situationen immer wieder neu aktualisiert werden. Disponiertheiten sind keine starren Handlungs- und Erlebensmuster, sondern das Handeln und die Stellungnahme zur Welt und sich selbst strukturierende Phänomene, die durch weitere Erfahrungen modifiziert und differenziert werden.

Die Entstehung von Dispositionen wird von der Wiederholung von Erfahrungen vermittelt. Das Zusammenspiel unterschiedlicher Disponiertheiten kann als Habitus bezeichnet werden. Der Habitus ist ein aus einzelnen Gewohnheiten konstellierter Zusammenhang (einführend beispielsweise Krais/Gebauer 2002). Mit Pierre Bourdieu (etwa 1997) geht die habituelle Disponiertheit des Einzelnen aus seiner unverwechselbaren Geschichte und seiner Stellung innerhalb der Gruppe, der er zugehört, hervor. Habituelle Disponiertheit ist das Zusammenspiel von Gewohnheiten des Denkens, des Empfindens, des Handelns, des Geschmacks und des Urteilens. Die habituelle Disponiertheit zeigt die Zugehörigkeit zu bestimmten Milieus, Klassen, natio-ethno-kulturellen Gruppen, allgemein: zu sozialen Zusammenhängen, an.

Die Art zu denken, die Art zu empfinden, das Lachen, das, was man mag, das, was man versteht … resultieren nicht nur aus sozialer Eingebundenheit, sie »verraten« auch unsere Eingebundenheit. Wie wir uns verhalten, welche Kleidung und welcher Musikstil uns gefallen, wie unsere Wohnungen eingerichtet sind, zeigt unsere soziale Zugehörigkeit, die Zugehörigkeit zu bestimmten Milieus, Klassen, aber auch natio-ethno-kulturellen Gruppen an.

Habitus oder habituelle Disponiertheit »antworten« den sozialen Kontexten, in denen sie sich jeweils entwickelt haben. Habitus X und sozialer Kontext X stehen in einem Verhältnis der Resonanz und Konsonanz zueinander. Dies äußert sich in der Schule etwa darin, dass bestimmte Disponiertheiten mit der Erfahrung verbunden sind, *hier am rechten Ort* zu sein, mit der Erfahrung also, dass das Handeln und die Entwicklung des Handlungsvermögens möglich sind, und grundlegender noch: mit der Erfahrung der Anerkennung.

Der Blick auf das Verhältnis von »Disponiertheit« und »Kontext« verdeutlicht, dass Bildungsverläufe von Migrationsanderen im Bildungssystem als relationale Phänomene zu verstehen sind. Eingeschränkte Erklärungsversuche, die nur die Schüler/innen, ihre familialen Einbindungen und daraus resultierende Fähigkeiten in den Blick nehmen oder andererseits ausschließlich den Kontext, das Feld der Schule thematisieren, greifen zu kurz. Ihnen entgeht das komplexe Zusammenspiel von »Kontext« und »Disponiertheit«.

Die prinzipielle Aufgabe des Bildungssystems ist eine doppelte. Einerseits geht es darum, die Eingangsdisponiertheiten der zu Bildenden durch Bildung so zu verfeinern und zu entwickeln, dass die Teilhabe an Gesellschaft möglich wird. Damit dies gelingt, muss schulische Bildung die Eingangsdisponiertheiten ihrer Schüler/innen wahrnehmen und anerkennen. Bildung steht somit immer in einem zweifachen Verhältnis zu den Eingangsdisponiertheiten ihrer Klientel; sie wirkt

affirmativ und transformativ auf Disponiertheiten ein. Je disparater nun die Ein- Eingangsdisponiertheiten der Schüler/innen, desto größer scheinen die organisatorischen, didaktischen und curricularen Probleme zu sein – zumindest in einer Schultradition, die die unterstellte Homogenität ihrer Schüler/innen zu einem Ausgangs- und Zielpunkt ihres Tuns macht.
Wenn Disponiertheiten den Vorgaben des (neu betretenen) Kontextes Schule entsprechen, gilt ein gleichsam eher konsonantes Verhältnis zwischen der jeweiligen Disponiertheit und dem Kontext (»Konsonanz« bezeichnet in der Musik einen Zusammenklang, der als melodisch und harmonisch erfahren wird). Diese relative Konsonanz zieht Entwicklungen nach sich, die das niemals vollständig übereinstimmende, aber doch verwandte Verhältnis zwischen Disponiertheit und Kontext verfeinern.
Dort, wo zwischen Disponiertheit und schulischem Kontext eine kritische Differenz der relativen Dissonanz besteht, gelten prekäre Verhältnisse, die nicht allein den Prozess der Verfeinerung der Dispositionen gefährden, sondern auch immer verknüpft sind mit dem Stigma der Illegitimität des Aufenthaltes. Denn wer sich in einem Kontext aufhält, in den er »eigentlich nicht so richtig passt«, fühlt sich nicht nur deplatziert, sondern wird auch als »eigentlich nicht zugehörig« wahrgenommen. Die Schlechterstellung von bestimmten Schülergruppen in und durch das Bildungssystem kann in Verbindung gebracht werden mit dem prekären Verhältnis zwischen individuellen Disponiertheiten und den Vorgaben und der Ansprache durch das schulische Feld.

ten Effekt ineinander: Es findet ein komplexer Prozess der Zuweisung zu »schlechteren« Positionen statt mit der Konsequenz, dass sich an diesen schlechter positionierten symbolischen und institutionalisierten Orten Habitusformen bilden, die nicht nur die Schlechterstellung widerspiegeln, sondern sie auch zu bestätigen scheinen.

Differenzunempfindlichkeit, auch jene, die einem egalitären Anspruch entspringt, trägt bei gegebenen Differenzen zu einer Ungleichbehandlung bei. Die auf Homogenisierung zielende Schule ist deshalb *als Organisation* von der Beharrlichkeit der von den Schüler/innen in die Schule eingebrachten Unterschiede eher irritiert (etwa Diehm/Radtke 1999, S. 102 ff.). Die Verwendung allgemeiner Kriterien, beispielsweise bei der Leistungsabschätzung, trägt damit zu einer Bewahrung der aufgrund außerschulischer Voraussetzungen eingebrachten Differenzen als Ungleichheiten bei.

Weil Gleichbehandlung bei gegebenen Unterschieden und ungleichen Startbedingungen Benachteiligungen fortschreibt und bestätigt, besteht eine der zentralen Anforderungen an das schulische Bildungssystem darin, den von den Schüler/innen eingebrachten *unterschiedlichen* Dispositionen und Disponiertheiten zu entsprechen.

Prominente Beispiele für die Dissonanz oder für den Mangel an sozialer Verwandtschaft zwischen den implizit mit einer bestimmten Normalität des Disponiertseins rechnenden Angeboten und Erwartungen der Schule und der faktisch heterogenen Disponiertheit ihrer Schüler/innen finden sich im Themenbereich »Sprache«. Drei Aspekte sind hier wichtig. Zum einen erwartet die Schule Schüler/innen, die Deutsch in einem bereits differenzierten Maß sprechen können, sie formuliert zweitens in der Regel kein mehrsprachiges, sondern zumeist ausschließlich ein deutschsprachiges Angebot und tut dies drittens häufig in einer Weise, die nicht an die alltagsweltliche Sprachwirklichkeit der Schüler/innen anschließt.

Die Sprache der Schule

»Das Deutsch, das die Kinder in der Schule verstehen und gebrauchen lernen müssen, hat die eigenen Gesetzmäßigkeiten einer formalisierten Fachsprache. Schulische Kommunikation hat auch dann, wenn sie sich mündlich vollzieht, tendenziell die konzeptionellen Merkmale der Schriftlichkeit. Sie ist situationsentbunden, arbeitet stark mit symbolischen und kohärenzbildenden Redemitteln, z.B. mit eigentlich ›inhaltsleeren‹ Funktionswörtern wie Artikeln, Pronomen oder anderen Verweisformen und mit komplexen Strukturen. Damit unterscheidet sich das Deutsch der Schule sehr deutlich von den Sprachvarianten, die in der alltäglichen mündlichen Kommunikation eine Rolle spielen. In der alltäglichen Kommunikation überwiegen die kontextabhängigen, die bedeutungstragenden, assoziativen, konkreten und illustrativen Elemente.
Für sprachlernende Menschen ist besonders gravierend, dass die Unterschiede zwischen der mündlichen All-Alltagssprache und der Sprache der Schule vor allem im strukturellen Bereich liegen. Gewiss ist es unerlässlich, dass Schüler/innen lernen, über die mit einer Sache sich verbindenden bedeutungstragenden Wörter zu verfügen – also den Fachwortschatz im engeren Sinne. Aber damit, dass ein solcher spezieller Vokabelschatz unterrichtet bzw. gelernt wird, ist das grundlegende Sprachlernproblem nicht gelöst. Die Hauptschwierigkeit der Sprache der Schule bilden nämlich die immer komplizierter werdenden Strukturen und abstrakten textlichen Formen, in die die ›Fach-Vokabeln‹ eingebettet sind. Je länger eine Schülerbiografie dauert, desto komplexer ist der sprachliche Anspruch in diesem Sinne, den der Unterricht stellt. Das bedeutet unter anderem: Die verlangte sprachliche Leistung wird immer abstrakter, inhaltliche Signale werden immer stärker in grammatischen oder anderen Strukturen ›versteckt‹ – beispielsweise im Aufbau von Texten. Die Sprache der Schule entfernt sich im Laufe der Zeit immer weiter von den Gesetzmäßigkeiten der alltäglichen Sprache in Richtung auf zunehmende Abstraktion« (Gogolin/Neumann/Roth 2003, S. 51).

Von den drei angesprochenen Aspekten sind alle Schüler/innen betroffen, Kinder aus Migrantenfamilien häufig aber in einer spezifischen Weise. So gehen Schulen in Deutschland in aller Regel davon aus, dass ihre Schüler/innen, noch bevor sie beginnen, die Schule zu besuchen, in einer spezifischen Weise Deutsch können. Diese Erwartung übergeht die gegebene sprachliche Heterogenität in deutschen Schulen, gerade zu Beginn: »In einer 1. Klasse sitzen Kinder, die in ihrem deutschen Spracherwerb weit vorangeschritten sind, Kinder, die sich auf den unterschiedlichsten Stufen des Spracherwerbsprozesses [...] befinden, und Kinder, die als Flüchtlinge oder Aussiedler gerade erst gekommen sind und ihre ersten Wörter Deutsch lernen. Auch die Kinder deutscher Erstsprache in einer 1. Klasse stellen im Hinblick auf die bis zum Schuleintritt erworbenen Sprachfähigkeiten eine äußerst heterogene Gruppe dar« (Quehl 2002, S. 184).

Auch ist zu beachten, dass infolge von Wanderungsprozessen das Phänomen des schulischen Seiteneinstiegs bedeutsam ist und schon immer existent war, »weil sich Migrationsentscheidungen der Eltern nicht nach dem Schuljahresrhythmus richten« (Diehm/Radtke 1999, S. 116). Es ist zu erwarten, dass das Bildungssystem zukünftig vermehrt mit Schüler/innen zu tun haben wird, die nicht ohne Weiteres die »Mitgliedschaftsrolle« (Diehm/Radtke 1999, S. 116) ausfüllen, die die Schule ihnen zugeteilt hat. So erwartet die Schule nicht nur sprachliche Kenntnisse, eine linguale und kulturelle Disponiertheit, sondern sie erwartet Schüler, die wissen, was es in deutschen Schulen heißt, »Schüler« zu sein.

Mehrsprachigkeit und die Vielfalt lingualer Disponiertheiten sind eine zentrale Herausforderung für das Bildungssystem

Mehrsprachigkeit und die Vielfalt lingualer Disponiertheiten sind auf Dauer eine zentrale Herausforderung für das Bildungssystem (siehe Kap. 5). Disponiertheiten, die ihre Existenz und Bedeutung durch die alltagsweltliche Relevanz mehrerer Sprachen gewinnen, werden aber dann prekär, wenn in eher monolingualen Bildungszusammenhängen die zwei- und mehrsprachigen Kinder mit einer Realität konfrontiert sind, in der sie gleichsam einen Teil ihrer selbst entweder nicht oder nur in solchen abseitigen Bereichen des öffentlichen Raumes leben und nutzen können, die den »Anderen« oder »Fremden« vorbehalten sind. Die monolinguale Schule, die die Pflege anderer, nicht deutscher Sprachen nicht nur unterlässt, sondern zuweilen sogar explizit sanktioniert, drängt die Zweisprachigkeit der Schüler/innen und damit diese selbst ins Abseits.

Solche Diskrepanzen und Dissonanzen zwischen Disponiertheit und schulischem Kontext sind nicht allein auf die linguale Dimension beschränkt, sondern finden sich auch auf der Ebene religiöser, moralischer, insgesamt kultureller Praktiken, wobei es – das Beispiel der sprachlichen Disponiertheit hat es deutlich gemacht – bedeutsam ist, die schulische Anerkennung der Disponiertheiten Migrationsanderer nicht ausschließlich im multikulturellen Modell der Anerkennung von »Minderheitenkulturen« zu diskutieren, sondern eine pädagogische Aufmerksamkeit dafür zu entwickeln, dass für die Disponiertheit einer großen Zahl von Jugendlichen und Kindern im deutschen Bildungssystem der transnationale Umstand natio-ethno-kultureller Mehrfachzugehörigkeit bedeutsam ist (vgl. Kap. 2). Eine Ansprache dieser Jugendlichen und Kinder durch die Schule, die ihre Mehrfachzugehörigkeit (z. B. hybride Selbstbeschreibungen, polykontextuelle und multilinguale Fertigkeiten und Mehrfachloyalitäten) ernst nimmt, ermöglicht angemessene Bildungsprozesse (vgl. auch Kap. 8).

(Schulinstitutionelle) Diskriminierung durch Ungleichbehandlung

Als bildungspolitisches Dilemma im Umgang mit ethnischen Minderheiten bezeichnet Norbert Wenning (2003, S. 80) den Umstand, dass der Staat sowohl im Modell einer egalitären Bildungspolitik als auch in einer differenz-sensiblen Politik Ungleichheiten produziert, die dem prinzipiellen Anspruch der Gleichbehandlung demokratischer Bildungspolitik zuwiderlaufen. Sowohl Formen der schulinternen Ungleichbehandlung als auch Formen der Gleichbehand-

Sowohl Formen der Ungleichbehandlung als auch Formen der Gleichbehandlung können sich als Benachteiligung auswirken

lung können sich im Effekt als Benachteiligung von Migrationsanderen auswirken. Die im vorausgegangenen Abschnitt erläuterten Normalitätsunterstellungen und »Normalisierungsversuche« der Schule, die zu einer Benachteiligung eines Teils der Kinder und Jugendlichen mit Migrationsgeschichte beitragen, können in ihren Effekten als *Diskriminierung durch Gleichbehandlung* verstanden werden. In diesem Abschnitt nun soll erläutert werden, wie Schüler durch schulische Ungleichbehandlung benachteiligt werden.

In der deutschsprachigen Diskussion sind Strukturen und Prozesse der Diskriminierung in der Schule insbesondere mithilfe des theoretischen Erklärungsangebots der »institutionellen Diskriminierung« untersucht und aufgezeigt worden. Das schlechtere Abschneiden von Schüler/innen aus Migrantenfamilien wird hier nicht mit Bezug auf absichtliche Benachteiligung durch das Lehrpersonal erklärt. Auch werden nicht »kulturelle Unterschiede« als Gründe des schlechten Abschneidens ausgemacht. Vielmehr geht der Ansatz davon aus, dass der Schule als Organisation die Option der Unterscheidung ihrer Schüler/innen entlang des Kriteriums »ethnische Zugehörigkeit« zur Verfügung steht. »Ein nicht unbedeutender Teil der Ungleichheit in der Bildungsbeteiligung von deutschen im Vergleich mit nicht deutschen Schülern lässt sich – so die These – *nicht* auf die Eigenschaften der Kinder und ihre migrationsbedingten Startnachteile zurechnen, sondern wird in der Organisation Schule selbst erzeugt« (Gomolla/Radtke 2007, S. 20f.).

Die Schule, so die Annahme des Ansatzes und Ergebnis empirischer Studien, greift dann auf diese Option zurück, wenn dies *organisatorisch* angemessen ist. Nicht pädagogische Erwägungen, sondern institutionell-organisatorische Abläufe, so der Ansatz, tragen zu einer Schlechterstellung von Migrationsanderen bei. Aufgrund der allgemeinen Schulpflicht findet in der Schule – anders als beispielsweise bei einigen Institutionen der Sozialen Arbeit – die Rekrutierung ihrer Klientel nicht mithilfe ethnischer oder kultureller Kriterien statt. Unter bestimmten organisatorischen Bedingungen, die im Kontext bildungspolitischer und demografischer Vorgaben zu verstehen sind, greift die Schule allerdings auf Optionen der Auswahl als Problemlösung zurück. »Ethnische Diskriminierung« ist eine dieser Optionen. »›Ethnizität‹ stellt eine zusätzliche Ressource zur Deutung von Problemen dar. Sie ist als Unterscheidungskategorie mit der sogenannten ›Ausländerpädagogik‹ seit den 70er-Jahren Bestandteil der Schulkultur geworden […]. Mit ihrer Hilfe wird es möglich, ganze Gruppen der Migrantenkinder, unabhängig von den je individuellen Eigenschaften und Fähigkeiten der Kinder, als Problem zu definieren« (Lentz/Radtke 1994, S. 185).

Die Unterscheidung zwischen »Fremden« und »Nicht-Fremden« steht als mögliches und durch den ausländerpädagogischen und interkulturellen Diskurs über kulturelle Unterschiede nahegelegtes Unterscheidungsschema, als potenzieller Mechanismus zur Verfügung und kann bei institutionellen und organisatorischen Problembearbeitungen genutzt werden. Die Zuschreibungen bedürfen hierbei keiner »individuellen Absicht«. Vielmehr kann das Unterschiedsschema von Institutionen und Organisationen dann in Anspruch genommen werden, wenn es institutionell und organisatorisch zur Bearbeitung anfälliger Probleme und Aufgaben hilfreich ist.

Neben direkten Fremdheitszuschreibungen in konkreten Interaktionssituationen sowie der kommunikativen Behandlung und Produktion »des Anderen« und »Fremden« in Schulklasseninteraktionen (siehe hierzu etwa die diskursanalytische Untersuchung von Susanne Horstmann 2002) verfügen Organisationen und institutionelle Systeme über die Deutungsoption »ethnische Fremdheit«. Sie kann jederzeit zur Legitimation von Handlungen herangezogen werden.

Wichtig für den Ansatz der »institutionellen Diskriminierung« ist hierbei die These, dass Institutionen die Option nutzen, wenn es aus »systeminternen« Gründen geraten ist. So können Bildungsinstitutionen abhängig von ihrer organisatorischen Situation auf Migrantenkinder positiv oder negativ reagieren. Michael Bommes und Frank-Olaf Radtke (1993) haben gezeigt, dass beispielsweise die zurückgehende Auslastung von Sonderschulen durch gesteigerte Aufnahme von »Migrantenkindern« kompensiert wird. Zwar erhöhen diese Kompensationsprozesse bisher in der Regel die »Bildungschancen« von Migrantenkindern in den geringer angesehenen Schulformen wie der Sonderschule für Lernbehinderte; die demografische Entwicklung macht es perspektivisch gesehen, so die Autoren, nicht unwahrscheinlich, dass diese Ausgleichspraktiken auch an statushöheren Schulformen verstärkt anzutreffen sein werden.

Die Option, Migrantenkinder als Problem zu definieren, steht bei schulischen Entscheidungen zur Verfügung

Ein differenziertes empirisches Bild dieser Abläufe gibt eine Untersuchung wieder, die an Bielefelder Grundschulen durchgeführt wurde (Gomolla/Radtke 2007). Die Studie zeigt, dass die Institution Schule »Unterschiede macht [um eigene organisatorische Probleme zu lösen] und diese mit der geläufigen Semantik über Migranten begründet« (S. 276). Die vorliegenden empirischen Ergebnisse weisen allerdings in die Richtung, dass die Schule die Differenz zwischen »ethnisch fremden« und »nicht fremden« Kindern im Zuge ihrer (Auswahl-)Entscheidungen in einer Weise verwendet, die für die »ethnisch Fremden« in der Regel Nachteile mit sich bringt.

Die Option, Migrantenkinder unabhängig von ihren je individuellen Eigenschaften und Fähigkeiten als Problem zu definieren, wird – wie im Untersuchungszeitraum der Bielefelder Studie aufgezeigt werden konnte – an grundsätzlichen Entscheidungsstellen bedeutsam, insbesondere bei der Einschulung, beim Übergang in die Sekundarstufe und bei der Aufnahme eines Sonderschulverfahrens. Beim Übergang in die Sekundarstufe und mit der Schullaufbahnempfehlung in der 4. Klasse beispielsweise kann die Schule mit Bezug auf die Kriterien »mangelnde Schulbildung der Eltern, fehlende oder falsche Bildungsaspirationen und Unkenntnis des deutschen Schulsystems seitens der Eltern« (Gomolla/Radtke 2007, S. 283) die Gymnasialeignung auch von leistungsstarken »Migrantenkindern« infrage stellen.

Diskriminierende Effekte können sich über eine Schulkarriere hinweg folgenreich verketten

Insgesamt macht die Untersuchung darauf aufmerksam, dass sich diskriminierende Effekte über eine Schulkarriere hinweg folgenreich verketten. Im Verlauf einer Schulkarriere verschränken sich zahlreiche Einzelentscheidungen zum kumulativen Effekt einer Diskriminierung, die sich aufgrund des Ketteneffekts der Wahrnehmung der handelnden Akteure (Lehrer/innen, Eltern wie Schüler/innen) in ihren benachteiligenden Konsequenzen und längerfristigen Wirkungen für die Schüler/innen weitgehend entzieht.

Der Ansatz der institutionellen Diskriminierung beschränkt sich auf Formen der Ungleichbehandlung, die sich, unabhängig von pädagogischen Anliegen oder diskriminierenden Einstellungen der Lehrer/innen, als Konsequenz schulorganisatorischer Erfordernisse ereignen. Bei der quantitativen Regulation der Aufnahme von Schülern beispielsweise könne die Schule, so das Argument des Paradigmas, auf das Merkmal Ethnizität zurückgreifen. Wenn sie dies tue, weise dies nicht auf eine programmatische Absicht hin: »Entschieden wird *nicht* nach allgemeinen Prinzipien, sei es Gerechtigkeit oder Rassismus. Die Organisation ist nicht xenophob oder xenophil, wie vielleicht einzelne ihrer Mitglieder, sondern sie ermöglicht – je nach Gegebenheit und Gelegenheit [...] – eine Entscheidung für oder gegen die Aufnahme« (Gomolla/Radtke 2007, S. 269 f.).

Wichtig ist hier nun zweierlei: Erstens darf der Nachweis institutioneller Diskriminierung durch Ungleichbehandlung nicht mit dem Fehlen individueller Diskriminierung oder ihrer Belanglosigkeit gleichgesetzt werden. Der Ansatz der institutionellen Diskriminierung »halbiert« die Realität der Ungleichbehandlung, weil er die Seite der interaktiven und persönlichen Diskriminierung nicht thematisiert. Ethnisierungen durch Lehrer/innen, die aus ihren Schüler/innen – etwa aufgrund einer »kultursensitiven Einstellung«, die sie womöglich in interkulturellen Weiterbildungen (vgl. Kap. 4) erworben haben – »türkische Kinder« *machen*, tragen in bedeutsamem Maße zur Identifizierung und Diskriminierung von Migrationsanderen bei (etwa Dietrich 1997, S. 59).

Zweitens stellt sich mit Bezug auf den Ansatz der »institutionellen Diskriminierung« die Frage, wie es zu erklären ist, dass Institutionen – zur Bearbeitung ihrer eigenen Probleme – gerade auf Ethnizität bzw. die Differenz zwischen Migrationsanderen und Nicht-Migrationsanderen zurückgreifen. Wenn die Institution Schule auf die Kategorie Ethnizität zurückgreift, um ihre Handlungen zu begründen, dann tut sie dies, weil diese Unterscheidungskategorie als gesellschaftlich allseitig »verständliches« und nicht allein auf die Schulorganisation beschränktes Auswahlkriterium sowie Begründungs- und Legitimationsmuster erfolgreich und wirksam *kommunizierbar* ist. Die Wirksamkeit des Musters hängt damit zusammen, dass die Schule ihr Handeln nach außen hin mit Ethnizität glaubhaft kommunizieren und legitimieren kann. Hierbei sind wiederum zwei Aspekte zu beachten: Plausibilität wird nämlich nicht allein dadurch beschafft, dass Ethnizität kommunikativ verwendet wird, sondern in einer Weise, die bestätigt, was in einer Dominanzkultur (Rommelspacher 1995) als vorherrschendes Wissen gegenwärtig ist: nämlich, dass Migrantenkinder *aufgrund ihres ethnisch-kulturellen Hintergrundes* in der Schule weniger gut abschneiden. Die diskursive Legitimität der Benachteiligung identifizierter Anderer entsteht und gilt aufgrund *selbstverständlich erscheinender Macht- und Herrschaftsverhältnisse.* Um dies zu verstehen muss man – anders als dies Gomolla und Radtke (2007) sehen – die Perspektive eines Rassismusbegriffs in Anspruch nehmen, der Rassismus als ein grundlegendes gesellschaftliches Ordnungsprinzip versteht (vgl. Kap. 7). Ohne den Bezug auf dieses Ordnungsprinzip kann letztlich nicht erklärt werden, warum es schulischen Akteuren möglich ist, so »erfolgreich« auf ethnische, kulturelle und nationale Kategorien zurückzugreifen, um die Schlechterstellung Migrationsanderer erstens zu verwirklichen und zweitens zu legitimieren. Die Durchführung und Legitimation der Schlechterstellung Anderer werden getragen von ideologischen Diskursen und müssen zur Sicherung der eigenen Praxis auf diese zurückgreifen.

Mit Bezug auf die hier analytisch unterschiedenen Aspekte »Disponiertheit – Kontext – Dissonanz« und »(schulinstitutionelle) Diskriminierung« ist es nun wichtig, die Effekte der Diskriminierung Migrationsanderer nicht nur als »Benachteiligung« zu verstehen. Vielmehr ist es wichtig, sie auch im Hinblick auf ihren *sozialisierenden und subjektivierenden Effekt,* auf ihre Wirkung im Rahmen von *Selbstbildung* zu betrachten.

Im Zusammengehen ethnisch-kultureller Diskriminierung mit dem Unvermögen des Bildungssystems, der mehrfachzugehörigen Disponiertheit vieler Migrationsanderer zu entsprechen, werden natio-ethno-kulturelle Andere produziert. Aufgrund der Dissonanz von Eingangsdispositionen und schulischem Feld, aufgrund von Anforderungen, dispositionale Vermögen zu entwickeln, die nicht entwickelbar sind, bildet sich eine Art *Ausländerhabitus* (Mecheril 2003) heraus. Dieser zeigt die Schlechterstellung nicht nur an, sondern »plausibilisiert« sie auch und scheint sie dadurch zu legitimieren. Das Missverhältnis zwischen Disponiertheit und schulischem Feld ermöglicht und bekräftigt die *deplatzierte Disponiertheit* Migrationsanderer. Diese Deplatziertheit ist zwar – im Kontext der Schule und im gesellschaftlichen Kontext, den Schule symbolisiert und repräsentiert – ein Mangel. Sie ist zugleich potenzielle Grundlage einer individuellen und kollektivierenden Kraft sowie eines politischen Vermögens, »Nein« zu sagen.

Einen ergänzenden Text zur Schlechterstellung von Migrationsanderen an österreichischen Schulen finden Sie im Internet unter: www.beltz.de/ Material Kennwort: 34205

6.3 Die differenzfreundliche und zuschreibungsreflexive Schule

Noch immer: Neuorientierung ist erforderlich

Die Schlechterstellung von Migrationsanderen im und durch das System Schule ist als komplexes Zusammenspiel unterschiedlicher ineinandergreifender Phänomene zu verstehen, die sich zu subjektivierenden Effekten der Benachteiligung verketten. Nicht allein außerschulische Aspekte, nicht allein Phänomene der Disponiertheit-Kontext-Dissonanz, nicht allein Prozesse ethnischer Diskriminierung sind für die Schlechterstellung verantwortlich, sondern das Zusammenwirken der unterschiedlichen Aspekte.

Seit mehr als drei Jahrzehnten wird in der Debatte über das Thema Migration und Bildung darauf hingewiesen, dass eine Veränderung des schulischen Bildungssystems unerlässlich ist. Die Forderung nach der grundlegenden Neuorientierung des schulischen Bildungssystems gehört zu beharrlich wiederkehrenden Positionen. So weist die Eröffnungspassage des Vorworts von Hermann Müller zu dem von ihm vor 35 Jahren herausgegebenen Buch »Ausländerkinder in deutschen Schulen« frappierende Ähnlichkeiten mit der Einschätzung auf, die Klaus Bade, einer der bekanntesten deutschsprachigen Migrationswissenschaftler, bei seiner Abschiedsvorlesung drei Jahrzehnte später formuliert.

Mahnungen, die sich wiederholen

»Unser Erziehungs- und Bildungssystem und darüber hinaus unsere Gesellschaft ist vor die Aufgabe gestellt, jetzt und in Zukunft Millionen ausländischer Arbeiter und ihre Familien zu integrieren. Die Gesellschaft und ihre Institutionen können sich dieser Aufgabe nicht entziehen. Sie haben sie bisher nach Art und Grad so hinhaltend und abwehrend heruntergespielt, daß heute und in der allernächsten Zukunft eine schwere und bedrohliche Hypothek abzutragen ist, die durch Ignorieren nur umso schneller weiterwächst« (Müller 1974, S. 9).

»Die nüchternen Bildungsdaten beleuchten ein Problem, das wichtiger ist als die mitunter nachgerade rituelle Skandalisierung von ›Ehrenmorden‹, ›Zwangsheiraten‹ und ›Parallelgesellschaften‹: Das eigentliche Integrationsproblem in Deutschland ist die Benachteiligung der Zuwandererbevölkerung in Bildung, Ausbildung und beruflicher Qualifikation bzw. Weiterqualifikation. Sie bildet die Grundlage für eine oft unverschuldete, aber lebenslang wirkende, deshalb zunehmend empörende und vielleicht bald den sozialen Frieden in der Einwanderungsgesellschaft gefährdende Benachteiligung […]« (Bade 2007, S. 62).

Um die kulturelle, linguale und nationale Zentriertheit des Bildungswesens und die mit ihr verbundenen ethnozentrischen Denk- und Handlungsmuster aufzubrechen, bedarf es einer grundlegenden Umorientierung (Krüger-Potratz 2001, S. 34). Drei zentrale Ebenen dieser Um- oder Neuorientierung können unterschieden werden: die Ebene der Ausbildung der Lehrer/innen, die didaktische und curriculare Ebene sowie die schulorganisatorische Ebene.

Hierbei kann als Motto der seit langer Zeit für notwendig erachteten Umorientierung gelten: *Nicht »Migrantenkinder« stellen das Problem und die Ursa-*

che der Bildungsmisere dar, sondern das »Selbstverständnis« und die Handlungsroutinen, die die Bildungseinrichtungen kennzeichnen. Damit wird etwa in der Lehrer/innenbildung die Einübung eines Blicks bedeutsam, der nicht die Mängel der »Migrantenkinder« ins Auge fasst, sondern in der Lage ist, das »dissonante« Zusammenspiel von Disponiertheit und Vorgaben des schulischen Kontextes zu erkennen. Gegenüber einem ethnisierenden und kulturalistischen Wissen über »die Anderen« (vgl. Kap. 4) ist damit, um ein zweites Beispiel zu nennen, ein Wissen zu bevorzugen, das die Mechanismen ethnischer Diskriminierung kennt.

Der zentrale Grund, warum Migrationsanderen angemessene Bildungsmöglichkeiten zur Verfügung gestellt werden sollte, die in einer die Bedingungen der Möglichkeit gleicher Chancen grundlegenden Weise an ihre Eingangsdispositionen anschließen, muss hierbei pädagogisch und bildungstheoretisch und nicht instrumentalistisch formuliert werden. Instrumentalistisch ist jede Begründung, die den auf gesellschaftliche Teilhabe und Handlungsfähigkeit hin orientierenden Bildungsprozess der Migrationsanderen nicht als zentralen Zweck setzt. Dies sei am Thema »Deutschkenntnisse und Mehrsprachigkeit« erläutert.

Schlüsselbegriff: Sprachförderung

Im öffentlichen Diskurs ist fast ausnahmslos die Rede von »Sprachförderung«, obwohl es sich bei den durchgeführten Maßnahmen nahezu ausschließlich um pädagogische Aktivitäten zur Unterstützung der Sprachentwicklung im *Deutschen* handelt. Mit der Verwendung des Begriffs »Sprachförderung« wird das Sprachrepertoire von zwei- bzw. mehrsprachig aufwachsenden Kindern einerseits auf das Deutsche reduziert, andererseits wird durch die begriffliche Ausblendung der nicht deutschen Sprachen der Eindruck erweckt, die Kinder hätten grundsätzlich mangelhafte Sprachfähigkeiten. Darüber hinaus wird der Eindruck gestärkt, es sei überflüssig, sich mit den nicht deutschen Familiensprachen zu befassen. Der Begriff »Sprachförderung« ist aus diesen Gründen ein Spiegel der Machtverhältnisse: *Sprache* heißt *Deutsch* und Sprachförderung hat sich fraglos auf das Deutsche zu beziehen, sodass es überflüssig erscheint, ihr den Namen zu geben, der sie richtig bezeichnet, nämlich »Deutschförderung«.

In Deutschland wird seit Jahren eine Auseinandersetzung um das Thema »Sprache und Migration« geführt. Verkürzt kann davon gesprochen werden, dass es in dieser Debatte zwei Grundpositionen gibt. Eine, die sich eher gegen die Berücksichtigung von Mehrsprachigkeit in der Schule, und eine, die sich dafür ausspricht (vgl. auch Kap. 5). Im Rahmen letzterer Position sind drei Typen sachlicher Argumente anzutreffen. Diese Argumente begründen in unterschiedlicher Weise, dass die Schule in der Migrationsgesellschaft die gegebene Mehrsprachigkeit ihrer Schüler/innen in einer anerkennenden und pädagogisch reflektierten Weise in den offiziellen Schulraum hineinholen sollte (diese Argumentationstypen finden sich im Rahmen der Frage des Umgangs der Schule mit kulturellen Disponiertheiten/kultureller Differenz überhaupt; allerdings ist die auf den sprachlichen Bereich bezogene Diskussion am differenziertesten entwickelt):

a) Ein häufig mit Bezug auf die Notwendigkeit der Förderung von Mehr- und Zweisprachigkeit formuliertes Argument besteht darin, dass es sich bei mehrsprachlichen und mehrkulturellen Fertigkeiten um ein brachliegendes gesellschaftlich relevantes »Kapital« handele, das durch das Fehlen einer angemessenen schulischen Förderung vergeudet werde. Mehrsprachigkeit und die kognitive und soziale Kompetenz, in unterschiedlichen kulturellen Kontexten – seien dies nun inter- oder intranationale Kontexte – wirksam zu handeln, stellten unter Bedingungen von Globalisierung, Internationalität und kultureller Pluralisierung eine bedeutsame Fertigkeit dar.
b) Eine Reihe von Untersuchungen weist darauf hin, dass die Berücksichtigung und Förderung der Zwei- oder Mehrsprachigkeit unter bestimmten Bedingungen, die pädagogisch hergestellt werden können, positiv auf schulische Lernprozesse überhaupt wirkt. Förderung von Zwei- oder Mehrsprachigkeit, so die Argumentation, sei bedeutsam, da die Berücksichtigung der nicht deutschen Erstsprache im Falle der Einhaltung bestimmter Grundsätze wie der Verzahnung mit dem Zweitsprachlernen positive Effekte auf die Entwicklung der Sprachkenntnisse im Deutschen habe (Gogolin 2008).
c) Selbst wenn, so der dritte Typ von Argument, die angemessene Förderung von Migrationsanderen mit größeren ökonomischen und gesellschaftlichen Kosten als mit Gewinnen für die Gesellschaft verknüpft wäre, gäbe es keine Alternative zur Anerkennung der unterschiedlichen Disponiertheiten und einer Neuorientierung des Bildungssystems. Für Kinder ohne und mit Migrationsgeschichte gelte in gleichem Maße, dass ihnen als Anwärter auf den Bürgerstatus, den sie in vollem Umfang als erwachsene Mitglieder eines politischen Zusammenhangs erhalten, das Recht auf Bildung qua gesellschaftlicher Mitgliedschaft zusteht und nicht etwa aufgrund eines Nutzens, der vor dem Hintergrund des Kapitals »Mehrsprachigkeit« oder der Ressource »Mehrfachzugehörigkeit« zu erwarten ist. Bildung heißt hier aber nicht nur, dass der allgemeine formelle Zugang zu Bildungsinstitutionen gegeben ist, sondern auch, dass die Bedingungen geschaffen sind, in denen unterschiedliche Formen des Lernens sich gleichermaßen entfalten können (vgl. Kap. 8).

Mit insbesondere dem dritten Argument ergibt sich als zentrale Leitlinie der konzeptuellen Neuorientierung der Schule in der Migrationsgesellschaft das Erfordernis, Differenz und Heterogenität anzuerkennen (vgl. Kap. 8). Vor dem Hintergrund der im letzten Abschnitt angeführten Gründe der Schlechterstellung Migrationsanderer durch innerschulische Faktoren seien hier nun zwei Perspektiven vorgestellt, unter denen einige zentrale Ansatzpunkte einer Neuorientierung zusammengefasst werden können: die differenzfreundliche Schule und die zuschreibungsreflexive Schule.

Differenzfreundlichkeit

Georg Auernheimer (2001, S. 48 ff.) hat einige Perspektiven vorgeschlagen, die zur »multikulturellen Profilbildung« von Schulen beitragen sollen:

- Schulphilosophie, die Interkulturalität, Differenz und Mehrsprachigkeit umfasst und anzeigt
- äußeres Erscheinungsbild (z. B. mehrsprachige Schilder, Schulprojektergebnisse, die Differenz und Heterogenität als Bestandteil von [Schul-]Wirklichkeit darstellen und thematisieren)
- außerunterrichtliche Aktivitäten (z. B. Theater-AG) und Vielfalt der Lernorte
- Öffnung und Kooperation mit anderen pädagogischen Institutionen, mit Migrantenselbstorganisationen, Vereinen
- intensive Kommunikation mit Migranteneltern (neue Formen des Einbezugs und Ansprache von Eltern und Mitgliedern von Migranten-communities)
- »gutes Schulklima« (vertrauensvolle Lehrer-Schüler/innen-Beziehungen, Transparenz der Entscheidungen, Mitbestimmungsmöglichkeiten für die Schüler/innen)
- Institutionalisierung von Metakommunikation (Thematisierung der Beziehungsebene, Thematisierung von Konflikten)
- Vermeidung von Segregationsmaßnahmen wie Vorbereitungs- und Auffangklassen
- Bevorzugung von Binnendifferenzierung statt äußerer Differenzierung
- »kollegiale Fallberatung« bei schwierigen interkulturellen, vermeintlich interkulturellen, bei diskriminierenden und rassistischen Fällen
- Mediation/Schlichtung bei ethnisierten Konflikten zwischen Schülergruppen.

Auch eine »antirassistische Perspektive« und das »Monitoring« bezeichnen nach Auernheimer Aspekte einer »multikulturellen Schule«. »*Ethnic Monitoring*« stellt hierbei einen reflexiven Ansatz im (bildungs)institutionellen Umgang mit Differenz und Diskriminierung dar.

Blair und Bourne (1998) plädieren für ein Schulklima, in dem kulturelle Vielfalt wertgeschätzt wird und aus »anderen« Kulturen kommende Schüler/innen willkommen geheißen werden. Löser (2009) berichtet von kanadischen

Schulen, an denen Schüler/innen mit Migrationsgeschichte ähnlich gute Schulleistungen wie solche ohne Migrationsgeschichte aufweisen. Diese Schulen sind charakterisiert durch eine im Vergleich zu anderen Staaten stark hervorstechende sprachlich-kulturelle Vielfalt und eine explizit wertschätzende und fördernde Haltung bei Lehrer/innen, die breite Unterstützung in Politik und Gesellschaft findet und mit dem Motto »Celebrate Diversity« ausgedrückt wird. Nach Blair und Bourne (1998) zeichnen sich »gute« Schulen durch die Unterstützung potenziell negativ von Rassismus betroffener Schüler/innen aus.

Grundsätzlich liegt solchen Vorschlägen ein Ansatz zugrunde, der davon ausgeht, dass die anerkennende Berücksichtigung von Unterschieden in zweierlei Weise grundlegend für schulische Bildung ist. Sie ist Bildungsziel und Bildungsvoraussetzung.

Differenzfreundlichkeit als Bildungsziel

Die Anerkennung unterschiedlicher kultureller Lebensformen und -praxen kann als normativer Kern inter- und multikultureller Ansätze gelten. Einen für die deutschsprachige Debatte einflussreichen Text stellt hierbei der Beschluss der Kultusministerkonferenz von 1996 dar, der interkulturelle Erziehung als Querschnittsaufgabe in der Schule versteht.

In kulturell und lingual pluralen Gesellschaften, die von einer Vielzahl zum Teil voneinander abweichender und widersprüchlicher Lebensentwürfe geprägt sind, kommt der Schule die Aufgabe zu, Schüler/innen nicht nur Wissen über die kulturelle Pluralität zu vermitteln. Vielmehr machen es Differenzverhältnisse erforderlich, sich reflexiv so mit dem Verhältnis von Eigenem und Fremdem auseinanderzusetzen, dass der Geltungsanspruch des/der je Anderen mindestens erkannt, respektiert und fair geprüft wird. In diesem Sinn hat Wolfgang Klafki (1996) die Verhältnissetzung zur Spannung zwischen der eigenen kulturellen Identität und der Unentbehrlichkeit interkultureller Offenheit und Verständigung als Grundzug eines »neuen« Allgemeinbildungskonzeptes erläutert.

Geltungsansprüche der Anderen erkennen, respektieren und fair prüfen

So wichtig die Berücksichtigung kultureller Differenz und die Kritik ethnozentrischer und dominanzkultureller Haltungen auf der Ebene des Habitus der Lehrer/innen und der didaktischen und curricularen Ebene sind (vgl. die Beiträge in dem von Hans Reich, Hans-Joachim Roth und Alfred Holzbrecher herausgegebenen Handbuch »Fachdidaktik interkulturell« 2000), so schwierig ist eine Auffassung von kultureller Differenz, die diese in nationalen und ethnisierenden Kategorien festschreibt und kulturelle Differenz ausschließlich oder vorrangig in Bezug auf Migrationsandere geltend macht (ausführlich Kap. 4).

Beschluss der Kultursministerkonferenz 1996

»Die Achtung der Würde des Menschen und die Wahrung der Grundrechte sind Verfassungsnormen, die in den Schulgesetzen der Länder konkretisiert sind. Der dort formulierte Bildungsauftrag geht davon aus, dass alle Menschen gleichwertig und dass ihre Wertvorstellungen und kulturellen Orientierungen zu achten sind. Interkulturelle Bildung wird also zunächst in der gewissenhaften Wahrnehmung des allgemeinen Erziehungsauftrags der Schule verwirklicht. Er fordert bei allen Schülerinnen und Schülern die Entwicklung von Einstellungen und Verhaltensweisen, die dem ethischen Grundsatz der Humanität und den Prinzipien von Freiheit und Verantwortung, von Solidarität und Völkerverständigung, von Demokratie und Toleranz verpflichtet sind.

Auf dieser Grundlage sollen die Schülerinnen und Schüler
- sich ihrer jeweiligen kulturellen Sozialisation und Lebenszusammenhänge bewusst werden;
- über andere Kulturen Kenntnisse erwerben;
- Neugier, Offenheit und Verständnis für andere kulturelle Prägungen entwickeln;
- anderen kulturellen Lebensformen und -orientierungen begegnen und sich mit ihnen auseinandersetzen und dabei Ängste eingestehen und Spannungen aushalten;
- Vorurteile gegenüber Fremden und Fremdem wahr- und ernst nehmen;
- das Anderssein der anderen respektieren;
- den eigenen Standpunkt reflektieren, kritisch prüfen und Verständnis für andere Standpunkte entwickeln;
- Konsens über gemeinsame Grundlagen für das Zusammenleben in einer Gesellschaft bzw. in einem Staat finden;
- Konflikte, die aufgrund unterschiedlicher ethnischer, kultureller und religiöser Zugehörigkeit entstehen, friedlich austragen und durch gemeinsam vereinbarte Regeln beilegen können.

In der Auseinandersetzung zwischen Fremdem und Vertrautem ist der Perspektivwechsel, der die eigene Wahr-Wahrnehmung erweitert und den Blickwinkel der anderen einzunehmen versucht, ein Schlüssel zu Selbstvertrauen und reflektierter Fremdwahrnehmung. Die durch Perspektivwechsel erlangte Wahrnehmung der Differenz im Spiegel des anderen fördert die Herausbildung einer stabilen Ich-Identität und trägt zur gesellschaftlichen Integration bei. Eine auf dieser Grundlage gewonnene Toleranz akzeptiert auch lebensweltliche Orientierungen, die mit den eigenen unvereinbar erscheinen, sofern sie Menschenwürde und -rechte sowie demokratische Grundregeln achten. Die Schule allein ist mit der Lösung des gesellschaftlichen Anspruchs, gleichberechtigtes Zusammenleben von Minderheiten und Mehrheit zu gewährleisten, überfordert. Sie kann allerdings dazu beitragen, dass Minderheiten vor Ausgrenzungen geschützt werden und kulturelle Vielfalt als Bereicherung und wünschenswerte Herausforderung empfunden wird. Eine so verstandene interkulturelle Kompetenz ist eine Schlüsselqualifikation für *alle* Kinder und Jugendlichen, für Minderheiten *und* Mehrheiten; sie trägt zur privaten und beruflichen Lebensplanung bei und hilft, die Lebenschancen der nachfolgenden Generationen zu sichern« (Beschluss der Kultusminister-Konferenz 1996, S. 6f.).

»Deshalb«, so führt Franz Hamburger aus, »vertrete ich die Auffassung, dass interkulturelles Lernen ein notwendiges Lernen in kritischen Situationen oder in ›Situationen der alarmierenden Entdeckung‹ ist, jedoch nicht dauerhaft institutionalisiert werden soll. Das Bewußtwerden eines gesellschaftlichen Wandels, von neuen Formen der religiösen und kulturellen Selbstdefinition, von erweiterten Bandbreiten gesellschaftlicher Toleranz und der Pluralisierung von Lebensformen macht situativ interkulturelles Lernen erforderlich. Will man es aber auf Dauer stellen, dann muß es ständig die kulturellen oder anderen Differenzen betonen, hervorheben, wiederholen, die durch interkulturelle Verständigung überwunden werden sollen. Interkulturelles Lernen übersieht die jeweils schon erreichten Grade der Übereinstimmung und die übergreifenden Gemeinsamkeiten. Für Migrantenkinder wird interkulturelles Lernen zur Dauerbelastung, weil ihre Fremdheit als seine Voraussetzung auch dann thematisiert wird, wenn sie verschwunden ist oder in der privaten Lebensführung gehalten werden soll. Gerade in den Schulen ist die Anwesenheit von Migrantenkindern zur Selbstverständlichkeit geworden. Soweit dies der Fall ist, gefährdet interkulturelles Lernen durch die Thematisierung der Differenz eine wünschenswerte Selbstverständlichkeit. Sofern diese Selbstverständlichkeit als zwanglose Anerkennung und als Verhältnis der Gleichberechtigung allerdings nicht gegeben ist, muß auch hier nach dem Prinzip der Gegenwirkung interkulturelles Lernen auf die Erweiterung von Toleranz und Solidarität abzielen, das heißt zeitlich begrenzt die kritische Situation bearbeiten, die durch Vorenthaltung von Gleichberechtigung eingetreten ist oder immer wieder eintritt« (Hamburger 1999, S. 39).

Das Bildungsziel des anerkennenden Umgangs mit kultureller Differenz, das für Schulen gegenwärtiger Gesellschaften von Bedeutung ist, steht immer in der Gefahr, durch die (z. B. curriculare) Festschreibung von Differenzen Bilder und Beziehungen zwischen als kulturell unterschiedlich geltenden Personen zu bestärken, die in einer beunruhigenden Form der Kritik als kulturrassistisch bezeichnet werden (vgl. Kap. 7). Differenzfreundlichkeit als Bildungsziel umfasst konsequenterweise auch das Wissen um dieses machtvolle Potenzial des auf den ersten Blick »freundlichen« Bezugs auf Differenzen (vgl. Kap. 4).

Der anerkennende Umgang mit Differenzen steht in Gefahr, Differenzen festzuschreiben

Differenzfreundlichkeit als (institutionelle) Bildungsvoraussetzung

Da kulturelle und linguale Normalitätserwartungen von Schulen sich bei denen, die diesen Erwartungen nicht ohne Weiteres entsprechen (Disponiertheit-Kontext-Dissonanz), als erschwerte Bildungsvoraussetzungen auswirken können, stellt die Forderung nach Erweiterung und Flexibilisierung der Erwartungen einen weiteren Strang von (reflektierter, nicht festschreibender) Differenzfreundlichkeit dar. Döbert analysiert Merkmale der Schulen erfolgreicher PISA-Teilnehmerstaaten. Die Wertschätzung und positive Wahrnehmung der kulturellen Vielfalt, die die Schüler/innen mit Migrationshintergrund mitbringen, seien allen dieser Schulen gemeinsam (Döbert 2003, S. 48). Dies soll hier am Beispiel des Erfordernisses, die einsprachige Ausrichtung der Schule zu überwinden, skizziert werden (genauer Kap. 5).

Modelle zweisprachiger Bildung sind im Hinblick auf ihre Effektivität vor allem in den USA und in Großbritannien untersucht worden. Da im deutschsprachigen Raum vergleichbare (größer angelegte) Studien fehlen, wird in der hiesigen Debatte auf diese Untersuchungen zurückgegriffen. Die Untersuchungen in den USA werden dabei sehr unterschiedlich bewertet, oft wird auf

Fehler in ihrer Anlage verwiesen und die Verallgemeinerbarkeit ihrer Ergebnisse wird bezweifelt (etwa Baumert 2006, S. 291 f.). Qualitätskriterium der Beurteilung ist dabei vor allem die Güte der Kompetenzen in der Verkehrs- oder Majoritätssprache des jeweiligen nationalstaatlichen Kontextes. Bilinguale Bildung ist nach diesen Vorstellungen nur dann zulässig, wenn sie sich auf die englische, deutsche etc. Zweitsprache positiv auswirkt. Als Maßstab wird der Vergleich zu Schüler/innen ohne Migrationshintergrund eingefordert. Die (unhinterfragte und umso wirkungsreichere) Referenznorm dieser Untersuchungen ist die Sprachkompetenz der Schüler/innen ohne Migrationshintergrund in der Majoritätssprache – eine Norm, die von anderen Autoren stark in Zweifel gezogen wird (etwa von Reich 2005).

Den Erst- und Familiensprachen kommt in der von Methoden der (quantitativen) empirischen Bildungsforschung bestimmten Position eher die Funktion eines »schmückenden Beiwerks« zu. Nach Einschätzung von Reich/Roth (2002) schneiden aber unter den Untersuchungen, die in den USA durchgeführt wurden, die bilingualen *two-way-immersion*-Programme (Thomas/Collier 1997) sehr gut ab (vgl. Kap. 5). In Deutschland sind allerdings Schulen, die nach diesem Modell gestaltet sind, nur in Form von Einzelprojekten bzw. -modellen anzutreffen und stellen daher eine Ausnahme dar. Zu den bilingualen Schulen, in denen in Deutsch und einer der nicht deutschen Familiensprachen unterrichtet wird, zählen z. B. die Schulen des Hamburger Schulversuchs Bilinguale Grundschule (Neumann/Gogolin 2008) oder einige der Berliner Europa-Schulen.

Aus den Untersuchungen zur Effektivität der Modelle lassen sich Grundlinien für eine erfolgreiche sprachliche Bildung in multilingualen Schulen ableiten (Reich/Roth 2002), die von zahlreichen anderen Untersuchungen (es handelt sich dabei vor allem um Untersuchungen qualitativer Art, deren Autor/innen selbst jahrelang bilinguale Modelle begleiteten) bestätigt und weiter ausdifferenziert werden (Blair/Bourne 1998; Cummins 2008; Sträuli 2000; Rösch 2008):

- Verzahnung von Sprach- und Fachunterricht
- Berücksichtigung des Deutschen als Zweitsprache in allen Unterrichtsfächern
- Schullaufbahnübergreifende Unterstützung im Deutschen als Zweitsprache (mindestens sechs bis acht Jahre)
- Förderung der nicht deutschen Erstsprachen
- Nutzung der nicht deutschen Erstsprachen als Medium des Unterrichts
- Verzahnung des Lehrens und Lernens in den Erstsprachen mit der Zweitsprache
- Notwendigkeit des expliziten Grammatiklernens für die Sicherung der Nachhaltigkeit der Lernfortschritte im Deutschen als Zweitsprache.

»Interkulturell«?

In den großen Städten im deutschsprachigen Raum gelten 30–40 Prozent der Einwohner und Einwohnerinnen als Migranten und Migrantinnen. Migration stellt hierbei nicht nur eines der zentralen gesellschaftlichen Themen und Herausforderungen dar, Phänomene der Migration konstituieren die nationalstaatlichen Kontexte auch. Die migrationsgesellschaftliche Realität betrifft Erziehung und Bildung grundlegend, da Handlungsroutinen und Organisationsformen problematisiert werden, die sich historisch über die Orientierung an der *Imagination der Nation* konstituiert haben. Dort, wo der Versuch ernsthaft betrieben wird, diesen migrationsgesellschaftlichen Phänomenen zu begegnen, indem nicht anachronistisch die Imagination des Nationalen gestärkt wird (wie gelegentlich etwa im Diskurs um den Zusammenhang von Sprache[n] und Schule; vgl. Kap. 5), sondern über das Erfordernis der grundlegenden Revision pädagogischer Handlungsroutinen und Organisationsformen nachgedacht wird und sie in Änderungen umgesetzt werden, wird dies zumeist unter dem Stichwort »interkulturell« getan.
Die Forderung nach Sensibilität für kulturelle Differenzen, die Position, dass es wichtig sei, unterschiedliche kulturelle Identitäten in der pädagogischen Arbeit zu respektieren, ist eine der wichtigsten Grundhaltungen interkulturell orientierter Bildung. Damit sind aber etliche (potenzielle) Probleme und Vereinseitigungen verbunden; auf die hier stichwortartig hingewiesen werden soll (genauer Kap. 4):

- Der Rückgriff auf das Differenzschema »Kultur« stärkt die Vorstellung von der sozusagen »natürlichen«, wesenhaften, unveränderbaren Zugehörigkeit der und des Einzelnen zu kulturellen Gruppen.
- Die Differenz zwischen Migrant/innen und Nicht-Migrant/innen – und bei diesen Unterschiedsverhältnissen wird zumeist das Wort »interkulturell« benutzt – wird kulturalisiert, also auf kulturelle Aspekte beschränkt, wodurch häufig politische, rechtliche und sozio-ökonomische Differenzlinien dethematisiert und entsprechende Ungleichheiten nicht nur verschleiert, sondern vielmehr der »kulturellen Identität« der Anderen, also ihrer eigenen Verantwortung zugeschrieben werden.
- Zumeist ist im Rahmen »interkultureller Angebote« vorrangig die »Kultur« der Anderen von Interesse (bzw. wird die Kultur der Anderen erzeugt), wodurch die Differenz zwischen »uns« und »den Anderen« zum Teil entgegen dem konzeptionellen Anliegen bekräftigt wird.
- Die »Kultur der Anderen« wird nicht selten als Herkunftskultur thematisiert, selbst wenn die Anderen in Deutschland geboren und aufgewachsen sind.
- Spielräume, die Menschen prinzipiell und in konkreten biographischen und interaktiven Zusammenhängen besitzen, sich von Zugehörigkeiten abzusetzen, sie zu modifizieren und sich neu anzueignen, werden unter der Perspektive »interkulturell« selten zum Thema.

In Schweden beispielsweise findet sich ein breites minoritätensprachliches Angebot an Schulen, und in Kanada gilt es als selbstverständlich, dass in den Unterricht die nicht englischen bzw. französischen Familiensprachen einbezogen werden, z. B. in Form von freiwilligen Schülerformulierungen, die in gemeinsamer Arbeit der Schüler/innen ins Englische übertragen werden. Ziel ist es, den Kindern durch die Nutzung der Familiensprachen das anstehende fachliche Lernen besser zu ermöglichen und sie dabei – im Dienst der Sache, die erarbeitet werden soll – von dem Druck zu befreien, sich auf das Englische konzentrieren zu müssen und dadurch von den »eigentlichen« Inhalten des Unterrichts abgelenkt zu werden (Löser 2009).

Die bildungspolitische Diskussion in Deutschland ist in der Regel aufgrund verschiedener Bedenken weit davon entfernt, Vorgehensweisen wie in Kanada ernsthaft zu etablieren, auch wenn seit Jahren von vielen Wissenschaftler/in-

Sprach(en)lernen hängt nicht allein vom Willen ab

nen auf die Bedeutung der Unterrichtsarbeit in den Erst- bzw. Familiensprachen hingewiesen wird. Diese Haltung gilt nicht nur für die Schule, sondern auch für andere gesellschaftspolitische Kontexte.

Es herrscht Einmütigkeit darüber, schreibt Hans Reich (2001, S. 41), dass die Beherrschung der deutschen Sprache die Voraussetzung für die Integration in Deutschland sei. »Diese Einmütigkeit verdeckt jedoch einige Probleme, welche sich an den Einseitigkeiten des Diskurses ablesen lassen. [...]. Einseitig ist es, vom Deutschen zu reden, die anderen Sprachen der Zuwanderer aber zu ignorieren oder nur als Hindernisse für das Deutschlernen darzustellen; das begünstigt ein nationalistisches Denken über die Sprache. Einseitig ist es auch, die Abhängigkeit der Integration von den Deutschkenntnissen zu betonen, die Abhängigkeit des Deutscherwerbs von Integrationserfahrungen aber zu verschweigen; das begünstigt ein voluntaristisches Denken über den Spracherwerb, als ob es nur darauf ankäme, dass die Zuwanderer genug Lernwilligkeit aufbrächten, während man ihre Wohnsituation, ihre Beschäftigungssituation, ihre Bildungssituation nicht in Rechnung zu stellen bräuchte« (Reich 2001, S. 41 f). Und eine letzte Einseitigkeit besteht in dem Missverhältnis zwischen der öffentlichen Forderung, dass Zuwanderer und Migranten Deutsch zu lernen hätten, und einer gleichzeitig qualitativ minderen Angebotsstruktur.

Reich plädiert für eine Umstellung der Forderung nach Deutschkenntnissen auf eine Ermöglichung von »Kommunikationsfähigkeit in der vielsprachigen Gesellschaft« (»unter angemessener Privilegierung der in diesem Land am meisten gesprochenen Sprache, des Deutschen« [Reich 2001, S. 42]). Nach dem Grundgesetz der Bundesrepublik Deutschland ist die deutsche Sprache »nicht konstitutiv für den Bestand dieses Staates [...]. Sehr wohl aber kennt das Grundgesetz ein Verbot der Bevorzugung und Benachteiligung von Menschen aufgrund ihrer Sprache. (Diskriminierungsverbote in Art. 3 GG). Das Streben nach individueller Zweisprachigkeit in gesellschaftlicher Mehrsprachigkeit steht also sehr wohl in Einklang mit den Grundlagen der Rechtsordnung in der Bundesrepublik Deutschland« (Reich 2001, S. 43).

Wichtiger und richtiger als der Besuch von Deutschkursen ist die Schaffung von Angeboten, »die aus der Lebenssituation der Zuwanderer heraus als sinnvoll begriffen werden können. Solche Angebote können anfangs Kenntnisse vermitteln, sie können zu formaler Korrektheit, semantischer Präzision und stilistischer Differenzierung des Sprachgebrauchs beitragen, sie können bei der Bewältigung steigender kommunikativer Anforderungen behilflich sein« (Reich 2001, S. 45).

Zuschreibungsreflexion

Im Hinblick auf »ethnische Diskriminierung« weist Rüesch (1999) als Gütemerkmal einer »guten« Schule im multikulturellen Umfeld auf die Notwendigkeit hin, mit Lehrkräften zum Abbau von Vorurteilen gegenüber Schüler/innen bestimmter Herkunft zu arbeiten. Sträuli und Truniger fordern die Entwicklung eines »verbindlichen Schulhauscode[s], einschließlich klarer Aussagen zu rassistischem, sexistischem und anderem diskriminierendem Verhalten« (Sträuli/Truniger 2000, S. 119). Nach Blair/Bourne (1998) sollten Schulen in multikulturellen Umgebungen die Ergebnisse ihrer Arbeit evaluieren, um dadurch Ungleichbehandlungen von Gruppen zu erkennen und zu verhindern.

Die Reflexion institutioneller Routinen ist notwendig

Der Erklärungsansatz der *institutionellen Diskriminierung* macht allerdings nicht nur deutlich, dass Ansätze, die auf kulturelle Andersheit insistieren, dazu neigen, von der Bedeutung gewissermaßen hinter dem Rücken der schulischen Akteure wirksamer Diskriminierungsmechanismen abzulenken, sondern auch, dass es verkürzt wäre, die Schlechterstellung von Migrationsanderen in deutschen Schulen auf eine absichtliche Diskriminierung durch Lehrer/innen zurückzuführen und mit ihr gleichzusetzen. »Ethnische Diskriminierung« im Schulsystem ist weder auf absichtliche Diskriminierung noch auf Vorurteile zu reduzieren. Vor diesem Hintergrund kann sich die Reflexion von ethnisierenden und Migrationsandere auf Anderssein festschreibenden Zuschreibungen im schulinstitutionellen Rahmen nicht auf die Aufklärung von individuellen Voreingenommenheiten und Engstirnigkeiten beschränken (vgl. auch Kap. 4 und 7).

Mit Bezug auf Interventionsmöglichkeiten zur Veränderung von Diskriminierung empfiehlt der Ansatz der institutionellen Diskriminierung im Kern ein mehrschrittiges Programm der »Aufklärung«. »Es kommt darauf an«, schreiben Gomolla und Radtke am Ende ihrer Studie (2007, S. 292), »dass man lernt, die eigene Praxis unter dem Gesichtspunkt zu beobachten, wo versteckte latente Mechanismen der Diskriminierung bisher nicht wahrgenommen werden konnten.«

Mechthild Gomolla verweist auf das »ethnische Monitoring« zur Bekämpfung bestehender Ungleichheiten innerhalb des Bildungssystems: »Ethnisches Monitoring meint das statistische Erfassen und kontinuierliche Beobachten von disproportionalen (Miss-)Erfolgsquoten in Schule, Berufsausbildung und auf dem Arbeitsmarkt, differenziert nach den Kriterien ethnischer Herkunft, sozialer Schichtzugehörigkeit und Geschlecht« (Gomolla 2003).

Unter der Perspektive, dass Ungleichbehandlung und die ungleiche Bildungsbeteiligung nicht vertretbar sind und die Aufgabe der Schule darin besteht, über ihren Beitrag zu ungleichen Bildungsprozessen nachzudenken, ist im Rahmen eines reflexiven Ansatzes die Auseinandersetzung mit dem »*status quo*, d.h. *mit jeder* und *in jeder* Schule« notwendig (Quehl 2002, S. 172). Neben dem »Willen« der Schule zur Selbstbeobachtung gibt es zwei weitere Voraus-

Merksatz

Das Ineinandergreifen von Unterschieden, die die Schüler/innen in die Schule einbringen, auf der einen Seite und gesellschaftlichen Machtverhältnissen, die diese Unterschiede in Ungleichheit umwandeln, auf der anderen Seite verstrickt die pädagogischen Institutionen so weit in das dynamische Wechselspiel von Macht und Differenz, dass sie nicht allein auf diese Verhältnisse der Macht/Differenz reagieren, sondern aufgrund der in der institutionellen Praxis aufgehobenen Gewohnheiten zu aktiven Produzent/innen dieser Verhältnisse werden. Es ist an diesem Punkt ein Zeichen pädagogischer Professionalität, sich nicht als Opfer, sondern in einer methodischen Einstellung der (Selbst-)Reflexion als Verursacher/in der Verhältnisse zu verstehen, nicht um institutionalisiertes pädagogisches Tun zu boykottieren, sondern um es zu überdenken, neu auszurichten und zu verfeinern.

setzungen für die Realisierung einer institutionellen Selbstreflexion. Zum einen muss die Institution über ein Beobachtungsinstrument verfügen, und zum anderen muss sie in der Lage sein, aus Beobachtungen Schlüsse zu ziehen, die sie umsetzen kann. Der Begriff der institutionellen Diskriminierung spielt Institutionen ein Selbstbeobachtungsinstrument in die Hand; sie werden in die Lage versetzt, ihre eigene Praxis der Auswahl und Entscheidung zu beobachten, ohne kulturalistische Begründungen und Legitimationen zu bemühen.

Spätestens aber, wenn die Rede über die Notwendigkeit von Reflexion konkret wird, wenn es also um die Frage geht, in welchem Handlungsfeld sich diejenigen bewegen, die reflektieren, von welchen Spannungen und Aporien das Feld geprägt ist, wird deutlich, dass »Reflexion« keine »Zauberformel« darstellt. Erstens, weil Reflexion auf notwendige Veränderungen verweist, die das Handeln in gegebenen Kontexten nicht bewirken kann, und zweitens, weil »Reflexion« eine soziale Praxis darstellt, also nicht von einem außersozialen Ort aus vorgenommen wird, und insofern an die Strukturen des Ortes, von dem aus beobachtet und reflektiert wird, geknüpft bleibt. Es bedarf somit auch einer »Reflexion der Reflexion« (vgl. Kap. 8).

Weiterführende Literatur

Weber, M. (2003): Heterogenität im Schulalltag. Konstruktion ethnischer und geschlechtlicher Unterschiede. Opladen: Leske + Budrich.
In der Monografie werden anhand von qualitativen Interviews, die in vier deutschen Großstädten mit Schülerinnen mit türkischem Migrationshintergrund, allen Lehrkräften dieser Schülerinnen, den Oberstufenkoordinator/innen ihrer Schulen (Gymnasien) sowie von Unterrichtsbeobachtungen Schulporträts erstellt. Diese Schulporträts werden im Hinblick auf die Frage der Verknüpfung der Kategorien Ethnie und Geschlecht analysiert. Fragen, die dabei im Vordergrund stehen, beziehen sich auf die dadurch entstehenden Leistungszuschreibungen vonseiten der Schule und auf die sozialen (Selbst-)Positionierungen der Schülerinnen.

Allemann-Ghionda, C. (2002): Schule, Bildung und Pluralität. Sechs Fallstudien im europäischen Vergleich. Bern: Lang.
In der Monografie wird anhand von empirischen Analysen von sechs Fallstudien ein (auch historischer) Überblick über den Umgang mit schulischer Heterogenität in Deutschland, Frankreich, Italien und drei Schweizer Kantonen gegeben. Im Mittelpunkt stehen die sprachliche und soziokulturelle Vielfalt der Schülerschaft.

Folgende Fragen können Ihnen helfen, Ihr Verständnis der Ausführungen in diesem Kapitel zu präzisieren:

- Versuchen Sie, die Normalitätskonstruktionen zu beschreiben, die innerhalb des deutschen Bildungssystems handlungsleitend sind. Welche Aspekte dieser Konstruktionen halten Sie im Hinblick auf den Umgang mit migrationsgesellschaftlichen Differenzen für besonders diskutierenswert?
- Welche innerschulischen Gründe der Schlechterstellung wurden in diesem Kapitel diskutiert? Suchen Sie Beispiele für diese Formen der Schlechterstellung.
- Welche Leitlinien sind Ihrer Ansicht nach kennzeichnend für eine Schule, die migrationsgesellschaftlichen Verhältnissen angemessen ist?

7. Gewöhnliche Unterscheidungen. Wege aus dem Rassismus

Einführung

In diesem Kapitel wird die rassismustheoretische Analyseperspektive auf gesellschaftliche Wirklichkeit, so wie sie insbesondere im anglofonen Raum diskutiert wird, erläutert. Rassismus wird hier als eine symbolische Ordnung verstanden und untersucht, die auf das Leben der Menschen einwirkt. Darüber hinaus werden in diesem Kapitel einige pädagogisch relevante »Wege« aus dem Rassismus, die hier nicht antirassistische, sondern rassismuskritische Perspektiven genannt werden, diskutiert. Mit einer rassismuskritischen Perspektive verbindet sich das Interesse, meist implizit an Rassekonstruktionen anschließende Unterscheidungen zu erkennen, auf ihre Bedingungen und Konsequenzen zu befragen und Alternativen zu diesen Unterscheidungen zu erproben. Der dieses Kapitel überschreibende Ausdruck »Wege aus dem Rassismus« hat zwei Bedeutungen: Es geht um Wege, die vom Rassismus fortführen, und um Wege, die »im Rassismus« entstanden sind. Diese doppelte Bedeutung des Titels, seine Ambivalenz, soll deutlich machen, dass es keine einfache »Überwindung rassistischer Strukturen« gibt, da die Praxen rassistischen Unterscheidens, in der bestimmte Differenzen zwischen Menschen hergestellt und Ungleichheit vermeintlich legitimiert wird, einerseits gesellschaftlich verbreitet und alltäglich sind, andererseits auch »antrassistische« Ansätze, zuweilen unwillentlich rassistische Momente reproduzieren.

7.1 Rassismus als machtvolles Ordnungssystem

Die Konstruktion von »Rasse«

Rassismus gehört zu jenen Systemen und Logiken, die Benachteiligung und Degradierung durch Unterscheidungen erzeugen. Rassistischen Unterscheidungen liegt hierbei ein flexibles, historisch und kontextuell variables »Erklärungssystem« zugrunde. Dieser Zusammenhang der Sinndeutungen und Rechtfertigungen ist scheinbar in der Lage, die Welt und die Erfahrungen, die Einzelne in ihr machen, zu erklären. Auf der Ebene der Interaktion kann Rassismus auch als »flexible symbolische Ressource« (Scherschel 2006) verstanden werden, um eigene Interessen durchzusetzen. Das stets interaktiv und diskursiv von Akteur/innen und Institutionen reproduzierte soziale Unterscheidungssystem, das rassistische Diskriminierung und Rassismuserfahrungen hervorbringt, operiert mit dem Code der »Rassen«. Dieser Code kann als Konstitut von Rassismus aufgefasst werden (Hall 1994), als ein vielschichtiger, dynamischer Prozess der diskursiven Produktion von Wissen, Macht und Subjekten.

Schlüsselbegriff: Rassekonstruktion *(racialisation)*

Sozialwissenschaftlich stellt »Rasse« eine historisch spezifische Praxis sozialer Unterscheidung dar. Der »Rasse«-Begriff der sozialwissenschaftlichen Rassismustheorien untersucht, wie die Idee der »Rasse« historisch und gesellschaftlich benutzt wird, um Gruppen macht- und gewaltvoll zu unterscheiden. Robert Miles (1992, S. 100) hat hierfür den Begriff *racialisation* geprägt. Unter *racialisation* konstruktion) versteht er jene Fälle, »in denen gesellschaftliche Beziehungen zwischen Menschen durch die Bedeutungskonstruktion biologischer Merkmale dergestalt strukturiert werden, dass sie differenzierte gesellschaftliche Gruppen definieren und konstruieren« (Miles 1992, S. 100). Auch wenn das »Rasse«-Konzept im 19. Jahrhundert zur Konstruktion innereuropäischer Bevölkerungsgruppen benutzt wurde, »Rasse« also nicht ausschließlich als koloniales Phänomen zu verstehen ist, kann nicht übersehen werden, dass »die Geschichte des Kolonialismus und insbesondere die Reproduktion der kolonialen Bilder biologischer Minderwertigkeit« (Miles 1992, S. 199) die zentralen Referenzen rassistischer Diskurse in Europa sind.

Rassismus unterscheidet zwischen »Rassen«. Wichtig ist es hierbei, »Rassen« als diskursive Konstruktionen, nicht als gewissermaßen »natürliche« Gegebenheiten zu verstehen (zum Diskursbegriff siehe Kap. 2). Im biologischen Diskurs gibt es nahezu so viele »Rasse-Theorien« wie »Rasse-Theoretiker«: Europäische Standardenzyklopädien und politische Administrationen (z.B. in den USA oder Großbritannien) kommen zu unterschiedlichen Zeiten zu ganz unterschiedlichen »rassischen« Einteilungen. Systematiken reichen von zwei bis zu mehr als zweihundert »Rassen« (Geiss 1988). Dies heißt also, dass es »Rassen« nicht einfach gibt. Vielmehr ist die Unterscheidung von »Rassen« ein Konstruktionsvorgang, der von insbesondere administrativen und politischen Interessen und Auseinandersetzungen abhängig ist.

Sozialwissenschaftlich wird der »Rasse«-Begriff aufgrund der Willkürlichkeit der Verwendung und der mit ihm verbundenen Geschichte der Gewalt in erster Linie als Herrschaftsinstrument verstanden und untersucht. »Rasse« ist dann keine sinnvolle sozialwissenschaftliche Analysekategorie, wenn versucht wird, Unterschiede zwischen »Rassen« zu beforschen. Aus rassismuskritischer

»Race«

Anders als im deutschsprachigen Bereich wird im anglofonen Kontext der Begriff *race* auch in offiziellen Zusam-Zusammenhängen (etwa U.S.-Census) zur Bezeichnung ethnischer Gruppen (*Native Americans, African Americans, Asian Americans, Caucasians;* die Bezeichnungen unterliegen allerdings historischen Wandlungen) und auch zur wissenschaftlichen Analyse der Lage dieser Gruppen benutzt. Zudem dienen *racial categories* auch der Selbstbezeichnung von Gruppen. Auch im Zuge der Konjunktur von sogenannten »Diversity-Konzepten« wird nunmehr auch im deutschsprachigen Bereich zuweilen der »Rasse«-Begriff im Sinne von *race* benutzt. Allerdings ist diese Sprachpraxis nicht unproblematisch, da *race* und »Rasse« auf unterschiedliche historische Erfahrungen und Entwicklungen verweisen und im jeweiligen gesellschaftlichen Kontext zu verstehen sind (Lutz 2001).

Perspektive müssen solche Ansätze (die beispielsweise in der Intelligenzfoschung Verwendung finden) eher als Bestätigung des »Rasse«-Denkens verstanden werden. In rassismuskritischen Untersuchungen wird vielmehr zum Thema, wie Rassekonstruktionen im Alltag und in Institutionen Verwendung finden, um Ungleichheit zu legitimieren.

Nicht allein körperliche Merkmale (wie Hautfarbe, Haarfarbe, physiologische, genetische Daten) stellen den Ausgangspunkt für rassistische Unterscheidungen dar. Auch soziale und kulturelle (wie religiöse Praktiken und Symbole) Aspekte können für rassistische Unterscheidungen genutzt werden. Insofern gibt es »keinen Rassismus als allgemeines Merkmal menschlicher Gesellschaften, nur historisch-spezifische Rassismen« (Hall 1994, S. 127). Betonen Rassismustheoretiker wie Miles die Bedeutung und die Symbolisierung des Körpers, so beschäftigen sich Theoretiker wie Balibar (1990) und Hall (1994) mit weiteren Spielarten des Rassismus. Sie machen auf einen historisch an den »klassischen« oder »kolonialen« Rassismus anschließenden neuen Typus des Rassismus aufmerksam.

Der französische Theoretiker Etienne Balibar hat den Ausdruck »Neo-Rassismus«, auch »Kultur-Rassismus« genannt, geprägt (1990). Damit ist gemeint, dass neben der Unterscheidung entlang biologischer und körperlicher Merkmale rassistische Unterscheidungen und Begründungen auf »Kultur« zurückgreifen.

Der neue, postkoloniale Rassismus ist ein »Rassismus ohne Rassen«, also eine Herrschaftspraxis, die rassistisch wirksam ist, ohne explizit auf das Rasse-Konzept zurückgreifen zu müssen. Der »Rassismus ohne Rassen« reagiert auf Entwicklungen nach dem Zweiten Weltkrieg. Unter dem Eindruck des deutschen Nationalsozialismus fand im Rahmen von vier UNESCO-Konferenzen eine folgenreiche Diskussion darüber statt, inwieweit der »Rasse«-Begriff einen wissenschaftlichen Wert besitze. Als Ergebnis dieser Debatte wird »Rasse« als Konzept zur Beschreibung menschlicher Beziehungen und sozialer Prozesse verworfen.

Schlüsselbegriff: Kultureller Rassismus

»Der neue Rassismus ist ein Rassismus der Epoche der ›Entkolonialisierung‹, in der sich die Bewegungsrichtung der Bevölkerung zwischen den alten Kolonien und den alten ›Mutterländern‹ umkehrt und sich zugleich die Aufspaltung der Menschheit innerhalb eines einzigen politischen Raumes vollzieht. Ideologisch gehört der gegenwärtige Rassismus, der sich bei uns um den Komplex der Immigration herum ausgebildet hat, in den Zusammenhang eines ›Rassismus ohne Rassen‹ [...]: eines Rassismus, dessen vorherrschendes Thema nicht mehr die biologische Vererbung, sondern die Unaufhebbarkeit der kulturellen Differenzen ist; eines Rassismus, der – jedenfalls auf den ersten Blick – nicht mehr die Überlegenheit bestimmter Gruppen oder Völker über andere postuliert, sondern sich darauf ›beschränkt‹, die Schädlichkeit jeder Grenzverwischung und die Unvereinbarkeit der Lebensweisen und Traditionen zu behaupten« (Balibar 1990, S. 28).

Auch wenn dadurch die affirmative Verwendung des »Rasse«-Begriffs und das positive Eintreten für den Rassismus zumindest in öffentlichen Zusammenhängen diskreditiert sind, so ist dies aber eher »ein oberflächlicher Effekt. Denn die ideologische Form, der Rassismus, der impliziert und voraussetzt, dass jede gesellschaftliche und historische Menschengruppe, jede psychologische und/ oder symbolische Form, die in und von diesen Gruppen entwickelt wird, Ausdruck einer beständigen, endgültigen und abgeschlossenen somatischen Natur wäre, besteht fort« (Guillaumin 1998, S. 171).

Das Fortbestehen kann aber aufgrund der Diskreditierung des »Rasse«-Wortes nicht auf dieses Wort zurückgreifen. An die Stelle der Rede von »Rasse« ist »Kultur« getreten – ein anderes Wort mit (potenziell) ähnlichem Gehalt. Wenn der Begriff der Kultur dazu dient, Ausgrenzungen und Ungleichbehandlung zu legitimieren, haben wir es potenziell mit einer Variante des Rassismus zu tun. Der kulturelle Rassismus operiert hierbei mit einem Zweischritt: Zunächst wird die Unvereinbarkeit kultureller Lebensformen behauptet. Sodann wird die Beschränkung, Kontrolle, Entrechtung oder »Rückkehr«/»Rückführung« der »kulturell anderen« Gruppe, deren Lebensweise mit »unserer« unvereinbar sei, angestrebt.

Prinzipiell können wir davon ausgehen, dass »neue«, eher mit der Unterscheidung »Kultur« operierende, wie »alte«, eher auf physiognomische Unterscheidungen zurückgreifende und diese Unterscheidungen erfindende Formen und Varianten des Rassismus nebeneinander und vermischt existieren und *Anschmiegungen und Anpassungsprozesse des Rassismus* auf kontext- und zeitspezifische Erfordernisse gestatten. Das Bedingungsgefüge, mit dem »rassische« Unterschiede konstruiert werden, operiert mit beweglichen und anpassungsfähigen Imaginationen der kollektiven »Anderen«.

Körper, Lebensweise und Identität sind konstruierte Ausgangspunkte und faktische Zielscheibe des Rassismus. Hierbei fungiert das Objekt des individuellen Körpers immer als Symptom eines konstruierten kollektiven Körpers. Die vom kolonialen oder kulturellen Rassismus in den Blick genommene Person wird als Teil eines Kollektivs, einer Gruppe imaginiert, der ein natio-ethno-kulturelles »Wesen« zugesprochen wird, das, gemäß rassistischer Auffassung, einen geringeren Wert aufweist bzw. weniger Rechte beanspruchen darf. Im kolonialen Rassismus wird den Anderen per se und überall eine Minderwertigkeit zugesprochen. Im kulturellen Rassismus wird den Anderen in der Regel vordergründig nicht ein universeller Makel zugeordnet, es wird nicht behauptet, dass das »kulturelle Wesen« der Anderen an sich minderwertig sei. Behauptungen dieser Art sind in Europa seit etwa 60 Jahren in öffentlicher Rede weitgehend in Misskredit geraten. Der kulturelle Rassismus stellt anderes heraus: Erläutert wird, dass »diese Kultur«, diese »kulturelle Identität« hier bei »uns« *nicht am richtigen Ort* sei. Mit dieser Behauptung kann Ungleichheit »erklärt« und insofern gerechtfertigt werden. Rassismus und insbesondere die kulturalistischen Spielarten des Rassismus basieren auf Ordnungsvorstellun-

Der kulturelle Rassismus ist eine Praxis, die das Verhältnis von Orten und »kulturellen Lebensformen« zu vereindeutigen sucht

gen, die einen engen und klaren Zusammenhang herstellen zwischen den äußeren Erscheinungen der Menschen, ihrem »Wesen« bzw. ihrer »Identität« und Territorien. Rhetorische Figuren wie »Weil die türkischen Schüler aufgrund ihrer kulturellen Prägung keinen Zugang zu unserem Schulsystem finden, schneiden sie in unserem Schulsystem auch schlechter ab«, schließen, häufig, ohne dass eine individuelle Absicht dies hervorbrächte, an rassistische Ordnungsvorstellungen an und bestärken diese.

Die Analyse der Konstruktion und Diskriminierung »des Anderen« im migrationsgesellschaftlichen Diskurs kommt letztlich nicht ohne ein Verständnis rassistischer Strukturen und Prozesse aus. Wenn beispielsweise schulische Bildungsinstitutionen auf ethnische Kategorien zurückgreifen, um Entscheidungen zu rechtfertigen (vgl. Kap. 6), dann ist es sinnvoll, diesen Rückgriff auf Ethnizität und die Verwendung des Schemas, das zwischen Migrant/innen und Nicht-Migrant/innen differenziert, in den *allgemeineren* Zusammenhang gesellschaftlich dominanter Unterscheidungslogiken zu stellen. Bildungsinstitutionen wie die Schule sind Teil einer von politischen, kulturellen und symbolischen Machtverhältnissen durchzogenen Gesellschaft. Birgit Rommelspacher hat hierfür den Begriff der *Dominanzkultur* geprägt. In dem Begriff kommt zum Ausdruck, dass »unsere ganze Lebensweise, unsere Selbstinterpretationen sowie die Bilder, die wir von anderen entwerfen, in Kategorien der Über- und Unterordnung gefaßt sind« (Rommelspacher 1995, S. 22).

Schlüsselbegriff: Institutioneller Rassismus

Institutioneller Rassismus zeigt sich in Gesetzen, Erlassen und der Praxis der Mitarbeiter/innen von Behörden sowie staatlichen und privaten Institutionen und Organisationen. Ute Osterkamp definiert institutionellen Rassismus als einen Begriff, der verdeutlichen soll, »daß rassistische Denk- und Handlungsweisen nicht Sache der persönlichen Einstellungen von Individuen, sondern in der Organisation des gesellschaftlichen Miteinanders verortet sind, welche die Angehörigen der eigenen Gruppe systematisch gegenüber den Nicht-Dazugehörigen privilegiert« (Osterkamp 1997, S. 95). In der internationalen Diskussion um institutionellen Rassismus spielt der Stephen-Lawrence-Report oder auch MacPherson-Report eine wichtige Rolle. Am 22. April 1993 wurde Stephen Lawrence, ein schwarzer junger Mann, von mehreren weißen jungen Männern an einer Bushaltestelle getötet. Die Täter wurden nicht gefasst, und es gab massive Proteste gegen die nachlässige Ermittlungstätigkeit der britischen Polizei. Es wurde vom Parlament eine Untersuchung der Ermittlungstätigkeit angeordnet. Im Februar 1999 wurde der MacPherson-Report dem Parlament vorgelegt. Im MacPherson-Report wird institutioneller Rassismus definiert als: »The collective failure of an organisation to provide an appropriate and professional service to people because of their colour, culture or ethnic origin. It can be seen or detected in processes, attitudes and behaviour which amount to discrimination through unwitting preju-prejudice, ignorance, thoughtlessness and racist stereotyping which disadvantage minority ethnic people« (MacPherson-Report 1999, Kapitel 6.34).

Wenn Institutionen und Organisationen auf ethnisch-kulturelle Unterscheidungskategorien zurückgreifen, dann tun sie dies letztlich, weil diese Unterscheidungskategorien als Auswahlkriterium sowie Begründungs- und Legitimationsmuster aktuell gesellschaftlich anerkannt und anschlussfähig sind. Ethnische Kategorien können nur deshalb so zur Erklärung bestimmter Sachverhalte Verwendung finden, die für Migrationsandere nachteilig und für Nicht-Migrationsandere von Vorteil ist, weil wir in einer *Dominanzgesellschaft* leben, in der die Differenz zwischen Anderen und Nicht-Anderen als Über- und Unterordnung der »Identitäten« produziert, hingenommen, verstanden und etwa – mithilfe des Kulturbegriffs – legitimiert wird.

Konstitutive Momente des Rassismus

Ideologiekritische Rassismustheorien gehen davon aus, dass durch das »Wissen«, das in den rassistischen Erklärungssystemen vorhanden ist, Dominanz ausgeübt wird. Dieses »Wissen« muss den Subjekten nicht immer bewusst sein; es gehört vielmehr zum Haushalt der *selbstverständlich* plausiblen Bilder und Imaginationen, Begründungs- und Deutungsmuster, die in einem gesellschaftlichen Zusammenhang als Unterscheidungs*optionen* zur Verfügung stehen. Rassismus stellt nicht allein ein Phänomen individueller Einstellung oder allein individueller Verantwortung dar. Rassismus ist eine gesellschaftliche und gesellschaftlich produzierte Erscheinung, eine gesellschaftlich vermittelte Handlungsbereitschaft, in der Macht- und Herrschaftsverhältnisse zum Ausdruck kommen. Rassismus wird zwar durch das Handeln von Individuen vermittelt und getragen, geht aber nicht in den Handlungen des und der Einzelnen auf.

Die Rassismus konstituierenden Momente dürfen nun nicht als typische Eigenschaften des »rassistischen Charakters« verstanden werden. Rassismus ist nicht eine Bezeichnung für die »defekten Elemente« einer Gesellschaft. Vielmehr bezeichnet Rassismus eine Art allgemeine strukturelle Logik des gesellschaftlichen Zusammenhangs, die auf allen Ebenen gesellschaftlicher Wirklichkeit bedeutsam ist und als Option der Deutung und des Handelns zur Verfügung steht. Rassismus beeinflusst und durchdringt Gesellschaften auf den Ebenen der Diskurse, Strukturen, Institutionen, Interaktionen und von Subjektivierungsprozessen.

Die Rassismus konstituierenden Momente dürfen nicht als typische Eigenschaften eines »rassistischen Charakters« verstanden werden

Die *Totalität der Option rassistischen Unterscheidens* wird nach Bärbel Kampmann (1995, S. 252) an der Vielfältigkeit der Funktionen (politisch: z. B. Sicherung von Herrschaft; sozial: z. B. Schaffung von Sündenböcken; individuell: z. B. Aufwertung der eigenen Person) und der Differenziertheit der gesellschaftlichen Verankerung (strukturell/institutionell: z. B. Gesetzgebung, Benachteiligung bei Wohnungs- und Arbeitssuche; kulturell: z. B. medial vermittelte Bilder und Stereotype; individuell: z. B. rassistische Sozialisation) von rassistischen Unterscheidungen deutlich.

Schlüsselbegriff: Rassismus

a) Rassismus ist eine Praxis der Unterscheidung von Menschen. Rassismus konstruiert Menschen als erkennbar different (»racialisation«), wobei im Rassismus Differenzen als Unterschiede der »Abstammung« und der kulturell-territorialen Zugehörigkeit gelesen werden. Die Unterscheidungsmerkmale, auf die der Rassismus sich bezieht und die er erfindet, sind nationale, ethnische und kulturelle Zeichen, die eine scheinbar selbstverständliche Verbindung miteinander eingehen. Im Ordnungsprinzip des Rassismus werden Menschen eindeutigen Plätzen zugewiesen und klaren Positionen zugeordnet. Rassismus ordnet Körper und die ihnen zugeschriebenen »Identitäten« und Handlungspraxen im Raum.

b) Rassismus schreibt bestimmten Merkmalen des Erscheinungsbildes »Mentalitäten« zu. Er konstruiert eine scheinbar unveränderliche Verbindung körperlicher oder kultureller Zeichen mit scheinbar einheitlichen und stabilen Dispositionen auf der Ebene von »Charakter«, »Intelligenz« und »Temperament«. Klassischerweise handelte es sich hierbei um eine durch den wissenschaftlichen Rassismus hervorgebrachte biologisch-genetische Verknüpfung von Disposition und Vermögen. Bestimmten Gruppen werden bestimmte statisch gedachte Fähigkeiten, Eigenschaften und Charaktere zugewiesen.
Allerdings ist der »biologisch-genetische Rassismus« im postkolonialen Zeitalter weniger stark verbreitet, »üblich ist jetzt der kulturelle Rassismus« (Hall 1989, S. 917). Der kulturelle Rassismus postuliert nicht eine Differenz der genetischen, wohl aber eine der sozial-kulturellen Ausstattung von Menschengruppen. Religiöse, linguale und habituelle Merkmale werden nun in den Zusammenhang nicht genotypischer Differenzen, sondern der »kulturellen Identität« gestellt. Gleichwohl wird auch im kulturellen Rassismus ein »kollektives Wesen« unterstellt, eine gewissermaßen enkulturierte Natur der »Anderen« (und komplementär der Natur der Nicht-Anderen) (Balibar 1990).

c) Rassismus bewertet die »Mentalitäten« der so definierten und hervorgebrachten »Anderen« negativ im Sinne von Minderwertigkeit bzw. Nicht-Zugehörigkeit, die eigenen »Mentalitäten« positiv im Sinne von Höherwertigkeit bzw. fragloser Zugehörigkeit. Für diese rassistische Unterscheidungspraxis ist eine »Dialektik der Ein- und Ausgrenzung« (Terkessidis 1998, S. 78) kennzeichnend. Die deklarierte und praktizierte Minderwertigkeit oder Deplatziertheit der »Anderen« (Im Sinne von: »Sie gehören hier eigentlich nicht hin, da sie einer anderen Kultur zugehören, die an einen anderen Ort gehört. Deshalb kommen ihnen berechtigterweise weniger Rechte und Privilegien zu«) weist ihnen einen spezifischen Platz im gesellschaftlichen Raum zu. Sie sind – im doppelten Sinne – »Andere unter uns«.

d) Solange eine Gruppe nicht die Macht hat, die angesprochenen Unterscheidungsweisen durchzusetzen, handelt es sich in gewisser Weise um eine »Vorform« rassistischer Praxis. Rassismus entfaltet sich erst vollständig, wenn die Mittel zum sozialen Wirksamwerden der Unterschiedskonstruktion verfügbar sind.
Hier ist es wichtig, darauf hinzuweisen, dass es Ansätze gibt, die davon ausgehen, dass natio-ethno-kulturelle Minderheiten nicht rassistisch sein können; nicht, weil sie die »besseren Menschen« sind, sondern weil sie nicht über die kulturellen, politischen und juristischen Machtmittel verfügen, mögliche rassistische Unterscheidungen strukturell wirksam werden zu lassen. Andererseits gibt es Ansätze, die darauf aufmerksam machen, dass die Verfügung über Machtmittel von sozialem Kontext zu sozialem Kontext unterschiedlich sein kann, natio-ethno-kulturelle Minderheiten also durchaus in bestimmten Kontexten (z.B. einem Stadtviertel) über *gewisse* Machtmittel verfügen.

Rassismus und Erfahrung

Dominante Strukturierungen einer Gesellschaft, die ihren Widerhall beispielsweise in der Funktionsweise von Organisationen und Institutionen finden, wirken als Rahmung, in der Gewohnheiten des Denkens und Handelns ermöglicht und nahegelegt werden. Diese Strukturierungen determinieren nicht schlicht das individuelle Tun, sie werden vielmehr in individuelles Tun und Erfahrungen transformiert und über Erfahrungen und durch das Tun angeeignet.

Die Ordnung des Rassismus kann in diesem Sinne als *Kontext der Subjektivierung* verstanden werden. Rassismus ist ein strukturierter und strukturierender Raum, in dem aus Individuen »Subjekte« werden, deren Handlungsfähigkeit und Selbstverständnis vermittels der Erfahrungen, die sie in dem Raum machen, an die Struktur des Kontextes gebunden bleiben, diese aufnehmen, bestätigen, aber auch transformieren und modifizieren.

Rassismus schafft einen Raum, in dem aus Individuen »Subjekte« werden

Rassismuserfahrungen beispielsweise resultieren aus der binären rassistischen Differenzkonstruktion. Sie bestehen nicht allein in angedrohten oder faktischen körperlichen Attacken. Bei Rassismuserfahrungen kann es sich um massive (z.B. körperliche Gewalt gegen die eigene Person oder nahestehende Personen) oder subtile (z.B. abfällige Blicke) Erfahrungen handeln. Rassismuserfahrungen können von Kontexten vermittelt werden, die stärker von strukturell-institutionellen Aspekten geprägt sind (wie z.B. Erfahrungen mit Verwaltungen, Polizei, Schulen, durch Gesetze oder am Arbeitsplatz) oder von Kontexten, die eher von Handlungsweisen einzelner Personen bestimmt werden. Die Erfahrung von Rassismus kann gewissermaßen unmittelbar über soziale Interaktionssituationen vermittelt werden. Sie kann aber auch über Vorstellungen, Träume, Befürchtungen und Bilder (imaginative Vermittlungsweise) wie auch über Zeitungs-, Radio-, Fernsehberichte und andere Informationen beispielsweise aus Internet oder Werbung (mediale Vermittlungsweise) hervorgerufen werden (genauer Mecheril 2005).

Allerdings ist der Zusammenhang von »Rassismus und Erfahrungen« nicht auf Rassismuserfahrungen beschränkt. Da Rassismus ein totales System der Möglichkeit des ethnisierenden, kulturalisierenden und rassialisierenden Unterscheidens darstellt, sind auch diejenigen von Rassismus betroffen, die im rassistischen System privilegierte Positionen einnehmen.

Die rassistische Ordnung wirkt nicht allein als »äußerliche« Verteilung von Ressourcen, sondern ist auch in dem Sinne produktiv, dass sie auf Selbstverständnisse einwirkt. Interessant ist hierbei, dass, wie beispielsweise in einer empirischen Studie für den US-amerikanischen Kontext beschrieben wird, ein allgemeines Merkmal der sozialen Konstruktion von »Rasse« darin besteht, dass weiße Menschen schwarze Menschen als Menschen mit »race« charakterisieren, während sie sich selbst im Hinblick auf »race« nicht thematisieren (Hill Collins 1996, S. 86). Mit Bezug auf den deutschen Kontext spricht Ursula Wachendorfer davon (1998), dass hier der Thematisierung und Wahrnehmung

Alltagsrassismus

Der Begriff Alltagsrassismus wurde von Philomena Essed (1991) geprägt. Während Essed einen mehrdimensionalen gesellschaftlichen Analyserahmen konzipiert, wird im deutschsprachigen Raum Alltagsrassismus in Anlehnung an Rudolf Leiprecht (2001) vor allem als individuell praktizierte, subtile, schwer erkennbare Form von Rassismus in Alltagssituationen verstanden. Demgegenüber betont Essed, dass Alltagsrassismus auch Handlungspraxen in Institutionen, Strukturen und Diskursen beinhaltet und diese alltäglich sind. Formen von Alltagsrassismus zeigen sich nach diesem Verständnis auf verschiedenen Ebenen und beeinflussen sich wechselseitig (auch Melter 2006).
Das Konzept des Alltagsrassismus verbindet eine Struktur- und Institutionenanalyse sowohl mit der Untersuchung medialer Diskurse als auch mit einer Theorie der Handlungspraxen und -möglichkeiten der Individuen.
In ihrer Studie zu niederländisch-surinamischen Frauen zeigt Philomena Essed auf, wie Formen von Alltagsrassismus in die alltägliche Lebenspraxis, in die Biografien und Möglichkeiten der Frauen hineinwirken und welche Interpretationen sowie Widerstands- und Veränderungsmöglichkeiten sie entwickeln (Essed 1991).

des »Schwarz-Seins« der »Anderen« die Dethematisierung und Nicht-Wahrnehmung des eigenen »Weiß-Seins« entgegenstehe.

»Weiß« weist hierbei nicht auf eine (Haut-)Farbe hin, sondern bezeichnet vielmehr die gesellschaftliche Position derer, die in einem ethnisch und rassistisch strukturierten Raum symbolisch und faktisch privilegierte Positionen einnehmen. Mit Fragen dieser Art setzt sich die kritische Weißseinsforschung (Critical-Whiteness-Forschung) auseinander (Wollrad 2005; Lauré al Samarai 2005). Die kritische Weißseinsforschung weist nicht nur auf den Umstand hin, dass der Position im binären Schema des Rassismus, die mit Privilegien verknüpft ist, die Tendenz anhaftet, die charakteristische Privilegiertheit zu übersehen und zu bestreiten (»Dethematisierung«). Vielmehr muss dieser Umstand als Bestandteil der Wirkungsweise von (rassistischen) Dominanzverhältnissen verstanden werden.

Wichtig ist hierbei, dass es rassismuskritischer Forschung und Untersuchungen im Feld der Critical-Whiteness-Forschung nicht darum geht, Auskunft über »das Wesen« oder »den Charakter« bestimmter Personengruppen zu geben. Das erkenntnispolitische Anliegen dieser Forschungstraditionen richtet sich auf die Analyse der historischen, kulturellen (z. B. pädagogischen), politischen und interaktiven Bedingungen und Konsequenzen solcher Unterscheidungspraxen, die an Rassismus anschließen und diesen stärken.

Philomena Essed (1991) hat als eine der ersten Forscherinnen im europäischen Raum den Zusammenhang zwischen Geschlechterverhältnissen und Rassismus empirisch thematisiert und zeigt, dass die (sexistische) Herabwürdigung als Frau im Kontext rassistischer Unterscheidungen ihre Bedeutung entfaltet und umgekehrt. Die Sexualisierung als »schwarze Frau« zeigt, dass der Zusammenhang von »Rassismus und Erfahrung« immer in komplexer Weise auch von weiteren Differenz- und Dominanzverhältnissen getragen ist, so wie die Erfahrung dieser Verhältnisse auch von rassistischen Unterscheidungen vermittelt wird.

7.2 Rassismus – eine Praxis der Moderne

Das Europa des 18. Jahrhunderts gilt als die Wiege des modernen Rassismus. Rassismus ist also eine Praxis, die nicht »immer schon« existiert hat. Sie entsteht mit der Herausbildung eines modernen Gesellschaftsbildes. Rassistische Klassifikationen werden im Zuge der Herausbildung der modernen Nationalstaaten und der (Legitimations-)Diskurse im Zuge des Kolonialismus entwikkelt und angewandt.

In dieser Epoche ist Rassismus keine abzulehnende ethische Haltung, sondern anerkannte Wissenschaft vom Menschen, die sich zur Zeit der Aufklärung als moderne Wissenschaft mit absolutem Wahrheitsanspruch präsentierte (Poliakov 1992, S. 109). Getragen von sich direkt oder indirekt als europäisch definierenden Philosophen wie Immanuel Kant, dessen Ansichten über »Rassen« und die hierarchische Ordnung der »Rassen« heute selten thematisiert und problematisiert werden (Wollrad 2005, S. 65), erlangen diese Positionen auch durch die Verbindung mit den Naturwissenschaften starken Einfluss.

Das »Rasse«-Konzept ist eine anthropologische Kategorie; mit diesem Konzept werden aufbauend auf der Aufklärung verpflichteten Klassifikationspraxen Menschengruppen unterschieden. Das »Rasse«-Konzept zielt auf die wissenschaftlich-rationale Klassifizierung und Vermessung des Menschen (Mosse 1990, S. 29). Die Katalogisierung der Menschheit im Geiste der erwachenden Naturwissenschaften ist ein entscheidendes Moment der Durchsetzung der »Rasse«-Einteilung (Poliakov 1992, S. 77). Zwar ging die Entstehung der modernen Wissenschaften und der Nationalstaaten mit den der Aufklärung zugeschriebenen Forderungen nach »Freiheit«, »Gleichheit« und »Brüderlichkeit« einher. Paradoxerweise wurde von diesen »universellen« Rechten aber ein Großteil der Menschen ausgeschlossen. Die vermeintliche Legitimation des Ausschlusses leisten sodann Ideologien, die beispielsweise den Ausschluss der Frauen aus dem politischen und öffentlichen Leben durch Bezug auf ihre vermeintliche Natur *als rechtmäßig erklären*. In verwandter Weise war und ist Rassismus eine Praxis der (vermeintlichen) Legitimation von Herrschaft.

Zygmunt Bauman (2002) betont in seinen Analysen zum Holocaust bzw. zur Schoah die Ordnungsfunktion des Rassekonzeptes im Zusammenhang von *Moderne und Vernichtung*. Baumans Verständnis des Rassismus betont den Stellenwert gesellschaftlicher Institutionen, die das Denken der Moderne repräsentieren. Wissenschaften, die moderne Bürokratie, Visionen von Klarheit und Ord-

Merksatz

»Rassismus ist zwar ein ›globales Problem‹, wie Christian J. Jäggi anmerkt, das man – von Europa ausgehend – fast überall auf der Welt findet, aber kein *universal*historisches, sondern ein eng mit der Moderne verbundenes Phänomen. Die Vorgeschichte des Rassismus reicht bis zur Herausbildung der indischen Kastengesellschaft um das Jahr 1500 v. Chr. zurück. Im antiken Griechenland waren die (zur Sklaverei verdammten) Barbaren zunächst nicht etwa »rassisch« Minderwertige, sondern »nur« zivilisatorisch Zurückgebliebene. Da die Juden im Mittelalter nicht ihrer »Andersartigkeit«, sondern ihrer Religion wegen verfolgt wurden, spricht man hier von Antijudaismus – im Unterschied zum Antisemitismus als einer sich erst später herausbildenden Spezialform und einem Sonderfall des Rassismus« (Butterwegge 1996, S. 125). Analog dazu lässt sich in bezug auf die Sinti und Roma von »Antiziganismus« sprechen«.

Antisemitismus und Rassismus

Im Hinblick auf das Verhältnis von Antisemitismus und Rassismus liegt eine breite Debatte vor (Wippermann 1997), in der die Differenz, das Überlappen oder die Verwandtschaft der Begriffe betont wird. Etienne Balibar plädiert für eine Trennung der Begriffe: »Die verschiedenen Formen des Hasses haben ihre Geschichte. Damit gilt es sich auseinanderzusetzen, anstatt Fremdenfeindlichkeit, Rassismus und Antisemitismus weiterhin so zu behandeln, als wären sie ihrem Wesen nach identisch« (Balibar 2002, S. 3). Kennzeichnend für den Antisemitismus ist, dass hier ein diffuses Bild der Anderen entworfen wird, dass ihnen, anders als im Rassismus, auch eine gewisse Form von »Überlegenheit« *(Klugheit, List, Wissen)* zugeschrieben wird, eine Zuschreibung, die es ermöglicht, die Anderen als »gefährlich« *(Verschlagenheit, Hinterlist, Heimtücke)* darzustellen und damit ihre Kontrolle und Vernichtung zu begründen.
Andere Autor/innen fassen Antisemitismus als eine Form von Rassismus auf und betrachten damit Rassismus als allgemeinere Kategorie: Ausgehend von einer Rassismus-Definition mit den zentralen Kriterien, dass Menschen in Gruppen eingeteilt, ihnen Eigenschaften zugeschrieben werden und eine Hierarchie der Gruppen vorgenommen wird, gehört Antisemitismus in dieser Perspektive zu einer Form von Rassismus.

nung sind die epistemischen und organisatorischen Ermöglichungsbedingungen der Schoah; sie ist ein genuin modernes Phänomen. Die Ordnungs- und Reinheitslogik, die den Rassismus hervorbringt und die vom Rassismus diskursiv und technologisch perfektioniert wird, verweist darauf, dass Rassismus kein vor- oder außermodernes Phänomen, sondern Bestandteil der Moderne ist.

Nach Bauman zielt die Moderne im Kern darauf, *Eindeutigkeit* zu schaffen. Der Zusammenhang zwischen der Institutionalisierung rassistischen Denkens und dem Projekt der Moderne wird mit Blick auf zwei Dinge erkennbar. Erstens die enorme Bedeutung der Wissenschaft für die Durchsetzung des Rassismus (a). Zweitens existiert eine strukturelle Verwandtschaft zwischen den Vereindeutigungspraktiken des Rassismus und der Logik von Nationalstaaten (b).

a) »Rasse« ist eine Unterscheidungsdimension, die mit der modernen Wissenschaft entsteht. Erst diese ermöglicht das »Weltbild des Rassismus» (Dittrich 1991). Die von den modernen Wissenschaften ausdifferenzierte Kategorie der »Rasse« fand dafür Verwendung, vermeintliche Erkenntnisse über wesenhafte Unterschiede der in Gruppen eingeteilten Menschen zu gewinnen. Diese wissenschaftlichen Positionen dienten der Legitimation von Überlegenheitsansprüchen. So führt Bernhard Giessen (1999, S. 329) aus, dass unter einer historischen Perspektive die strukturellen Ursprünge des Rassismus nicht in sozialer Verunsicherung liegen, sondern sie vielmehr »in dem Versuch selbstsicherer bürgerlicher Schichten zu suchen [sind], eine natur*wissenschaftliche Erklärung kultureller Unterschiede* zu finden« [Hervorhebung PM/CM]. Die Entstehung, die »Erfolgsgeschichte« und die immer wieder aktualisierbare Attraktivität rassistischer Angebote sind ohne Bezug auf das objektivistische, wissenschaftliche Anliegen des rassistischen Denkens nicht zu verstehen.

b) Mit Bezug auf die nationalstaatliche Logik muss angemerkt werden, dass kennzeichnend und konstitutiv für die Zugehörigkeitspraxis nationalstaatlicher Ordnungssysteme die von den meisten Nationalstaaten getragene Absicht der weitgehenden Verhinderung von Mehrstaatigkeit und der *Vereindeutigung von Zugehörigkeitsverhältnissen* ist. Brubaker (1994, S. 52) führt am Beispiel Deutschlands die historische Entstehung der Institution der nationalen Staatsbürgerschaft aus. 1815 gab es hier eine lose Konföderation von 39 souveränen deutschen Staaten. Auf die einsetzenden bedeutsamen Wanderungsbewegungen verarmter Bevölkerungsgruppen reagierten die Staaten mit Ausweisungspraktiken, die ineffektiv blieben, da ebenso viele Personen in den Staat einwanderten, wie dieser, gleich wohin, auswies. Dies machte die Einführung eines überstaatlichen Instrumentes der formell kodifizierten Staatsangehörigkeit notwendig, welches zweierlei regelte, nämlich, dass Personen nur in die Staaten ausgewiesen werden konnten, deren Angehörige sie waren, und zum anderen, dass der Staat eigene Mitglieder nicht ausweisen durfte – eine moderne Praxis.

Die nationalstaatliche Ordnung – so wie wir sie kennen – ist darauf angewiesen, dass die Frage, wer Bürgerin und wer Bürger ist, in der Regel eindeutig beantwortet werden kann. Dieses nationalstaatliche Erfordernis weist eine strukturelle Ähnlichkeit mit der Funktionsweise des Rassismus auf, dem ein verwandtes System der Vereindeutigung von Zugehörigkeitsverhältnissen zugrunde liegt.

Die nationalstaatliche Ordnung unterscheidet zwischen Zugehörigen und Nicht-Zugehörigen

Das nationalstaatliche Unterscheidungsprinzip muss zwischen Zugehörigen und Nicht-Zugehörigen unterscheiden. Für Zygmunt Bauman ist der Nationalstaat daher »primär dazu bestimmt, mit dem Problem des Fremden, nicht mit dem der Feinde fertig zu werden« (1995, S. 86; Hervorhebungen unberücksichtigt). Der Fremde ist nach Bauman die große Irritation für den Nationalstaat, weil unklar ist, ob es sich um einen »Freund« oder einen »Feind« handelt. Allerdings muss diese Irritation nicht notwendig zu Abschottung, Ausgrenzung oder Unterwerfung führen, sondern kann auch als produktive Chance und Bereicherung angesehen werden. Häufig erfolgt jedoch eine »Physiognomisierung« der Differenz zwischen Fremden und Nicht-Fremden, die an das Ordnung schaffende Vorgehen des nationalstaatlichen Prinzips geknüpft ist und Privilegien für die einen und Diskriminierung für die Anderen herstellt.

Zwar sind auch EU-Staatsbürger/innen den »eigenen« Staatsbürger/innen in der EU rechtlich in vieler Hinsicht nahezu gleichgestellt. Allerdings sind die meisten Ideologien von Staatsbürgerschaft monoethnisch ausgerichtet und vertreten den z.B. in der Geschichte und Gegenwart Deutschlands bedeutsamen, mit völkischen und rassistischen Vorstellungen verknüpften biopolitischen Gedanken der »Abstammung« (Messerschmidt 2009, S. 59).

7.3 Die Schwierigkeit, über Rassismus zu sprechen

Politische und wissenschaftliche Diskurse

Es gehört zur Programmatik der meisten demokratischen Kontexte, dass die Idee und Praxis der benachteiligenden Einteilung von Menschen nach Gesichtspunkten wie Ethnizität, Kultur, Geschlecht, Religion oder Rassekonstruktionen zurückgewiesen werden. Mit dem Wort Rassismus wird in demokratischen Zusammenhängen auf Phänomene hingewiesen, die aus grundlegenden normativen Überzeugungen, aufgrund der realen Folgen dieser Ideen für die gesamte Gesellschaft und insbesondere für rassistisch abgewertete und angegriffene Personen abgelehnt werden. Rassismus – dies darf als zumindest rhetorischer Konsens in der deutschsprachigen Öffentlichkeit gelten – ist etwas »Schlechtes«.

Diese öffentliche Übereinkunft gilt nicht allein in Bezug auf normative Fragen. Auch in wissenschaftlich-analytischer Hinsicht gilt, dass »Rassismus« eine angemessene und notwendige Untersuchungsperspektive im Hinblick auf spezifische Machtverhältnisse und Unterscheidungen darstellt. Allerdings besteht diese Übereinkunft im deutschsprachigen Bereich vor allem mit Bezug auf die Vergangenheit: »Rassismus« gilt als erforderliches Analyseinstrument, um historische Zusammenhänge wie den Nationalsozialismus wissenschaftlich zu erfassen.

Die Frage, ob »Rassismus« eine angemessene Perspektive zur Analyse gegenwärtiger Verhältnisse darstellt, ist umkämpft

Deutlich umkämpfter als der historische Bezug ist die Frage, ob »Rassismus« eine angemessene Perspektive zur Analyse gegenwärtiger Verhältnisse darstellt. Es gibt verschiedene Ansätze, Nachweise und Indizien, die die weite Verbreitung von Rassismus in Deutschland und anderen europäischen Ländern belegen: »Available information for the period 2004–2005 indicates that racist violence and crime continues to be an on-going problem in the EU25, with evidence that it emerges in different forms which are generally under-documented by official data collection mechanisms. The fact that a number of Member States still do not have adequate official criminal justice data collection mechanisms in place, to record and make publicly available information on racist violence and crime, would seem to indicate that the problem is neglected through much of the EU« (EUMC 2006, S. 15).

Einige Studien und Daten können als statistische Hinweise auf die Alltäglichkeit und Gewöhnlichkeit rassistischer Unterscheidungen in der Bundesrepublik Deutschland gelesen werden:

- Die Verbreitung nationalistischer, rechtsextremer, rassistischer, antisemitischer Einstellungen über unterschiedlichen Bevölkerungsgruppen ist in etlichen Studien untersucht und nachgezeichnet worden, z.B. in der seit 2000 auf 10 Jahre angelegten Langzeitstudie »Deutsche Zustände« zur sogenannten »gruppenbezogenen Menschenfeindlichkeit« (Heitmeyer 2002).

»Rechtsextremismus«

Der Rechtsextremismusbegriff ist in den 1990er-Jahren durch sozialisationstheoretisch angelegte Studien (etwa Heitmeyer 1992) bekannt geworden, die auf einen Zusammenhang zwischen Deprivationserfahrungen bei Jugendlichen, die als »Modernisierungsverlierer« gelten, und rechtsextremen Orientierungen aufmerksam machen. Nach dem den Untersuchungen zugrunde liegenden Rechtsextremismusbegriff weist Rechtsextremismus zwei Komponenten auf: eine Ideologie der Ungleichheit und Gewaltbereitschaft (ein Abriss wichtiger kritischer Einwände zu diesem Begriffsverständnis findet sich bei Butterwegge 1996, S. 79–89). Fichter et al. benennen hingegen insgesamt sieben Elemente einer Rechtsextremismusdefinition: Antisemitismus, Rassismus, Verharmlosung des Nationalsozialismus, Nationalchauvinismus, Sozialdarwinismus, Befürwortung des Führerprinzips und einer totalitären Herrschaft (Fichter/Stöss/Zeuner 2004).

Sogenannte »rechtsextreme Orientierungen« sind nicht auf marginalisierte und besonders benachteiligte Gruppen beschränkt (Bibouche/Held 2009). Die Popularität der These, dass insbesondere jene Gruppen zu »rechtsextremen Orientierungen« neigten, die aufgrund von Prozessen der Heraussetzung aus gemeinschaftlichen Bezügen (»Individualisierung«) und sozialer Marginalität Verunsicherung, Instabilität und Orientierungslosigkeit erfahren, steht in einem zweifelhaften Verhältnis zu Ergebnissen anderer empirischer Untersuchungen. Diese Studien weisen darauf hin, dass erstens weder die angesprochene »Orientierungslosigkeit« notwendig zu rechtsextremer Orientierung führen muss noch zweitens jeder »rechtsextremen Orientierung« die Erfahrung von Unsicherheit zugrunde liegt.

Als bedeutsam für rechtsextreme Orientierungen arbeiten Held und Bibouche (2009) die über Generationen reproduzierte regionale politische Kultur der Mehrheitsangehörigen heraus. Ihre in einer wirtschaftlich reichen Region in Süddeutschland durchgeführte Studie »weist auf, dass die politische Kultur durch eine rechtsgerichtete Stimmung geprägt ist. Rechtsorientierte Akteure können sich durch ihre Umgebung eher anerkannt fühlen und sie sind offenbar gut in ihr Gemeinwesen integriert. Nichts deutet darauf hin, dass die Basis für Rechtsextremismus und rechte Orientierungen ein Desintegrationsproblem sein könnte. Verunsicherung, Orientierungslosigkeit, sich auflösende soziale Strukturen, um nur einige Desintegrationsphänomene zu benennen, scheinen hier keine Basis für rechte Orientierungen zu bilden. Auffällig ist stattdessen eine ausgeprägte lokale Orientierung, die sich in Übereinstimmung befindet mit den eher dörflichen und kleinstädtischen Milieus« (Bibouche/Held 2009, S. 269f.)

- Die Verbreitung rassistischer und rechtsextremer Gewalt ist sowohl in den Verfassungsschutzberichten als auch in Dokumentationen der Antidiskriminierungs- und Opferberatungsstellen sowie den Schattenberichten dokumentiert (Antirassistische Initiative Berlin 2007).
- Weitere Dokumente über die Kontinuität rassistischer Diskriminierungsfälle in den Bereichen Wohnen, Arbeit, Bildung sowie Freizeit finden sich in den Berichtsdaten von Antidiskriminierungsstellen oder auch dem Nationalen Integrationsplan der Bundesregierung (Presse- und Informationsamt der Bundesregierung 2007).
- Auch der Zulauf zu rechtsextremen Parteien, die sich vor allem durch rassistische Parolen und die Betonung der Privilegien »Deutscher« zu etablieren suchen, sei hier angemerkt.

Auf der Ebene »positiv« erfassbarer Diskriminierungsvorkommnisse ist in den letzten Jahren häufig die Verbesserung eines Dokumentationssystems rassistischer Vorfälle gefordert worden. Freilich gehört zum Wesen des kontemporären Rassismus, dass er nach seiner offiziellen Ächtung hinter Beteuerungen und in Masken, subtil und flüchtig, gleichwohl gesellschaftlich wie individuell wirksam auftritt.

Wichtige Hinweise auf rassistische Realitäten finden sich insofern in Interviews und Selbstäußerungen, z.B. in Studien zu Rassismuserfahrungen und Alltagsrassismus von Personen, die im Alltag Zielscheibe massiver und offensichtlicher oder subtiler rassistischer Handlungen werden (z.B. Badawia 2002; Terkessidis 2004; Melter 2006), sowie komplementär in Studien, die die Verstrickung »wohlmeinender Milieus« in rassistische Denk- und Argumentationsformen verdeutlichen (z.B. Weiß 2001, Scherschel 2006).

Im deutschsprachigen Raum sind die Verwendung und Verwendbarkeit des Ausdruck »Rassismus« stark durch das historische Wissen und Sprechen über den Nationalsozialismus geprägt

Im deutschsprachigen Raum sind gleichwohl die Verwendung und Verwendbarkeit des Ausdruck »Rassismus« stark durch das historische Wissen und Sprechen über den Nationalsozialismus geprägt. Orientiert an der Analyse des historischen Nationalsozialismus ist es im deutschsprachigen Raum vor allem die Rechtsextremismusforschung, die sich mit rassistischen Erscheinungen beschäftigt. Phänomene physischer und symbolischer Gewalt, die nicht eindeutig als »rechtsextrem« bezeichnet werden konnten, wurden bis etwa Anfang der 1990er-Jahre mit Ausdrücken wie Fremden- oder Ausländerfeindlichkeit beschrieben – nicht aber mit dem Rassismusbegriff. Die Angemessenheit der Analysekategorie Rassismus für *gegenwärtige* Verhältnisse im deutschsprachigen Raum, insbesondere der Bundesrepublik Deutschland, wurde bezweifelt, da unterstellt wurde, dass diese Analyse davon ausgehen müsse, dass die Ideologie des Nationalsozialismus fortwirke. Da aber der Neubeginn in der Bundesrepublik gerade durch den Versuch gekennzeichnet war, in der Verkündigung eines Neuanfangs die nationalsozialistische Vergangenheit hinter sich zu lassen, erschien die gesellschaftliche Diagnose »Rassismus« aus der Sicht vieler Wissenschaftler/innen und Politiker/innen lange als ungeeignet. »Rassismus«, so lautete ein zentrales Argument, kennzeichne Denken und Praxis im Nationalsozialismus; würde das Wort nun für aktuelle Vorkommnisse und Zusammenhänge benutzt, würde auf der einen Seite eine Banalisierung nationalsozialistischer Praxis, auf der anderen Seite eine Überbewertung gegenwärtiger Phänomene der Diskriminierung oder Benachteiligung stattfinden.

Dort, wo »Rassismus« verkürzend *allein* auf den Nationalsozialismus bezogen wird, wird nicht nur verhindert, dass die Perspektive »Rassismus« zur Analyse gegenwärtiger Verhältnisse eingesetzt wird. Es wird zudem die Tatsache verkannt, dass Rassismus in Deutschland auch bereits vor dem Nationalsozialismus als Ideologie und Handlungspraxis bedeutsam war, nämlich zur Zeit des deutschen Kolonialismus. Die Auseinandersetzung mit dem deutschen kolonialen Rassismus auch und vor allem in seiner Auswirkung auf die Gegenwart stellt eher eine Leerstelle dar und findet erst in den letzten 10 Jahren mehr Aufmerksamkeit (Lauré al-Samarai 2005).

Medien, Politik und auch die (Erziehungs-)Wissenschaft vermieden es lange Zeit, Erfolge von rechten Parteien, gewalttätige Übergriffe und Beleidi-

Kritik der Begriffe Ausländerfeindlichkeit und Fremdenfeindlichkeit

Der Begriff der Ausländerfeindlichkeit taucht in der sogenannten Ausländer- oder Gastarbeiterforschung in den 1950er- und 1960er-Jahren auf. Kalpaka und Räthzel (1990) thematisieren in ihrer 1986 in erster Auflage erschienenen und für die deutsche Diskussion um Rassismus maßgeblichen Studie »Die Schwierigkeit, nicht rassistisch zu sein« die politische Dimension von Begriffsverwendungen. Aus einer rassismustheoretischen Sicht muss gegen die Rede von »Ausländerfeindlichkeit« eingewandt werden, dass dieser Ausdruck deshalb unzutreffend für die Analyse der hier interessierenden Verhältnisse ist, weil sich die »Feindlichkeit« einerseits nicht gegen alle Ausländer/innen, z.B. nicht gegen weiße US-Amerikaner/innen, Brit/innen oder Neuseeländer/innen, richtet und weil sich die »Feindseligkeit« andererseits auch auf bestimmte Inländer bezieht, beispielsweise Migrationsandere, die in der Bundesrepublik Deutschland aufgewachsen sind und eine deutsche Staatsangehörigkeit besitzen oder sich als schwarze Deutsche verstehen.
Der Ausdruck »Fremdenfeindlichkeit« wird aus einer rassismuskritischen Perspektive problematisiert, weil mit dem Label »Fremdheit« unterstellt wird, dass die von »Fremdenfeindlichkeit« negativ Betroffenen »Fremde« seien. Auch wird in der Rede von »Fremdenfeindlichkeit« »Feindlichkeit« häufig anthropologisiert, also als »natürlich menschliche Reaktion« ausgegeben und damit legitimiert. Begriffe wie *Ausländerfeindlichkeit, Fremdenfeindlichkeit,* oder auch *Xenophobie* stellen symbolische und faktische Gewalt in der Regel nicht in einen gesellschaftlichen, historischen und machtanalytischen Zusammenhang, sondern sehen sie als quasi »natürliche« Denk-, Empfindungs- und Handlungsdisposition an.

gungen gegen Personen, die als national oder ethnisch nicht dazugehörig angesehen wurden, mithilfe des Analyseinstrumentariums »Rassismus« zu untersuchen. Anders verhielt es sich in englisch- und französischsprachigen wissenschaftlichen und intellektuellen Kontexten, in denen die rassistische Dimension aktueller Prozesse und Ereignisse untersucht und benannt wurde.

In Deutschland taucht erst über den Umweg von Debatten, Richtlinien und Gesetzen auf der europäischen Ebene und auch nach den gewalttätigen rassistischen Ausschreitungen Anfang der 1990er-Jahre der Begriff Rassismus vermehrt auf. Da Rassismus als Analysekategorie für gegenwärtige gesellschaftliche Verhältnisse zunehmend Verwendung findet (exemplarisch: Elverich/Kalpaka/Reindlmeier 2009; Melter/Mecheril 2009; Scharathow/Leiprecht 2009), steht die akademische Etablierung der Rassismusforschung im deutschsprachigen Raum zwar nicht mehr ganz am Anfang, doch ist sie noch ein gutes Stück davon entfernt, im erziehungswissenschaftlichen Raum der Thematisierung von Migration und Bildung etabliert zu sein.

Interaktionen und Situationen

Die Schwierigkeit, über Rassismus zu sprechen, ist nicht nur kennzeichnend für Diskurse in Politik und Wissenschaft im deutschsprachigen Raum; die Schwierigkeit findet sich auch auf der Ebene situierter, alltäglicher Interaktionen (auch in pädagogischen Feldern). Phänomene der Dethematisierung von rassistischen Erfahrungen durch sozialpädagogische Professionelle sind beispielsweise in einer empirischen Studie von Melter (2006) nachgezeichnet worden. In dieser qualitativen Interviewstudie zeigt sich, dass das Sprechen über Rassismus bei Personen, die keine Rassismuserfahrungen machen, mit Gefühlen der unangenehmen Verantwortung verknüpft sein und als Hinweis auf die eigene privilegierte Stellung verstanden werden kann. Das Sprechen über Rassismus ist problematisch, weil insbesondere im deutschsprachigen Raum dieses Sprechen in einer zuweilen diffusen Weise mit Vorwürfen und dem Versuch ihrer Entkräftung verbunden ist. Das Nichtwissen(-Wollen) in Bezug auf an Rassismus anschließende Phänomene hat für Pädagog/innen die subjektive und institutionelle Funktion der Ausblendung von Konflikten, Widersprüchen und Handlungsgrenzen innerhalb ihres professionellen Handlungsraums (Kalpaka 2009).

Für den Handlungsraum der Sozialen Arbeit weisen Studien wie von Beinzger, Kallert und Kolmer (1995), darauf hin, dass Migrationsandere von Pädagog/innen vor allem in defizitärer Perspektive betrachtet werden und ihre natio-ethno-kulturelle Position und Zugehörigkeit nicht als Ressource, sondern als Belastung gesehen werden. Die Pädagog/innen zeigen in diesen qualitativen Studien wenig Interesse an den Zugehörigkeitsverständnissen und -erfahrungen der Jugendlichen und blenden dadurch auch Diskriminierungserfahrungen aus.

Mit der De-Thematisierung des Rassismus werden Konflikte und Widersprüche ausgeblendet

Bedeutsam ist, dass es hier nicht primär um problematische Handlungspraxen einzelner Pädagog/innen geht. Die Handlungssysteme Sozialer Arbeit erzeugen und befördern bestimmte Sichtweisen und Aufmerksamkeitsrichtungen. Soziale Arbeit in Deutschland ist von ihren fast in erster Linie deutschsprachigen Arbeitsstrukturen sowie durch rechtliche Restriktionen für bestimmte Kinder, Jugendliche und Erwachsene ohne deutsche Staatsangehörigkeit wie auch vermittelt vom Auftragsverständnis der Behörden, von gängigen Handlungskonzepten und Leitlinien und schließlich auch den Kompetenzen der Pädagog/innen nicht darauf vorbereitet, Migrationsandere angemessen zu fördern (Teuber 2002, S. 75). Diese Beurteilung muss jedoch vor dem Hintergrund dessen eingeordnet werden, dass es nur wenige empirische Forschungen zu migrationssensiblem Handeln und rassismuskritischer Kompetenz in der sozialen Arbeit gibt (Presse- und Informationsamt der Bundesregierung 2007, S. 27) und in den letzten Jahren unter dem Stichwort der »interkulturellen Öffnung« einige zum Teil weitgehende Veränderungsversuche begonnen haben (vgl. Kap. 4).

Die Abwehr der Auseinandersetzung mit Rassismus aufgrund einer vagen, aber wirksamen Angst davor, einer Schuld bezichtigt zu werden, ist eines der Themen, die in der *Critical-Whiteness-Forschung* (Wollrad 2005) zum Thema werden. Für Mehrheitsangehörige, die von rassistischen Praxen direkt oder indirekt (etwa weil sie scheinbar selbstverständlich als kompetent und leistungsfähig angesehen werden oder weil sie unbehelligt Orte aufsuchen können, ohne in Bezug auf Hautfarbe und Herkunft angegriffen zu werden) profitieren, kann es unangenehm sein, über Rassismus zu sprechen, da die eigene privilegierte

Stillschweigen wahren

»Das Benennen von rassistischen Praktiken und von Erfahrungen rassistischer Diskriminierung wird in der Öffentlichkeit immer wieder skandalisiert. Dadurch tritt nicht die Erscheinung des Rassismus selbst als Skandal in den Blick, sondern der Hinweis auf diese Erscheinungen als rassistische wird skandalös. Beispielhaft steht dafür der Umgang mit den Warnungen des Bundestagsabgeordneten Uwe Karsten Heye vor no-go-areas in bestimmten ostdeutschen Regionen im April 2006 vor der Fußballweltmeisterschaft: ›Es gibt kleine und mittlere Städte in Brandenburg und anderswo, wo ich keinem, der eine andere Hautfarbe hat, raten würde, hinzugehen. Er würde sie möglicherweise lebend nicht mehr verlassen.‹ (Die Zeit-online 04/2006). In den Vordergrund trat sofort die Frage der Legitimität der Bezeichnung, nicht aber die Auseinandersetzung mit der Tatsache, dass in bestimmten Regionen der Bundesrepublik eine gewalttätige Form weißer Hegemonie entstanden ist. Der brandenburgische Ministerpräsident Matthias Platzeck warf Heye eine ›Verunglimpfung ganzer Regionen in Brandenburg‹ vor. Der brandenburgische Innenminister Jörg Schönbohm sprach von einer ›unglaublichen Entgleisung‹ (Die Zeit-online 04/2006). Der Hinweis auf ein bestehendes gesellschaftliches Problem wird in diesen Reaktionen dadurch abgewehrt, dass denjenigen, die darauf hinweisen, eine verzerrte Wahrnehmung unterstellt wird, wodurch die Sache selbst als unglaubwürdig repräsentiert wird« (Messerschmidt 2008, S. 56f).

Position in einem historisch entstandenen System der Ungleichheit deutlich wird. Dadurch stellt die Nichtthematisierung von Rassismus im eigenen Nahbereich und der eigenen professionellen Wirklichkeit ein potenzielles Mittel der Bewahrung von Privilegien dar.

Aber auch bei Personen, die Rassismuserfahrungen machen und über ein mindestens implizites Wissen über Rassismus verfügen (Terkessidis 2004), ist Rassismus ein zuweilen problematisches Gesprächsthema (Badawia 2002): Denn das Gewahrwerden eigener Rassismuserfahrungen kann eine Ernüchterung im Hinblick auf die eigene gesellschaftliche Position nach sich ziehen und auch mit Erinnerungen an schmerzvolle Erfahrungen verknüpft sein. Bei Rassismuserfahrungen handelt es sich zuweilen um die Erfahrung von Hilflosigkeit und die Erfahrung, dass Solidarität und Rechte vorenthalten werden. Zudem führt die Thematisierung von Diskriminierungserfahrungen nicht selten dazu, dass erstens die Wirklichkeit dieser Erfahrungen bestritten und zweitens das Ansehen der Person, die die Erfahrung artikuliert, herabgewürdigt wird (Badawia 2002; Melter 2006).

Das Sprechen über Rassismus ist also gerade im deutschsprachigen Bereich ein Sprechen unter erschwerten Bedingungen. Diese Bedingungen haben nicht dazu beigetragen, die Kontinuität rassistischer Unterscheidungen zu schwächen.

7.4 Rassismuskritik als pädagogische Querschnittsaufgabe

Das Thema »Rassismus« in der deutschsprachigen Pädagogik

Die pädagogischen und erziehungswissenschaftlichen Reaktionen im deutschsprachigen Raum auf die Frage, wie angemessen mit migrationsgesellschaftlichen Differenzverhältnissen umgegangen werden kann, bündeln sich seit etwa den 1980er-Jahren im Ausdruck »Kultur« (vgl. Kap. 3 und Kap. 4). Aus einer rassismustheoretisch informierten Perspektive ist darauf hingewiesen worden, dass »Kultur« als *Sprachversteck* für »Rassekonstruktionen« fungieren kann (Leiprecht 2001, S. 28). Mit der offiziellen Ächtung des Rassismus und auch der weitgehenden Diskreditierung der Kategorie »Rasse« im bundesdeutschen Kontext ist die alltägliche Bedeutung von an Rassekonstruktionen anschließenden Unterscheidungspraxen nicht einfach erloschen. Auch wenn das positive Eintreten für den Rassismus zumindest in öffentlichen Zusammenhängen diskreditiert ist, so ist dies eher ein oberflächlicher Effekt.

Rassistische Denk- und Handlungsformen haben u. a. in kulturalisierten Semantiken und Erklärungsfiguren eine Fortsetzung gefunden

Rassistische Denk- und Handlungsformen haben in Semantiken und Erklärungsfiguren ihre Fortsetzung gefunden, die auf den ersten Blick nichts mit Rassismus zu tun haben. So kann die Rede von »kulturellen Unterschieden« und von »kulturellen Identitäten« auf ihr Verhältnis zu rassistischen Unterscheidungen befragt werden. Dies ist in den letzten Jahrzehnten im deutschsprachigen pädagogisch-erziehungswissenschaftlichen Diskurs eher selten getan worden (eine Ausnahme ist z. B. die Buchpublikation von Hormel/Scherr 2005).

Mit dem rassismuskritischen Blick auf migrationsgesellschaftliche Differenzverhältnisse wird nun nicht behauptet, dass jeder hergestellte oder behauptete natio-ethno-kulturelle Unterschied und jede Form der Ausgrenzung, Benachteiligung und Diskriminierung von Migrationsanderen rassistisch seien. Mit rassismustheoretischem Wissen wird es allerdings möglich, meist implizit an Rassekonstruktionen anschließende Unterscheidungen zu erkennen. Unter der rassismuskritischen Perspektive werden natio-ethno-kulturelle Unterscheidungen und Rechtfertigungen von Unter- und Entscheidungen in Beziehung gesetzt zu rassistischen Differenzierungen; dies nicht, weil jede natio-ethno-kulturelle Unterscheidung des Rassismus bezichtigt wird, sondern weil jede dieser Unterscheidungen potenziell von rassistischen Unterscheidungen vermittelt ist und/oder diese potenziell stärkt. Das rassistische Vermittlungs- und Verstärkungspotenzial von Unterscheidungen, die auf nationale, ethnische und kulturelle Kategorien zurückgreifen und die Einteilung der Welt in diesen Kategorien stärken, werden unter rassismuskritischer Perspektive befragt.

Nicht also die Verwendung der »Kultur«-Perspektive, der Gebrauch ethnischer Kategorien oder der Bezug auf nationale Unterscheidungen an sich setzen rassistische Unterscheidungen fort. Die Weigerung jedoch, Verwendung, Gebrauch und Bezug natio-ethno-kultureller Kategorien rassismuskritisch zu reflektieren, ermöglicht die Fortsetzung rassistischer Praxen, tritt ihr nicht entgegen. Dies zumindest ist die Position rassismustheoretischer Ansätze. Die Analyse von Verhältnissen zwischen ethnischen Minderheiten und Majorität allein mithilfe des Kulturbegriffs und ohne Bezug auf die Dimension ungleicher Macht- und Ressourcenverteilungen ist die zentrale Kritik von Konzepten antirassistischer Erziehung an der Interkulturellen Pädagogik (vgl. Kap. 3).

Für den britischen Kontext, in dem Konzepte antirassistischer Erziehung und Kritik eine lange und politisch ebenso einflussreiche wie umstrittene Geschichte haben, beschreibt dies David Gillborn so (1995, S. 6): »Antiracist approaches are commonly contrasted with multicultural strategies, where the latter are criticized for a narrow focus on curriculum content and ›positive images‹ which do not engage with questions of power and racism in interpersonal and institutional contexts [...]).« Aus einer dezidiert antirassistischen Perspektive ist die Kulturfixiertheit des pädagogischen Diskurses bis in die späten 1980er-Jahre hinein als unreflektierte »Verstrickung von Pädagogen [...] in rassistische Diskurse« bezeichnet worden (Attia 1997, S. 259).

Diskrete Diskriminierung

Mit Bezug auf die durch die internationalen Schulleistungsstudien wie PISA, TIMMS oder IGLU angestoßenen Debatten um das schlechtere Abschneiden von Migrationsanderen wird von einigen Autor/innen zurückgewiesen, dass diese Ergebnisse auf Diskriminierungsverhältnisse verweisen würden (etwa Kristen 2006). Systematische absichtliche interpersonelle und unmittelbare Diskriminierungen von Migrationsanderen könnten im Schulsystem kaum statistisch nachgewiesen werden.
Allerdings ist es verkürzt, den Begriff der Diskriminierung auf absichtliche Diskriminierung zu beschränken. Denn direkte Formen persönlicher Diskriminierung sind im postnationalsozialistischen Deutschland durch Tabus erschwert. Ein Verständnis von Diskriminierung, das sie auf Absichtlichkeit reduziert, lenkt von der Bedeutung subtiler, häufig im Rücken der (z. B. schulischen) Akteure wirksamen, von ihnen nicht absichtlich angewandten Diskriminierungsmechanismen ab (Flam 2007), bemäntelt diese und verharmlost damit letztlich die Realität der Diskriminierung.

Über den engeren Fokus auf Rechtsextremismus hinausgehend finden sich im deutschsprachigen Raum in den letzten Jahren zwar etliche Reflexionen und Praxisansätze, die rassismustheoretisch informiert sind (etwa die Beiträge in Scharathow/Leiprecht 2009; Elverich/Kalpaka/Reindlmeier 2009). Dennoch ist ein Fehlen mehr als punktueller empirischer Forschung und theoretisch-konzeptioneller Reflexion zum Themenkomplex Rassismus und Bildung nach wie vor kennzeichnend (diese unbefriedigende Forschungslage ist auch darauf zurückzuführen, dass kaum eine erziehungswissenschaftliche Professur im deutschsprachigen Raum ausdrücklich auf das Themenfeld Rassismus bezogen ist).

Anders sieht es im anglofonen Bereich aus, wo seit den 1980er-Jahren empirische Forschungen zu Rassismus durchgeführt und fundierte antirassistische pädagogische Konzepte entwickelt werden. Beispielhaft sei das Werk von

Philomena Essed, Chris Mullard und H. Essinger (1991) angeführt, die anhand einer theoretischen Analyse von Rassismus und seiner Bedeutung für die Gesellschaft konzeptionelle Konsequenzen für die Praxis antirassistischer Pädagogik entwickeln. Auch im Bereich Schule gibt es eine große Zahl an antirassistischen Konzeptionen und Umsetzungsanstrengungen. So haben an staatlichen Schulen in Großbritannien eingeführte *Codes of Conduct* (Handlungsregeln) sowie die klare Definitionen von Rassismus und von Sanktionen bei rassistischen Handlungen zu einer Verringerung rassistischer Diskriminierung sowohl zwischen Schüler/innen als auch in Interaktionen zwischen Lehrpersonal und Schüler/innen geführt (Dadzie 2000). Im »Toolkit for tackling racism«, einem Umsetzungshandbuch für antirassistische Strategien an Schulen (Dadzie 2000), wird u.a. dargelegt, wie der Ansatz der Rassismuskritik systematisch installiert werden kann in den Bereichen: Schulbild/Schulpolitik, Zusammensetzung der Mitarbeiter/innen, Schulregeln, Interventions-, Verfahrens- und Sanktionsregeln bei rassistischen Übergriffen, Fortbildung der Mitarbeiter/innen und des Leitungspersonals sowie Aufklärung und Prävention von Rassismus, Maßnahmen zum Gelingen eines von Respekt und Anerkennung geprägten Zusammenlebens, gerechtere individuelle Zugangs- und Förderungsmöglichkeiten und gerechtere Beurteilungen und Schulempfehlungen.

Vom antirassistischen zum rassismuskritischen Ansatz

Kritische Anfragen an antirassistische Ansätze

»Wie können pädagogische Konzepte«, fragt Siegfried Jäger zu Beginn des von ihm herausgegebenen Buches »Anti-rassistische Praxen« (1994, S. 5), »die sich den Abbau rassistischer Praxen zum Ziel gesetzt haben, entwickelt und verwirklicht werden?« Antirassistische Arbeit kann als Brücke zu einer weniger rassistischen Gesellschaft gesehen werden. Antirassistische Ansätze suchen somit zu einer Situation beizutragen, in der sie überflüssig geworden sind. Für den deutschsprachigen Kontext ist hier darauf hinzuweisen, dass es einige antirassistische Konzeptionen, aber kaum institutionell verankerte antirassistische oder rassismuskritische Strategien gibt und nur wenige empirische Untersuchungen zur Praxis rassismuskritischen oder rassismusunkritischen Handelns in pädagogischen Handlungsfeldern (Ausnahmen z.B. Scherschel 2006; Weiß 2001).

Für die Diskussion im deutschsprachigen Raum ist es nicht unwichtig, aus Auseinandersetzungen um den »Antirassismus« in anderen europäischen Ländern zu lernen. Seit Ende der 1970er-Jahre stellen in der britischen Diskussion antirassistische Ansätze eine wichtige und einflussreiche Stimme dar. Von Beginn an wurden antirassistische Diskurse und Konzepte antirassistischer Pädagogik allerdings auch kritisiert (Cohen 1994). Drei miteinander zusammenhängende Aspekte der Kritik seien hervorgehoben: Moralismus, Essentialismus und Reduktionismus.

- *Moralismus:* Charakteristisch für den »moralischen Antirassismus« ist zweierlei: »die Annahme eines weißen Rassismus: Rassismus wird als Problem nur der Weißen beschrieben [...]. Darüber hinaus wird die Behauptung vertreten, dass alle Weißen in Rassismus und rassistische Strukturen verstrickt sind« und »eine schwarz/weiße Weltsicht entworfen, in der die Welt in Begriffen von *Schwarz* und *Weiß* definiert und *Schwarze* als machtlose Opfer dargestellt werden« (Gillborn 2000, S. 89). Der Moralismus des Antirassismus ist weiterhin von der Vorstellung beeinflusst, dass es Positionen gebe, die außerhalb des Systems des Rassismus stehen; Standorte, von denen aus Antirassist/innen agieren. »Antirassismus« ist ein politischer Begriff, der seine Kraft aus dem Umstand gewinnt, (vermeintlich) zu wissen, was das »Richtige« und was das »Falsche« ist.
  Der Bereich, gegen den sich der »Antirassismus« wendet, ist ein Bereich außerhalb des Antirassismus. Dieses Denken und diese Praxis führen dazu, dass eine binäre Differenz »der Antirassismus« und »das, wogegen sich der Antirassismus wendet« eingeführt und zudem moralisch qualifiziert wird. Solche Figuren (moralisch qualifizierte binäre Differenz) sind nicht selten in politischen Bewegungen anzutreffen, die über wenige Machtmittel verfügen. Damit Rassismus als gesellschaftlich relevantes allgemeines Problem angesehen wird, ist die Kraft eines moralischen Antirassismus womöglich nicht immer nachteilig. Zugleich muss aber auch darauf hingewiesen werden, dass die politische Bekräftigung um den Preis eines Mangels an kritischer Selbstreflexion erhandelt wird und zudem in einer Unterschiedslogik erfolgt, die strukturelle Momente rassistischen Denkens bekräftigt.
- *Essentialismus:* Die Analyse und Kritik von Herrschaftsverhältnissen ist gefährdet, die benachteiligte und herabgesetzte Gruppe einheitlich als handlungsunfähige Opfer zu konstruieren. Homogenisierung und Viktimisierung sind Fallstricke antirassistischer Arbeit. Komplementär ist der Antirassismus gefährdet, ein »Wesen« derer zu entwerfen, die als rassistisch gelten (»die Weißen«). Es scheint eine Eigenart von *Gegen*-Strategien zu sein, die Logik dessen, wogegen sie sich richten, unbeabsichtigt aufzugreifen und zuweilen zu bestätigen. Das Problem des (frühen) Antirassismus bestand darin, dass er, indem er die Dediskriminierung von Schwarzen forderte und antidiskriminierende Konzepte entwickelte, der Vorstellung zuarbeitete, es gäbe das einheitliche »schwarze Subjekt« (und komplementär: das »weiße Subjekt«). So wichtig die Analyse rassistischer Diskriminierung ist, so problematisch ist aber, dass die eingesetzte Unterscheidung (diskriminierte Schwarze – diskriminierende Weiße) indirekt und zum Teil auch beabsichtigt zu einer Auffassung von Schwarzsein beiträgt, die nicht nur andere gesellschaftlich bedeutsame Differenzlinien (z. B. Klassen- und Geschlech-

Die Kritik an Herrschaftsverhältnissen ist gefährdet, die benachteiligte Gruppe zu viktimisieren

terverhältnisse) übersieht, sondern auch ein homogenisierendes Konzept von Schwarz-Sein befördert, das suggeriert, dass Differenzen innerhalb der marginalisierten Gruppe keine oder nur eine untergeordnete Rolle spielten.

- *Reduktionismus:* Philip Cohen (1994, S. 21) hat reduktionistische Auffassungen von Rassismus beschrieben, die in antirassistischen Kontexten (Kontexten politischer Bildung, pädagogischer Arbeit und in antirassistischen Workshops) implizit oder explizit fortgeschrieben werden. Der Reduktionismus bietet vermeintlich einfache Problem- und Lösungsperspektiven an, die dem Wunsch, etwas verändern zu wollen, vorderhand zu entsprechen scheinen. So wird Rassismus reduziert als »falsches Vorurteil« oder auch eingeschränkt als »Propaganda der herrschenden Klasse« verstanden, deren Ziel es ist, die Einheit der Arbeiterklasse zu untergraben

Schlüsselbegriff: Rassismuskritik

»Rassismuskritik« heißt: zum Thema machen, in welcher Weise, unter welchen Bedingungen und mit welchen Konsequenzen Selbstverständnisse und Handlungsweisen von Individuen, Gruppen, Institutionen und Strukturen durch Rassismen vermittelt sind und Rassismen stärken. Rassismuskritik zielt darauf ab, auf Rassekonstruktionen beruhende beeinträchtigende, disziplinierende und gewaltvolle Unterscheidungen zu untersuchen, zu schwächen und alternative Unterscheidungen deutlich zu machen.
Rassismuskritik kann in einem allgemeinen Sinne als reflexive und unabschließbare, zugleich entschiedene Praxis verstanden werden, die von der Überzeugung getragen wird, dass es sinnvoll ist, nicht in dieser Weise auf rassistische Handlungs-, Erfahrungs- und Denkformen angewiesen zu sein.
Rassismuskritik beinhaltet macht- und selbstreflexive Betrachtungsperspektiven auf Handlungen, Institutionen, Diskurse und Strukturen. Die Option der natio-ethno-kulturellen Differenzierung zwischen Wir und Nicht-Wir, in der das Nicht-Wir mit Bezug auf sein (etwa kulturelles) Wesen als legitim diskriminierbar verstanden und behandelt wird, ist der europäischen Geschichte in unterschiedlichen Weisen eingeschrieben und in institutionellen Strukturen verfestigt. Diese (etwa bildungs) institutionell und alltagsweltlich gegebene Möglichkeit der hegemonialen Unterscheidung kann mithilfe des Rassismusbegriffs untersucht werden. Rassismuskritische Ansätze treten hierbei mit dem Anspruch auf, einen Beitrag zu alternativen, »gerechteren« Verhältnissen zu leisten.
Gesellschaftliche Verhältnisse, die über lange Zeit hinweg von Rassismen beeinflusst sind, können zwar nicht durch singuläre Praxen verändert werden. Das Bestreben, nicht dermaßen dem Ensemble rassistischer Deutungs- und Handlungsschemata unterworfen zu sein, kann gleichwohl lokale Veränderungsprozesse einleiten. Wichtig ist hierbei die kritische Reflexion auf die eigene (im biografischen wie historischen Sinn) Geschichte und Position. Das Bestreben, nicht dermaßen auf Rassismen zurückgreifen zu müssen, bedarf einer Standpunktssensibilität und -reflexivität, die eigene Verstrickungen, Vor- und Nachteile sowie Handlungsmöglichkeiten und Verantwortungsübernahme in einer von Rassismen und anderen Herrschaftsformen strukturell beeinflussten Gesellschaft berücksichtigt.

Theoretiker wie Stuart Hall (1994) wenden sich gegen Perspektiven, die Rassismus allein aus der Logik der ökonomischen Verhältnisse begründen wollen, und weisen auf die kulturelle Verankerung des Rassismus und seinen kulturellen Sinn hin, der nicht allein einem ökonomischen Kalkül folgte.

Ein weiteres Problem des Reduktionismus findet sich in dem Umstand, dass in der britischen Diskussion mit dem Ansatz des »institutionellen Rassismus« ein Generalvorwurf an (Bildungs-)Institutionen verknüpft wurde, der jede Form von (»ethnischer«) Diskriminierung als rassistische Diskriminierung verstand und skandalisierte. Damit wurden nicht nur Möglichkeiten der Analyse von Diskriminierung, sondern auch Möglichkeiten, die »eigentlichen« Mechanismen der Diskriminierung zu thematisieren und zu verändern, partiell vergeben. »[T]he simplistic definition of racism as prejudice plus power, upon which the notion of institutional racism trades, ignores class and gender divisions, and the differential access to power within both the dominant and subordinate groups« (Troyna 1993, S. 11).

Eingedenk des Wissens um die skizzierten Probleme und die paradoxen Effekte antirassistischer Ansätze bietet es sich mit Blick auf pädagogisches Handeln und Deuten an, von rassismuskritischen Perspektiven zu sprechen.

Vor dem Hintergrund der bisherigen Ausführungen sollen nun Handlungsperspektiven so markiert werden, dass grundsätzliche Züge einer rassismuskritischen Perspektive für Bildung und Erziehung deutlich werden. Diese Grundzüge lauten:

- Reflexion und Modifikation bildungsinstitutioneller Prozesse und Strukturen
- rassismuskritische Performanz
- Handeln gegen Rassismus stärken
- Vermittlung von Wissen über Rassismus
- Thematisierung von Zugehörigkeitserfahrungen
- Reflexion rassistischer Zuschreibungsmuster
- Dekonstruktion eindeutiger Unterscheidungen.

Reflexion und Modifikation bildungsinstitutioneller Prozesse und Strukturen: Wenn Bildungsinstitutionen die Bildungsgüter und -zertifikate, die sie zu vergeben haben, unter dem Aspekt »natio-ethno-kultureller Zugehörigkeit« in quantitativer und qualitativer Hinsicht ungleich verteilen, dann stimmt etwas mit den Bildungsinstitutionen und den bildungspolitischen Kontexten nicht. Aus einer rassismuskritischen Perspektive ist es dann sinnvoll und angeraten, die Strukturen und Prozesse von Bildungsinstitutionen, das in ihnen verfestigte institutionelle Wissen, ihre Handlungsroutinen und Selbstverständlichkeiten zum Thema zu machen (vgl. ausführlicher Kap. 6). Unter einer rassismuskritischen Perspektive wird somit die Aufgabe der Bildungsinstitutionen in den Vordergrund gerückt, Veränderungen ihrer organisatorischen, didaktischen und curricularen Struktur in Angriff zu nehmen, die die ungleiche Verteilung des Gutes Bildung unter natio-ethno-kultureller Hinsicht reduzieren. Hierzu bedarf es sowohl solcher Strategien, die sich gegen Diskriminierung durch Gleichbehandlung, als auch Strategien, die sich gegen Diskriminierung durch Ungleichbehandlung wenden (vgl. Kap. 6).

Bezugnehmend auf englische Antidiskriminierungspolitik unterstreicht Mechthild Gomolla (2005) das Erfordernis von Controlling- und Monitoringsystemen als standardisierten Instrumenten, um systematische Ungleichheit zu erfassen und zu verändern. Dies sei notwendiger Bestandteil einer diskriminierungs-, ungleichheits- und rassismussensiblen langfristigen pädagogischen Entwicklungsarbeit. Im Kontext konkreter Strategien der Organisationsentwicklung kann ein System des »Monitorings« eine systematische Auseinandersetzung mit Formen organisatorischen Handelns ermöglichen und einen wesentlichen Impuls zur Identifikation nicht nur von durch Bildungsinstitutionen produzierter Ungleichheit beitragen, sondern auch Aufschluss geben über ihre institutionellen Bedingungen. Allerdings ist die Wahrscheinlichkeit eines produktiven Ergebnisses des Einsatzes von Monitoringsystemen reduziert, wenn sie bloß im Sinne eines »Output-Managements« eingesetzt werden, um im Wettbewerb mit anderen Bildungsinstitutionen bessere Werte zu erzielen.

Ein System des »Monitorings« kann eine systematische Auseinandersetzung mit diskriminierenden Formen organisatorischen Handelns ermöglichen

Rassismuskritische Performanz: Die antirassistische Selbstdarstellung von Jugendzentren und Schulen, aber auch das symbolische Engagement von Pädagog/innen gegen Rassismus sind Bestandteile einer rassismuskritischen Pädagogik. Wenn auch antirassistische Selbstdarstellung zuweilen die Funktion von Lippenbekenntnissen hat und »political correctness« eine Perspektive darstellt, die als alleiniger Ansatz kontraproduktiv ist, muss solchen Darstellungsformen doch zugutegehalten werden, dass mit ihnen eine gewisse Art von Schutz für die von Rassismus potenziell Betroffenen vor bestimmten Formen rassistischer Degradierung und Beschämung einhergeht und auch Auseinandersetzungen angeregt werden können.

Handeln gegen Rassismus stärken: Lena Dittmer (2008) hat in einer Studie zur nicht rassistischen Bildungsarbeit in Gewerkschaftsseminaren aufgezeigt, dass mit rassismuskritischem Material ausgebildete »Teamer« in Seminaren zu rassistischen Äußerungen der Teilnehmenden schweigen und es ihnen nicht gelingt, Rassismus als Querschnittsthema in gesellschaftlichen und betrieblichen Debatten einzubringen. Die Stärkung der Bereitschaft, rassistische Vorkommnisse und Routinen zu benennen und gegen sie vorzugehen, stellt vor diesem Hintergrund ein wichtiges Moment rassismuskritischer Ansätze dar (z. B. Einübung von Zivilcourage etwa mit Mitteln des Forum-Theaters nach Augusto Boal; Thematisierung von Ängsten, Widersprüchen und Scheu). Um gegen

Rassismus vorzugehen, bedarf es hierbei Analysekategorien, ob eine Handlung, eine Struktur oder eine institutionelle Handlungspraxis als rassistisch einzuordnen ist oder eher nicht. Ein Vorgehen, um Situationen in Bezug auf rassistisch diskriminierende Unterdrückungsaspekte zu untersuchen, hat Philomena Essed vor dem Hintergrund von Interviewstudien entwickelt (Essed 1991, S. 133).

»Schule ohne Rassismus«

»Wir sind ein Projekt von und für SchülerInnen. Es bietet Kindern und Jugendlichen die Möglichkeit, das Klima an ihrer Schule aktiv mitzugestalten, indem sie sich bewusst gegen jede Form von Diskriminierung, Mobbing und Gewalt wenden. Wir sind das größte Schulnetzwerk in Deutschland. Ihm gehören über 600 Schulen an, die von rund 400 000 SchülerInnen besucht werden (Stand: Juli 2009).
Wer sich zu den Zielen einer Schule ohne Rassismus – Schule mit Courage bekennt, unterschreibt folgende Selbstverpflichtung:
Ich werde mich dafür einsetzen, dass es zu einer zentralen Aufgabe einer Schule wird, nachhaltige und langfristige Projekte, Aktivitäten und Initiativen zu entwickeln, um Diskriminierungen, insbesondere Rassismus, zu überwinden.
Wenn an meiner Schule Gewalt, diskriminierende Äußerungen oder Handlungen ausgeübt werden, wende ich mich dagegen und setze mich dafür ein, dass wir in einer offenen Auseinandersetzung mit diesem Problem gemeinsam Wege finden, zukünftig einander zu achten.
Ich setze mich dafür ein, dass an meiner Schule ein Mal pro Jahr ein Projekt zum Thema Diskriminierungen durchgeführt wird, um langfristig gegen jegliche Form von Diskriminierung, insbesondere Rassismus, vorzugehen« (aus: http://www.schule-ohne-rassismus.org/faq.html).

Vermittlung von Wissen über Rassismus: Auch wenn das Wissen z.B. über die koloniale Vergangenheit Europas und die Subtilität des Alltagsrassimus nicht von selbst und automatisch eine Zunahme rassismuskritischer Auffassungen und Praktiken zur Folge hat, ist die kognitive Dimension in schulischer wie außerschulischer Bildung eine bedeutsame rassismuskritische Perspektive. Neben dem allgemeinen rassismustheoretischen Wissen (etwa in Form der Kritik an der Fremdenfeindlichkeitsrhetorik) und der Kenntnis der Ergebnisse der empirischen Rassismusforschung geht es hier auch immer um geschichtliches Wissen. Die Beschäftigung mit dem Antisemitismus in Deutschland, die Auseinandersetzung mit dem Nationalsozialismus und der Schoah, die Thematisierung des Kolonialismus des 19./20. Jahrhunderts, der bis heute nachwirkt, gerade auch in pädagogischen Kontexten, in der Sprache, aber auch die Vermittlung von Kenntnissen »lokaler Rassismen« (und Antirassismen) bezogen auf ein Stadtviertel, einen Betrieb oder einer Schule sind hier bedeutsam.

Auch die Auseinandersetzung mit ausgrenzender Gesetzgebung und den Aufenthaltstiteln für Menschen, die keinen deutschen Pass bzw. formell nicht als Angehörige der EU gelten (in Deutschland sind EU-Bürger/innen in fast allen Bereichen Personen mit deutschem Pass gleichgestellt) sind hier von Bedeutung. Im Bereich der Gesetzgebung verstößt die Residenzpflicht für Flüchtlinge im Asylverfahren oder Personen, die eine Duldung erhalten, gegen das Menschenrecht auf Bewegungsfreiheit. Jugendliche, die im Status der Duldung in Deutschland leben, sind weitgehend von formeller Bildung ausgeschlossen. Die medizinische und die materielle Versorgung nach dem Asylbewerberleistungsgesetz sind niedriger als die gesetzlichen Mindeststandards für deutsche Staatsbürger/innen.

Auf einer abstrakteren Ebene wird es unter einer rassismuskritischen Perspektive um zweierlei gehen: um die Vermittlung von Wissen über kulturelle, gesetzliche und organisatorische Unterscheidungen, die auf Rassekonstruktionen und nationalstaatliche Regelungen zurückgehen oder Rassekonstruktionen stärken, sowie um eine Vermittlung von Wissen, das die Partikularität und Kontingenz von kollektiven (wie z. B. nationalen/staatsbürgerlichen) Einheiten und Lebensformen in den Vordergrund rückt.

Die Thematisierung von Diskriminierungserfahrungen bedarf der Beschäftigung mit der Struktur des Raumes, in dem die Thematisierung stattfindet

Thematisierung von Zugehörigkeitserfahrungen: Rassismuskritische Perspektiven beziehen sich nicht allein auf abstrakte Gegenstände, sondern beschäftigen sich als pädagogische Ansätze immer auch mit konkreten Erfahrungen, Selbst- und Fremdwahrnehmungsmustern und eigenen Zugehörigkeitskonzepten.

Die Thematisierung von Zugehörigkeitserfahrungen unter der Perspektive Rassismus ist immer gefährdet, Dominanz zu reproduzieren. Insofern bedarf es gerade im Hinblick auf die Frage, wie Rassismuserfahrungen artikuliert und thematisiert werden können, einer genauen Beschäftigung mit der Struktur der Räume, in denen Rassismuserfahrungen thematisiert und kommuniziert werden (etwa Kalpaka 2009a). Hier können kommunikative Handlungsmaximen und kommunikative Beziehungsmaximen der professionellen Auseinandersetzung mit Rassismuserfahrungen unterschieden werden: Die Ermöglichung der Auseinandersetzung mit Rassismuserfahrungen, die Ermöglichung der Wahrnehmung der rassistisch durchsetzten Lebenswelt und die Ermöglichung einer differenzierten Wahrnehmung von Rassismuserfahrungen stellen Handlungsmaximen dar. Anerkenntnis und Nichtbanalisierung der Rassismuserfahrungen des Gegenübers, Sensibilität für die Affektgeladenheit des Themas »Rassismus« und das Eingestehen möglicher Verstehensklüfte stellen kommunikative Beziehungsmaximen dar (Mecheril 2005).

Reflexion der Zuschreibungsmuster: Ansätze, die Moralisierung zu vermeiden suchen, gehen davon aus, dass es für eine rassismuskritische Perspektive angemessen ist, solche Zuschreibungen von »Anderssein« und »Fremdheit«, die an rassistische Unterscheidungen anschließen, (gemeinsam) zu reflektieren und über Selbstdefinitionen nachzudenken, die für rassistisch diskreditierbare Personen angemessen sind.

Prinzipiell können drei Ebenen der rassismuskritischen Reflexion in pädagogischen Zusammenhängen unterschieden werden: die strukturelle und institutionsbezogene Reflexion (etwa als »ethnic monitoring«; vgl. Kap. 6), die

Reflexion auf der Ebene des professionellen Handelns und des Habitus der einzelnen Professionellen und schließlich die Reflexion, die sich auf die Lebenswirklichkeit und das Handeln derer bezieht, die schulische oder außerschulische Einrichtungen in Anspruch nehmen.

Dekonstruktive Lesarten: Der Kern rassistischen Denkens besteht, in der letztlich simplen Figur der herabwürdigenden und benachteiligenden Unterscheidung zwischen einem natio-ethno-kulturellen »Wir« und »Nicht-Wir«. Diese Unterscheidung wird durch ein komplexes, diachron und synchron verzweigtes System gesellschaftlicher Praktiken aufrechterhalten, die über Gesetzgebungen zu Mediendarstellungen und individuellen Habitualisierungen reichen. Würde die rassismuskritische Perspektive lediglich für die Umverteilung von materiellen und symbolischen Gütern plädieren, die einen Ausgleich im Sinn von Gleichbehandlung schafft zwischen denen, denen unterschiedliche Positionen im rassistischen System zukommen, bliebe die dem Rassismus zugrunde liegende binäre Logik nicht nur unangetastet, sie würde auch bestätigt und gefestigt werden. Das antirassistische Engagement etwa für die Anerkennung der durch Rassismus unterdrückten »schwarzen Identität« kann als Beitrag zur Festigung des Dualismus zwischen »Schwarz« und »Weiß« gelesen werden, die dem Rassismus zugrunde liegt.

Die Interpretationsperspektive, das Lesen, das dazu beiträgt, Texte und Begriffe auf die sie ermöglichenden binären Schemata und ausschließenden Dualismen zu betrachten, wird »Dekonstruktion« genannt. Der Begriff der Dekonstruktion geht auf den französischen Philosophen Jacques Derrida zurück. Dekonstruktion ist hierbei nicht als eine allgemeine Methode der Auslegung zu verstehen, sondern als kontextuelles Lesen und Deuten, das binäre Oppositionen freilegen will, um der Veränderlichkeit von Bedeutungen Rechnung zu tragen. In Abgrenzung von einer Lesart, die Identitäten (der »Migrant/innen«, der »Türk/innen«, der »Deutschen«) als klar voneinander unterscheidbare Phänomene in Erscheinung treten lässt, macht die dekonstruktive Lektüre die paradoxe Einheit dieser Unterscheidungen deutlich Hierbei kann das dekonstruktive Lesen als eines verstanden werden, das mit binären Oppositionen einhergehende Wertungen und Ausschlüsse deutlich zu machen und dadurch zu unterhöhlen sucht. Sichtbarmachung von durch Oppositionsbildungen ausgeschlossenen Positionen, Destabilisierung dominanter oder vereinheitlichender Deutungen wie auch Hervorhebung der Heterogenität von Identitäten kennzeichnen dekonstruktive Strategien (vgl. Kap. 8).

Einige Aspekte zum Allgemeinen Gleichbehandlungsgesetz und praktisch-beraterischen Herausforderungen zu diesem Gesetz finden Sie in dem ergänzenden Text im Internet unter: www.beltz.de/Material Kennwort: 34205

Eine konsequente rassismuskritische Perspektive wird für eine »Lektüre« sozialer Verhältnisse eintreten, die solche Phänomene (an)erkennt, die nicht ohne Weiteres vom binären Schema erfasst und insofern von ihm ausgeschlossen werden. Praktische Anerkennung von Mehrfachzugehörigkeit und Hybridität ist mithin ein bedeutsames Moment (vgl. Kap. 8). Denn nichts *widerspricht* dem Rassismus so sehr wie die Mischung.

Weiterführende Literatur

Elverich, G./Kalpaka, A./Reindlmeier, K. (Hrsg.) (2009): Spurensicherung. Reflexion von Bildungsarbeit in der Einwanderungsgesellschaft. Münster: Unrast.
In diesem Buch findet sich eine intensive und differenzierte, gleichermaßen theoretisch wie handlungsbezogen reflektierte Auseinandersetzung mit Möglichkeiten der Thematisierung von Zugehörigkeiten und Rassismuserfahrungen.

Scharathow, W./Leiprecht, R. (Hrsg.) (2009): Rassismuskritik Band 2: Rassismuskritische Bildungsarbeit. Schwalbach/Ts.: Wochenschau.
In diesem Sammelband finden sich rassismuskritische Reflexionen von Praxiserfahrungen und Handlungsansätzen. Der Band gibt einen unterschiedliche pädagogische Handlungsfelder umfassenden Überblick über den Stand rassismuskritischer Reflexion im deutschsprachigen Raum.

Folgende Fragen können Ihnen helfen, Ihr Verständnis der Ausführungen in diesem Kapitel zu präzisieren:

- Wodurch wird das Sprechen über Rassismus in Deutschland erschwert?
- Was bedeutet »Rassekonstruktion«?
- Was ist damit gemeint, dass Rassismus eine moderne Praxis darstellt?
- Was sind Ihres Erachtens die wichtigsten Leitlinien rassismuskritischer Pädagogik? Begründen Sie Ihre Position.

8. Anerkennung und Befragung von Zugehörigkeitsverhältnissen. Umriss einer migrationspädagogischen Orientierung

Einführung

Die Frage, welche normativen Orientierungen eine Pädagogik auszeichnen, die migrationsgesellschaftlichen Verhältnissen entspricht, wird in den letzten Jahren mehr und mehr mit Bezug auf den Topos der Anerkennung beantwortet. Im Folgenden wird der Grundsatz der Anerkennung erläutert, um ihn einerseits zu würdigen und andererseits im Hinblick auf die mit diesem Grundsatz verknüpften Ausschließungen und problematischen Nebenfolgen zu reflektieren. Dies führt zu einer dekonstruktiven normativen Perspektive auf Bildung in der Migrationsgesellschaft und zu Überlegungen pädagogischer Reflexivität.

8.1 Die normative Dimension der »Migration«

Welche normativen Konsequenzen folgen dem Umstand, dass »Migration« ein zentrales Moment gesellschaftlicher Realität und Dynamik ist? Seit etwa den 1980er-Jahren gehört diese Frage im deutschsprachigen Raum zu den intensiv in Medien, Politik und Alltagswelten debattierten Themen. Auch vor 1980 waren Wanderungsbewegungen für gesellschaftliche Prozesse von großer Bedeutung und in bestimmten, wie ihr Objektbereich eher marginalisierten, wissenschaftlichen und politischen Feldern (z.B. »Ausländersoziologie« oder »Ausländerpädagogik«) auch Gegenstand der Auseinandersetzungen.

Der intensive wissenschaftliche und allgemeine Diskurs zu Themen und Topoi wie »Ausländer«, »Fremde«, »Migration«, »Integration«, »unsere ausländischen Mitbürger/innen« setzt jedoch etwa mit den 1980er-Jahren ein. Er war von Beginn an ein Diskurs, der mit Fragen von Erziehung und Bildung befasst und nicht unmaßgeblich auch von Pädagog/innen mitgestaltet wurde.

Die Beschäftigung mit dem Themenfeld Bildung und Migrationsgesellschaft weist hierbei neben der analytischen immer auch eine regulative Dimension auf. Erziehungs- und sozialwissenschaftliche Ergebnisse und Modelle, die auf Aspekte der Migrationsgesellschaft bezogen sind, sind nicht allein auf der analytisch-deskriptiven Ebene bedeutsam und werden nicht allein in dieser Hinsicht rezipiert, sondern weisen immer auch normativ-präskriptive Momente auf. Da Migration ein gesamtgesellschaftlich bedeutsames und umkämpftes Thema ist, werden die Beiträge der Migrationsforschung (potenziell) von einer politischen Öffentlichkeit aufgegriffen, diskutiert und verwertet; zum Teil beteiligt sich die Migrationsforschung auch explizit an öffentlichen Debatten, ist als Politikberatung tätig und formuliert bildungspolitische Positionen. Dies gilt in einem besonderen Sinn für den erziehungswissenschaftlichen Diskurs, da die sogenannte Interkulturelle Pädagogik sich als Disziplin versteht, die Konzepte im pädagogischen Alltag zur Anwendung bringen will (Gogolin/Krüger-Potratz 2006, S. 12 f.).

Im Rahmen der jüngeren Geschichte des Migrationsdiskurses in Deutschland wurde und wird eine Reihe normativer und regulativer Überlegungen formuliert und debattiert. In diesen Vorschlägen »geht es um etwas«. Die Tragweite und Bedeutung entsprechender Vorschläge können wir uns daran bewusst machen, dass das Thema »Migration« nicht allein nach gewissermaßen technischen Fragen der Regulierung »der menschlichen Menge« verlangt, sondern eine Problematisierung von symbolischen Grenzen einer grundsätzlichen Zugehörigkeitsordnung darstellt. Auf dieser grundlegenden symbolischen Ebene gesellschaftlichen Selbstverständnisses geht es nicht nur um die politische Frage, wie wir *leben* möchten, sondern, fundamentaler noch, um die Frage, wer *wir* sind, wer also das legitime politische Subjekt ist, wer dem imaginären »Wir« zugehören kann, darf und soll und wer nicht. Migrationsphänomene thematisieren eine entscheidende Grenze, die zwischen einem (imaginären) Innen und einem (imaginären) Außen unterscheidet (vgl. Kap. 2). Die regulativ-normativen Perspektiven, die im Diskursfeld Bildung und Migrationsgesellschaft relevant sind, betreffen somit die Frage gesellschaftlicher Wirklichkeit und sind bezogen auf den Bildungsanspruch, der (in) dieser Gesellschaft angemessen ist.

Die normativen Grundlagen des Bildungssystems und auch der Thematisierung von Bildung unter migrationswissenschaftlicher Perspektive sind zunächst dem Grundsatz der Gleichheit verpflichtet. Die öffentlichen Einrichtungen von Bildung und Erziehung müssen dem Prinzip nach jedem und jeder zugänglich sein. Niemand darf beispielsweise aufgrund seiner oder ihrer kulturellen oder religiösen Zugehörigkeit, dem sozialen Geschlecht oder ethnischer Zugehörigkeit von öffentlicher Bildung und Erziehung ausgeschlossen sein. Demokratische Bildung ist dem Prinzip der Gleichbehandlung verpflichtet.

Eine der zentralen Anforderungen an das schulische Bildungssystem besteht darin, den von Schüler/innen eingebrachten Besonderheiten zu entsprechen

Weil nun aber strikte Gleichbehandlung bei gegebenen Unterschieden und ungleichen Startbedingungen Benachteiligungen erzeugt, fortschreibt und bestätigt, besteht eine der zentralen Anforderungen beispielsweise an das schulische Bildungssystem darin, den von Schüler/innen eingebrachten Besonderheiten zu entsprechen. »Anerkennung von Differenz« ist das Schlagwort, mit dem (Bildungs-)Gerechtigkeit aufgrund der Berücksichtigung unterschiedlicher Voraussetzungen der Schüler/innen insbesondere in jenen pädagogischen Feldern gefordert und konzeptualisiert wird, für die »Differenz« zentrale Bezugsgröße ist, also zum Beispiel in der Interkulturellen Pädagogik (vgl. Kap. 3). Die Konjunktur von pädagogischen Anerkennungsforderungen ist unmittelbar mit Phänomenen der Differenz verknüpft (z. B. Stojanov 2006). Die Interkulturelle Pädagogik beruft sich auf Anerkennungsansätze, denn das Prinzip der Anerkennung »soll der Bedeutsamkeit kultureller Bezüge für die Identitätsentwürfe der Individuen Rechnung tragen« (Auernheimer 2001, S. 10).

8.2 Der Anerkennungsgedanke

Anerkennung ist zu einem analytischen und politischen Schlüsselbegriff der Gegenwart vielfältig von Differenzlinien durchzogener (post)moderner Gesellschaften geworden. Der Begriff markiert die normativen Grundlagen der politischen Ansprüche auf Teilhabe und Selbstbestimmung, die zwar als universelle Ansprüche verstanden, zumeist aber infolge strukturellen Mangels und Nachteilen von Minderheitengruppen formuliert werden. Die Frauenbewegung, das Einfordern von Rechten für Schwule und Lesben und das Ringen um Anerkennung seitens ethnisch-kultureller Minderheiten sind hier bekannte Beispiele.

Die Auseinandersetzung mit Möglichkeiten und Grenzen der Anerkennung von Differenz ist eine Frage, die soziale Zusammenhänge der Gegenwart in besonderer Weise kennzeichnet

Die Auseinandersetzung mit Möglichkeiten und Grenzen der Anerkennung von Differenz ist eine Frage, die soziale Zusammenhänge der Gegenwart – Nationalstaaten wie transnationale Zusammenhänge, Regionen wie Stadtviertel, Schulen wie Jugendzentren – in besonderer Weise kennzeichnet. Sowohl Prozesse der Vervielfältigung von Identitäten, Lebensformen, Sprachen und Werthaltungen als auch die Artikulation vielfaltiger Missachtungserfahrungen, Erfahrungen der Herabwürdigung, Benachteiligung und Unterdrückung sowie die Gerechtigkeitsansprüche, die mit Bezug auf Identitätsformen und vor dem Hintergrund von Missachtungserfahrungen formuliert werden, problematisieren institutionelle »Normalität« – nicht zuletzt in pädagogischen Zusammenhängen.

»Anerkennung«, so beispielsweise Axel Honneths (1994) an Hegel orientierte Idee, ist die Voraussetzung des intersubjektiv sinnvollen Handelns Einzelner, in denen sie sich in Verhältnissen des Selbstvertrauens, der Selbstachtung und der Selbstschätzung erfahren. Liebe, Recht und Solidarität, die Ebene physischer und sozialer Integrität sowie die Ebene der Würde, sind nach Honneth jene Anerkennungsverhältnisse, in denen sich Einzelne in befriedigenden und erfüllenden Selbstverhältnissen erfahren können. Gesellschaftliche Solidarität versteht Honneth als jenes soziale Anerkennungsverhältnis, in dem jedes Gesellschaftsmitglied in die Lage versetzt wird, sich selbst in dem Sinne wertzuschätzen, dass es seine Fähigkeiten und Leistungen als bedeutsame erfährt.

Den drei Anerkennungsdimensionen Liebe, Recht und Solidarität korrespondieren drei grundlegende Formen von Missachtung. Misshandlung und Vergewaltigung bedrohen die physische Integrität des und der Einzelnen, Entrechtung und Ausschließung die soziale Integrität, Entwürdigung und Beleidigung schließlich die individuelle Würde. Missachtung verletzt und verhindert Verhältnisse des Vertrauens, der Achtung und der Schätzung, die grundlegend dafür sind, dass Individuen sich als Subjekte verstehen und erfahren. Bildung und Selbstbildung kann unter diesen Voraussetzungen kaum stattfinden, womit die nicht allein auf die pädagogische Situation zu beschränkende Anerkennung des Gegenübers den Raum gestaltet, in dem Bildungsprozesse stattfinden können.

Ein Widerhall des Anerkennungsgedankens findet sich in pädagogischen Debatten und Diskursen. Hierbei wird im erziehungswissenschaftlichen Diskurs Anerkennung zunächst an den disziplinären Orten zu einer rhetorischen Formel und einer konzeptuellen Orientierungsgröße, die mit Differenz beschäftigt sind: der Interkulturellen Pädagogik, der geschlechtersensiblen Pädagogik und der Integrativen Pädagogik.

Mit Bezug auf kulturelle Differenz und Bildung schreibt Georg Auernheimer (2001, S. 45): »Das Programm einer interkulturellen Bildung lässt sich auf zwei Grundprinzipien gründen: auf den Gleichheitsgrundsatz und den Grundsatz der Anerkennung anderer Identitätsentwürfe.«

Der Gleichheitsgrundsatz ist Basis der Programmatik demokratischer Bildungssysteme

Der Gleichheitsgrundsatz ist Basis nicht nur der Programmatik des demokratischen Staates, sondern auch der Programmatik seines Bildungswesens. Er allein aber kann aus einer Perspektive nicht zufriedenstellen, die nicht nur von der Gegebenheit der Differenzen und der Vielheit habitueller Disponiertheiten (vgl. Kap. 6) ausgeht, sondern diese Pluralität dem Grundsatz nach auch bejaht. Denn die Beschränkung auf Gleichheit tendiert zu einer Benachteiligung durch Gleichbehandlung. »Gerechtigkeit«, so Anerkennungsansätze, muss an eine über die schlichte Gleichbehandlung hinausgehende Achtsamkeit für Unterschiede und die Pluralität der »Identitätsentwürfe« geknüpft sein. Ansonsten würden jene benachteiligt, die nicht den Habitus aufweisen, auf den, weil er der dominante ist, Bildungsinstitutionen in ihren Normalitätskonstruktionen bezogen sind. Anerkennung gilt differenzsensiblen Pädagogiken als eine ihrer Grundprinzipien, solche Pädagogiken, etwa Varianten der Interkulturellen Pädagogik, berufen sich auf den Anerkennungsgedanken; zwei Beispiele:

»Für Handlungen im Kontext der Interkulturellen Pädagogik«, führt Doron Kiesel aus (1996, S. 220), »bildet die moralische Anerkennung des anderen als Mitglied der Gruppe, die eine andere kulturelle Lebensform vertritt, den zentralen Aspekt, da sie Interaktionen zwischen sprach- und handlungsfähigen Angehörigen ethnisch-kultureller Gemeinschaft zu regeln vermag.«

»*Das* gesellschaftlich wertvolle Gut, das Schulen und andere pädagogische Einrichtungen aus eigener Machtbefugnis und eigenen Ressourcen zu verteilen haben«, schreibt Annedore Prengel (1995, S. 61), »heißt ›intersubjektive Anerkennung‹ jeder einzelnen Person in ihrer je einmaligen Lebenslage.«

Partizipation, so die Einsicht an Anerkennung orientierter Ansätze, kann nicht auf das Recht der Teilhabe an einer in den Bildungsinstitutionen repräsentierten dominanten Kultur beschränkt werden. Vielmehr muss das Beharren darauf, dass die dominante Lebensform einen Vorrang habe, selbst zum Gegenstand der Kritik werden. Diese normative und zugleich empirische Einsicht muss auch gegen wieder erstarkte Positionen eingewandt werden, die behaupten, dass die Assimilation und Angleichung Migrationsanderer alternativlos seien, da soziale Statuspositionen und nationalgesellschaftliche Teilhabewege an ökonomisch-strukturelle, sozial-kulturelle und schließlich identifikative Angleichungsleistungen der Migrantinnen und Migranten geknüpft seien. Diese Position wird als »Neo-Assimilationismus« bezeichnet (kritisch die Beiträge in Otto/Schrödter 2006).

Der Begriff Assimilation führt im deutschsprachigen Kontext die Konnotation der »Germanisierung« mit sich: »In Germany [...] the word ›assimilation‹ has been [...] strongly ›contaminated‹ and disqualified by its association with forcible Germanization« (Brubaker 2001, S. 533). Brubaker geht es nicht um eine Position, die eine Germanisierung von »Anderen« für notwendig oder sinnvoll erachtet. Aufgrund der *diskursiven Nähe* des Begriffs Assimilation zu einer gewaltvollen Form des Angepasstwerdens ist es mindestens im deutschsprachigen Raum sinnvoll, auf den Ausdruck Assimilation zu verzichten bzw. ihn, wie dies beispielsweise Friedrich Heckmann (1992, S. 169) tut, nur im klassischen Sinne für Phänomene der »völligen Angleichung« zu verwenden. Der regulativ-normative Ansatz der »völligen Angleichung« ist aber aus empirischen wie normativen Überlegungen keine überzeugende Perspektive; d.h. »Assimilation« ist keine überzeugende normative perspektive. Nur ein Aspekt sei hier angeführt: In der rassistisch unterscheidenden Struktur der Migrationsgesellschaft (vgl. Kap. 7) wird Angleichung von jenen gefordert, die habituell-physiognomisch nicht gleich werden können. Das heißt also, dass Positionen, die die völlige Angleichung Anderer direkt fordern oder für unabdingbar halten und dadurch indirekt präferieren, verkennen, dass diese völlige Angleichung illusionär ist (Mecheril 2006).

Auch vor diesem Hintergrund kann es nicht um die Forderung nach »völliger Angleichung« und damit den Versuch, Differenzen durch Konservierung der normierenden Ausrichtung der Bildungsinstitutionen zu zersetzen, gehen. Es geht vielmehr darum, eine Veränderung des Bildungssystems auf den Weg zu bringen, die unterschiedliche Lebensformen anspricht und ihnen entspricht. Pädagogischen Überlegungen, die in diese Richtung gehen, liegt implizit oder explizit der Gedanke der Anerkennung zugrunde.

Anerkennung zielt auf Verhältnisse, in denen der Status des je Anderen als handlungsfähiges Subjekt ernst genommen wird

Allgemein zielt Anerkennung auf Verhältnisse, in denen der Status des je Anderen als handlungsfähiges Subjekt ernst genommen wird. Es geht damit um die Frage, wie es Individuen möglich ist, sich in affirmative und transformative Welt- und Selbstverhältnisse zu begeben (Stojanov 2006). Anerkennungsansätze plädieren für eine Regelung pädagogischer Angelegenheiten, die die Handlungsfähigkeit Einzelner fördert und ermöglicht. Dies macht Strukturen erforderlich, in denen Einzelne ihren basalen Handlungsdispositionen entsprechende Bedingungen der Bildungs- und Handlungsmöglichkeiten vorfinden.

Handlungsfähigkeit beschränkt sich im Rahmen eines Anerkennungsansatzes also nicht auf die schlichte Zubilligung, gleichberechtigt an öffentlichen Gütern partizipieren zu dürfen. Handlungsfähigkeit wird hier vielmehr verstanden als *responsives und konsonantes Verhältnis* (vgl. Kap. 6) zwischen Bildungs-/Handlungssubjekt und Bildungs-/Handlungsraum. Es reicht nicht aus, teilhaben zu dürfen, die Frage ist auch, *woran* und unter welchen Voraussetzungen. Erst wenn Individuen die spezifischen, nur im Rahmen ihrer je besonderen Lebensumstände, ihrer Geschichte und Biografie verstehbaren Dispositionen und Vermögen nicht ausblenden müssen, ist in einem anerkennungstheoretischen Sinne ein angemessener Handlungs- und Bildungsrahmen geschaffen.

Der normative Gehalt des Subjektbegriffs weist darauf hin, dass das Individuum (in seinem Status als Subjekt) sich in unterschiedlichen Sphären der intersubjektiven und sozialen Realität selbst entfalten und darstellen kann. Die Anerkennung als Subjekt ist nicht allein darauf bezogen, individuellen Selbstbeschreibungen zu folgen, sondern zielt vor allem darauf, Strukturen zu ermöglichen, in denen Handeln, Empfinden und Urteilen, die Darstellung und Beteiligung des und der Einzelnen in politischen und intersubjektiven Zusammenhängen sinnvoll werden, sich bewähren und entwickeln können. Menschen kommt idealerweise der volle Status als Subjekt zu, wenn sie im Rahmen ihrer je relevanten sozialräumlichen Verortung als politisch, sozial und individuell handlungsfähiges Subjekt an-erkannt werden und sich selbst als Subjekte identifizieren und achten.

Die Handlungsfähigkeit als Subjekt ist auch an die Achtung der individuellen kulturellen Eingebundenheit geknüpft

Wichtig und zentral bezogen auf die Relevanz des Anerkennungsgedankens für pädagogisches Handeln, das sich auf kulturelle Differenz bezieht, ist nun, dass die Handlungsfähigkeit als Subjekt unter der Perspektive der Anerkennungstheorie an die Achtung der kulturellen Eingebundenheit des Einzelnen geknüpft ist. Erst wenn der intersubjektive Rahmen, in dem das Individuum das praktische Verständnis seiner selbst erworben hat, anerkannt wird, ist eine zentrale Bedingung von Handlungsfähigkeit erfüllt. In der für die Multikulturalismusdebatte wegweisenden Auseinandersetzung zwischen Charles Taylor und Jürgen Habermas (1993) hat Habermas herausgestellt, dass die sozial-kulturelle Anerkennung hierbei nicht als eine Art »ethnischer Artenschutz« missverstanden werden darf. Es geht nicht um eine Anerkennung, die »Kulturen« um ihrer selbst willen respektiert und zu erhalten trachtet. Vielmehr ist kulturelle Anerkennung deshalb sinnvoll und nur deshalb begründbar, da und insofern die Anerkennung von kulturellen Gemeinschaften und Gruppen den Rahmen ermöglicht, in dem sich die Gruppenmitglieder als je charakteristische soziale Wesen verstehen und kultivieren können. Der rechtfertigbare Sinn der Anerkennung natio-ethno-kultureller Lebensformen, findet sich somit darin, dass sie den Handlungs-, Erfahrungs- und Selbstgestaltungskontext ausbilden, in dem Individuen sich selbst als die, die sie zu sein meinen, darstellen können.

»National-kulturelle« Einengungen von Bildungseinrichtungen stellen Momente von Missachtung dar

Die sozialtheoretische Einsicht, dass der Subjektstatus der Einzelnen an die Anerkennung des kulturellen Rahmens geknüpft ist, in dem sie ihr grundlegendes Selbstverständnis, ihre basalen Handlungskompetenzen und normativen Disponiertheiten, ihre Sprache und Empfindsamkeiten gewonnen und entwickelt haben, stellt eine der grundlegenden Referenzen Interkultureller Pädagogik dar. Aus dieser Einsicht folgt, die »national-kulturelle« Einengungen von Bildungseinrichtungen in einer sprachlich und kulturell pluralen Gesellschaft als Momente der Missachtung zu verstehen. Disponiertheit-Kontext-Dissonanzen, wie sie mit Bezug auf die Institution Schule in Kapitel 6 erläutert wurden, kommen also unter einer anerkennungstheoretischen Perspektive als Restriktionen in den Blick, da sie bei ethnisch-kulturellen »Minderheitenangehörigen« aufgrund der Missachtung ihrer kulturellen Einbindungen die Entwicklung von Handlungsfähigkeit und Subjektstatus verhindern, zumindest erschweren.

Der Anerkennungsgedanke führt jedoch zu ethnisierenden und kulturalisierenden Konsequenzen, wenn er vorrangig als Bewahrung und Konservierung von kollektiven Identitäten verstanden wird. Vor diesem Hintergrund richtet beispielsweise Krassimir Stojanov (2006) in seinen bildungstheoretischen Überlegungen das Verhältnis von Anerkennung und Bildung an den Leitlinien individueller Autonomie und sozialer Partizipation aus.

Wenn ein Ziel (migrations)pädagogischen Handelns darin besteht, einen Beitrag zur (migrations)gesellschaftlichen Handlungsfähigkeit Einzelner (Migrationsanderer wie Nicht-Migrationsanderer) zu leisten, die an ihre Dispositionen anschließt und das Vermögen zur (gegenstands-, welt- und selbstbezogenen) Stellungnahme begründet und befördert, dann sind mit aller Kritik an assimilatorischen Ansätzen (vgl. Kap. 2) auch Angebote bedeutsam, die Teilhabe an der vorherrschenden kulturellen und sprachlichen Lebensform ermöglichen. Die Ermöglichung von Teilhabe und Handlungsvermögen im gesellschaftlichen Raum entspricht hierbei der Ambition und der Lage vieler, die sich in diesem Raum aufhalten – Migrant/innen wie Nicht-Migrant/innen. Der Grundsatz der Ermöglichung von Teilhabe an der vorherrschenden kulturellen und sprachlichen Lebensform ist mithin mit einem Anerkennungsansatz durchaus vereinbar.

Der auf dem Anerkennungsgedanken beruhende Beitrag migrationspädagogischen Handelns wird sich hierbei nicht als Assimilationspädagogik, sondern im Rahmen einer *Pädagogik der Mehrfachzugehörigkeit* ereignen. Denn die Ermöglichung von Teilhabe an der vorherrschenden Lebensform ist unter Bedingungen der migrationsgesellschaftlichen Vielfalt von Lebensformen nur dann mit einem Anerkennungsansatz vereinbar, wenn nicht nur die minoritären Lebensformen, sondern auch Mischformen, Gleichzeitigkeiten, Hybridiesierungen und Mehrfachzugehörigkeiten anerkannt werden. Die Entwicklung und Sicherung der Handlungsfähigkeit Einzelner, für die nicht nur eine natio-ethno-kulturelle Referenz biografisch signifikant ist, bedürfen der grundsätzlichen Anerkennung aller Referenzen. Migrationspädagogisch ist es bedeutsam, Disponiertheiten wahrzunehmen, zu berücksichtigen und zu respektieren, die aus natio-ethno-kulturellen Mehrfachverbundenheiten resultieren.

Solange Deutschland ein Kontext ist, in dem das Erlernen und Können des Deutschen Voraussetzungen für prestigeträchtige, monetär effektive und zukunftssichernde Erträge einer Vielzahl von Handlungen sind, macht es auch unter einer Anerkennungsperspektive Sinn, Strukturen der Bildung und des Lernens zur Verfügung zu stellen, die es beispielsweise Menschen ermöglichen, deren erste Sprache nicht Deutsch ist und die in Deutschland leben, ein *respektables Deutsch* zu sprechen. (Dass diese Konsequenz bedeutsam ist, verabschiedet freilich nicht das Erfordernis der Kritik an lingualen Machtstrukturen [vgl. Kap. 5]).

Die Entwicklung von Habitusformationen, die dem vorherrschenden Kontext antworten, ist bedeutsam

Es geht darum, die Entwicklung von solchen individuellen Habitusformationen strukturell (zwanglos) zu ermöglichen, die *auch* dem durch die dominanten Lebensformen geprägten und symbolisierten Kontext antworten. Dies könnte im Begriff »Akkulturation« gefasst werden. Akkulturation ist der Prozess zusätzlichen und weiteren Lernens von Fertigkeiten und der Prozess zusätzlichen Erwerbs von Qualifikationen, welche die Handlungsfähigkeit von »anderen« Gruppen und Personen in Dominanzzusammenhängen ermöglichen (sollen); er ist nicht an das Aufgeben der in einem Handlungsraum nicht vorherrschenden (sub)kulturellen Praxen gebunden. Hierbei kann es keinen legitimen Anspruch der kulturellen und politischen Mehrheit geben, der Migrationsandere nötigte, diese Möglichkeiten anzunehmen. Es kann Angebote, nicht aber einen durch Bildung ausgeübten Zwang zu Transformationsprozessen geben. Gleichwohl müssen Strukturen vorhanden sein, in denen die Einzelnen habituelle Vermögen erwerben können, die zu angemessener Teilhabe auch am dominanten Kontext beitragen.

Sprachliche Pluralität ist ein charakteristisches und dauerhaftes Merkmal von Migrationsgesellschaften, die damit rechnen müssen, dass auch zukünftig durch Wanderungsprozesse neue Sprachen und Lebensformen sich als relevanter Teil der gesellschaftlichen Realität entwickeln werden und diese Realität in vielfacher Weise verändern. Entgegen Annahmen klassischer Assimilationsmodelle, dass sich Migrantenfamilien im Zuge der (mehrgenerationalen) Eingliederung ihrer Ursprungssprache gewissermaßen entledigen und die Sprache der »neuen« Gesellschaft annehmen werden, zeigt sich, dass Mehrsprachigkeit ein verbreitetes Charakteristikum von Familien in einer zunehmend auch durch Transnationalität, Transkulturalität und Globalität geprägten Welt darstellt.

Was hier am Beispiel Sprache deutlich wird, ist, dass die Ansprache der von der Normalitätskonstruktion »Erstsprache Deutsch« abweichenden Anderen paradoxerweise nur möglich ist, wenn sie den Weg der Anerkennung ihrer »anderen« (hier: lingualen) *Disponiertheit* beschreitet. Gelingender Einbezug und Ermöglichung von Partizipation müssen somit habituelle Disponiertheiten berücksichtigen und achten, auch und gerade solche, die den üblichen institutionellen Erwartungen nicht genügen.

8.3 Dekonstruktive Befragung

In dem Augenblick, in dem der Anerkennungsansatz praktisch und konkret wird, kann Anerkennung nichts anderes bedeuten als: Anerkennung *gegebener* Differenzen und Identitäten. Anerkennung muss sich immer auf das Gegebene beziehen. In einer auch von Migrationsphänomenen geprägten »Dominanzkultur« (Rommelspacher 1995) müssen diese Differenzen und Identitäten auch als Ausdruck von natio-ethno-kulturellen Macht- und Dominanzverhältnissen verstanden werden. Eine pädagogische Anerkennungspraxis, die sich bejahend auf den Subjektstatus der Individuen einer Migrationsgesellschaft bezieht, bezieht sich indirekt auch immer affirmativ auf die in dieser Gesellschaft geltenden formellen und informellen Machtverhältnisse. Pädagogisches Handeln, das »Migrant/innen« als »Migrant/innen« anerkennt, bestätigt insofern das Schema, das zwischen »Wir« und »Nicht-Wir« unterscheidet, bestätigt die Differenz zwischen dem deplatzierten Habitus und dem nicht deplatzierten Habitus (vgl. Kap. 6). Die Paradoxie, die hier anklingt, besteht darin, dass Handlungsfähigkeit an Anerkennungsverhältnisse geknüpft ist, Anerkennung aber den untergeordneten Status der Anderen nicht nur bestätigt, sondern auch hervorbringt.

Die Anerkennung von »Migrant/innen« als »Migrant/innen« bestätigt das Schema, das zwischen »Wir« und »Nicht-Wir« unterscheidet

Sobald der und die Migrationsandere erkannt und geachtet wird, findet eine Festschreibung des Anderen als Anderer statt. Das Problem der Ansprache, der Wahrnehmung, der Einbeziehung und Anerkennung Migrationsanderer in ihrer Andersheit besteht darin, dass sie im Akt der Anerkennung die Logik, die das Anderssein und das Nicht-Anderssein produziert, wiederholt und bestätigt. Der anerkennende und dadurch subjektivierende Einbezug der Individuen ist zunächst eine Vereinnahmung durch eine Realität, die inhaltlich und performativ vorgibt, wie Anerkennung etwa mit Blick auf politische Partizipation, soziale Wohlfahrt oder individuelle Freiheit aussieht. Nicht ein vorgängiges Subjekt wird in einem freien Akt der Repräsentation einbezogen, das Subjekt konstituiert sich vielmehr im Prozess der einbeziehenden Erkennung und Anerkennung. Dieser Prozess der Anerkennung der »Anderen« als Subjekte, der Prozess, der sie erst zu – in *diesem* gesellschaftlichen Zusammenhang – handlungsfähigen Subjekten macht, verlangt von ihnen, dass sie sich in jener vorherrschenden gesellschaftlichen Struktur darstellen, einordnen, begreifen und artikulieren, in der Subjektsein überhaupt und dieses je spezifische Subjektsein möglich sind.

Insbesondere die dekonstruktive Differenztheorie interessiert sich für die politischen Effekte, die ein Differenzen und Zugehörigkeiten bestätigender Umgang mit sich bringt. Dekonstruktive Ansätze sind in den letzten Jahren in feministischen Diskursen, aber auch allgemeinpädagogischen Debatten diskutiert worden. Im Diskurs der Interkulturellen Pädagogik ist der Bezug auf dekonstruktive Differenzverständnisse jedoch eher die Ausnahme, was ein Indiz dafür sein mag, dass in dieser pädagogischen Fachrichtung noch eher ein weitgehend unbefragtes Verständnis über die Differenz zwischen »Nicht-Migrant/innen« und »Migrant/innen« vorliegt bzw. die interkulturell pädagogische Fachrichtung diese Differenz eher wenig befragt (genau dies aber ist das Anliegen der Perspektive »Migrationspädagogik«, vgl. Kap. 1). Während eher am Gedanken der Anerkennung orientierte Differenzkonzepte danach fragen, was angesichts der Ungleichheit zwischen Migrant/innen und Nicht-Migrant/innen getan werden könnte, um diese zu minimieren, und darauf die Antwort geben, anerkennend für Migrant/innen einzutreten, ist die dekonstruktive Perspektive eher an der Frage interessiert, welche Effekte aus dem Engagement für die Anerkennung von Migrant/innen resultieren und welche Ordnungen und Normen im Zuge dieses differenzachtenden Einsatzes (ungewollt) gestützt bzw. produziert werden.

Die Anerkennung nicht-dominanter Positionen kann zur Bestätigung hegemonialer Ordnung führen

Der Bezug auf »*die* Migrant/innen« erzeugt und bestätigt die Vorstellung einer binären und klar bestimmbaren Differenz zwischen »Migrant/innen« und »Nicht-Migrant/innen«. Anerkennen von nicht dominanten Positionen und Gruppen, von bisher eher marginalisierten Identitäten heißt damit auch immer, die symbolische Ordnung anzuerkennen und zu bestärken, die die binäre Unterscheidung und die ihr zugeordneten Ungleichheiten erst hervorbringt. In dekonstruktiven Differenzverständnissen wird nicht erst die Ausblendung von Differenz oder die Diskriminierung minoritärer Positionen als problematisch betrachtet, sondern die einer binären und ausschließenden Logik folgende Einteilung selbst, durch die zum Beispiel der Differenzausdruck »Migrant/in« und die diesem zugeordnete gesellschaftliche Relation und gesellschaftliche Position gesichert und gestützt werden.

Von dem binären und »das Differente« vermeintlich festlegenden Differenzdenken setzt der französische Philosoph Jacques Derrida ein Verständnis ab, das Differenz als nicht fixierbar zur Geltung bringt. Die Differenz etwa zwischen »Migrant/innen« und »Nicht-Migrant/innen« ist ungreifbar, da sie in jedem Rückgriff auf sie anders, immerzu anders verwendet wird, also nie festgestellt und feststellbar ist, immer nur als gleichsam verschobener und aufgeschobener Unterschied zu denken ist. Derrida benutzt für diese verschobene Differenz das Kunstwort »différance«. Entgegen der üblichen französischen Schreibweise différence, weist die nicht hörbare und nur nachträglich über die Schrift erklärbare Veränderung des Wortes auf den aufgeschobenen, ungreifbaren und veränderlichen Charakter der Differenz hin (Derrida 1999). In dieser Lesart ist die Differenz zwischen »Migrant/innen« und »Nicht-Migrant/innen« nicht fixierbar; in der Wiederholung verschiebt und verändert sie sich beständig. »Dekonstruktion« kann hierbei als eine Interpretationsperspektive verstanden werden, als ein Lesen sozialer Zusammenhänge und Kontexte, das auf der Spur des Verschobenen und Aufgeschobenen ist. Dekonstruktives Lesen ist daran interessiert, Hinweise darauf zu gewinnen, wo in der Darstellung der eindeutigen, binär unterschiedenen Differenz das Uneindeutige, das Verschobene sichtbar werden. Damit geht es hier gewissermaßen um die Frage, wo die klare Unterscheidung, die eindeutige Trennung, die Fixierung misslingt und aufgehoben ist.

Genau dadurch, dass Differenzen aus der Wirklichkeit von Macht- und Dominanzverhältnissen resultieren, reproduzieren sich in der Anerkennung der Differenz auch Strukturen von Macht und Ungleichheit. Anstelle einer Politik der unhinterfragten Anerkennung und Repräsentation von Differenz plädiert die Philosophin Judith Butler (1997) deshalb für ein dekonstruktives Vorgehen. Offenlegung der Problematiken binärer Unterscheidungspraxen und Veranschaulichung der Dilemmata der Anerkennung von Differenz sind hier wichtige Anliegen. Dekonstruktive Strategien stellen damit nicht nur ungerechte Verteilungsverhältnisse infrage; die grundlegenden symbolischen Strukturen gesellschaftlicher (Zugehörigkeits-)Ordnungen werden befragt. Dekonstruktive Perspektiven richten ihr Augenmerk auf Phänomene der Vervielfältigung von Identitäten und auf Praxen, die auf – im doppelten Sinn – Wege aus dichotomen und oppositionell strukturierten Identitätslogiken weisen. Gewendet auf pädagogische Zusammenhänge sensibilisieren sie für die mit jeder Differenzsetzung einhergehenden Festschreibungen und ermutigen zu einem kritisch-reflexiven Umgang mit dem eigenen Handeln und den diesem zugrunde liegenden Normen und Regeln (Plößer 2005).

Ansätze, die auf die Macht hinweisen, die von binären und eindeutigen Differenzordnungen und von Vorstellungen klar bestimmbarer Identitäten ausgeht, verwenden Begriffe wie *Hybridität* (vgl. Kap. 2), *Borderlands* (Anzaldúa 1987) oder *Unreinheit* (Mecheril 2009). Differenz stellt hier weniger ein gegebenes und (an)erkennbares Unterschiedsverhältnis dar, sondern ein nicht ohne Weiteres bestimmbares Feld »der Verstörung, das man konsequent weiterbearbeiten muß, auf dem nichts ein für allemal gegeben ist« (Hall 1999, S. 104).

Präferiert wird hier eine Achtsamkeit für Formen, in denen hegemoniale Zugehörigkeitsgrenzen sprachlicher und kultureller Art überschritten werden. Eine wichtige Bedeutung kommt hierbei der Sensibilität für Phänomene zu, die aus dem Rahmen (der dominanten Schemata der Unterscheidung) fallen, Phänomenen der Mehrfachzugehörigkeit, des Grenzgängertums, der Hybridität und der Transkontextualität. Legitimität und Stärke gewinnt das von der Idee der dekonstruktiven Befragung getragene pädagogische Handeln dadurch, dass in den natio-ethno-kulturellen Alltagspraxen deutscher Stadtviertel, Schulklassen, Jugendzentren natio-ethno-kulturelle Grenzüberschreitungen und Neuformierung nicht die einzige, aber eine wichtige Art und Weise der Selbstpräsentation, Beziehungsgestaltung und des Weltbezugs, mithin eine Bildungsdimension darstellt. Die dekonstruktive Verschiebung ist eine, die an solchen alltagsweltlich praktizierten und wahrnehmbaren Formen anschließt, in

Präferiert wird eine Achtsamkeit für Formen, in denen hegemoniale Zugehörigkeitsgrenzen sprachlicher und kultureller Art überschritten werden

denen Zugehörigkeitsgrenzen sprachlicher, kultureller und den Körper betreffender Art überschritten werden. Wo es pädagogischer Achtsamkeit gelingt, an diese Phänomene anzuschließen, gewinnt sie eine Perspektive, die das einteilende, das vereindeutigende, das klassifizierende und das fixierende Denken und Handeln schwächt und unterläuft.

8.4 Reflexion der Widersprüche

Über den Grundsatz der »Anerkennung anderer Identitätsentwürfe« geht die migrationspädagogische Orientierung hinaus, da sie sich darauf bezieht, »Identitätsentwürfe«, selbst solche, die aus Mehrfachzugehörigkeiten resultieren, nicht nur anzuerkennen, sondern einer dekonstruierenden Lesart nahezubringen.

Die hier skizzierten und den Umriss einer migrationspädagogischen Orientierung markierenden Momente der Anerkennung von Zugehörigkeiten und der Idee der Verschiebung und Befragung von Zugehörigkeitsverhältnissen stehen freilich in einem Spannungsverhältnis zueinander. Diese Spannung zwischen der Anerkennung von Zugehörigkeiten und der dekonstruktiven Idee der Verschiebung ist nicht bereinigbar. Denn die allgemeine migrationspädagogische Orientierung muss als Konsequenz der gesellschaftlichen Differenz- und Dominanzverhältnisse, die sie hervorbringt, in sich spannungsvoll und »unrein« sein. Anerkennung von Zugehörigkeiten und Verschiebung von Zugehörigkeitsordnungen stehen in einem unversöhnlichen Verhältnis zueinander.

Diese migrationspädagogische Handlungsperspektive erfordert nun nicht schlicht »(interkulturelle) Kompetenz« im Sinne des technischen Vermögens, Interaktionssituationen, in denen »Differenz« bedeutsam ist, professionell zu bestehen (vgl. Kap. 4). Paradoxe Handlungsorientierungen bedürfen vielmehr eines professionellen Tuns, das durch Einstellungen gekennzeichnet ist und gewonnen wird, die rigoros reflexiv sind.

Professionelle Handlungen und Strukturen werden im Zuge dieser Reflexivität daraufhin befragt, inwiefern sie zu einer Ausschließung des und der Anderen und/oder zu einer Herstellung der und des Anderen beitragen. Sowohl der Ausschluss als auch die Produktion Anderer durch professionelles Anerkennungshandeln sind unvermeidlich. Möglich allerdings ist es, die spezifischen Formen von Ausschluss und Erzeugung an den konkreten Orten, an denen pädagogisch gehandelt wird, zu beschreiben, zu bedenken und gegebenenfalls im Sinne einer Idee, die die gleichzeitige Relevanz dessen erkennt, dass Anerkennung unmöglich *und* unumgänglich ist, so zu verändern, dass weniger Gewalt und Macht ausgeübt werden. Auch diese Veränderungen werden erneut zu Verhältnissen und Bestimmungen führen, die zu hinterfragen sein werden.

Anerkennung ist unmöglich und unumgänglich

Weiterhin ist es wichtig, sich zu vergegenwärtigen, dass Reflexivität von pädagogisch Handelnden nicht schlicht eingefordert werden kann, sondern eines über Ausbildung und erfahrungsbegründete Bildung ermöglichten reflexiven Habitus bedarf, der zu einer interpretativen Praxis der Kritik in der Lage ist, die nicht zynisch, sondern pädagogisch produktiv ist. Hierbei muss die Frage der Beschaffenheit der institutionellen Orte, an denen pädagogisches Handeln stattfindet, zum Thema werden. Reflexivität stellt dann eine fruchtbare Grundlage produktiven und konstruktiven pädagogischen Handelns dar, wenn dieses im und am Ort des Handelns eine Entsprechung findet. Der reflexive professionelle Habitus macht Sinn in einem reflexiven professionellen Feld.

Professionelle Reflexivität ist möglich und sinnvoll in einem reflexiven, professionellen Feld

Mit diesem Hinweis ist bereits angesprochen, dass eine Beschränkung auf individuelle Reflexion, so bedeutsam sie auch grundsätzlich ist, das verfehlt, was hier mit Reflexivität gemeint ist. Pierre Bourdieus auf das Gebiet der Soziologie bezogenes Verständnis wissenschaftlicher Reflexivität kann hier als eine sinnvolle Heuristik pädagogischer Reflexivität Verwendung finden. Sein Reflexivitätsbegriff wird durch dreierlei charakterisiert: »Erstens: Ihr Gegenstand ist primär nicht der individuelle Wissenschaftler, sondern das in die wissenschaftlichen Werkzeuge und Operationen eingegangene *soziale und intellektuelle Unbewußte*; zweitens: Sie ist ein *kollektives Unternehmen* und nichts, was dem Wissenschaftler individuell aufzubürden wäre; und drittens: Sie will die *wissenschaftstheoretische Absicherung der Soziologie* nicht zunichte machen, sondern *ausbauen*« (Wacquant, 1996, S. 63; Hervorhebung dort).

Übersetzt auf pädagogische Zusammenhänge heißt dies: Gegenstand pädagogischer Reflexivität ist primär nicht der individuelle Pädagoge/die Pädagogin, sondern das im pädagogischen Handeln und Deuten maskierte erziehungswissenschaftliche, kulturelle und alltagsweltliche Wissen (zum Beispiel über »die Migrant/innen«). Die Reflexion dieser mehr oder weniger verborgenen Wissensbestände und die Befragung ihrer Effekte können pädagogisch Handelnden nicht individuell aufgebürdet werden, sondern es müssen institutionelle Strukturen und Kontexte zur Verfügung stehen, in denen Reflexion als eine gemeinsame pädagogische Praxis möglich ist. Schließlich zielt Reflexion nicht auf die Destruktion der Grundlagen pädagogischen Handelns, sondern will diese verfeinern.

Unter reflexiven Voraussetzungen dieser Art kann die »Unversöhnlichkeit« zwischen Anerkennung und Dekonstruktion als Möglichkeit der Auseinandersetzung mit dem eigenen Handeln erfahren und so praktiziert werden, dass die pädagogisch Handelnden in einem nicht technologischen Sinne für »das nächste Mal« etwas gelernt haben.

Register der Schlüsselbegriffe